Alexa Skills programmieren

Sammy Zimmermanns

Alexa Skills programmieren

für Amazon Echo & Co.

mitp

Bibliografische Information der Deutschen Nationalbibliothek

Die Deutsche Nationalbibliothek verzeichnet diese Publikation in der Deutschen Nationalbibliografie; detaillierte bibliografische Daten sind im Internet über <http://dnb.d-nb.de> abrufbar.

Bei der Herstellung des Werkes haben wir uns zukunftsbewusst für umweltverträgliche und wiederverwertbare Materialien entschieden.
Der Inhalt ist auf elementar chlorfreiem Papier gedruckt.

ISBN 978-3-7475-0114-6
1. Auflage 2020

www.mitp.de
E-Mail: mitp-verlag@sigloch.de
Telefon: +49 7953 / 7189 - 079
Telefax: +49 7953 / 7189 - 082

© 2020 mitp Verlags GmbH & Co. KG, Frechen

Lektorat: Janina Bahlmann
Sprachkorrektorat: Petra Heubach-Erdmann
Covergestaltung: Christian Kalkert
Satz: III-satz, Husby, www.drei-satz.de
Druck: Medienhaus Plump GmbH, Rheinbreitbach
Bildnachweis: © Lightspruch / stock.adobe.com, Mathias Wegert / stock.adobe.com

Inhaltsverzeichnis

Einleitung

Vielen Dank für Ihr Vertrauen und den Kauf dieses Buchs. Die Entwicklung von Amazon Alexa und der Geräte unterliegt einer schnellen Dynamik. Ich habe versucht, die aktuellsten Entwicklungen in diesem Buch nach bestem Wissen und Gewissen zusammenzutragen. Sollte jedoch einer der Punkte bereits überholt sein, wenn Sie dieses Buch lesen, so bitte ich, dies zu entschuldigen.

Was noch vor gut zehn Jahren als Science-Fiction galt, gehört heute zu unserem Alltag. Sprachgesteuerte Geräte halten immer mehr Einzug in unseren Alltag. Fast jeder Smartphone-Nutzer hat die Möglichkeit, mit dem Google Assistant, Bixby oder eben auch Alexa zu interagieren.

Als Alexa-Nutzer und Skill-Entwickler möchte ich Ihnen mit diesem Buch einen Einstieg in die Alexa-Skill-Programmierung mit Node.js an die Hand geben. Ich hoffe, dass ich Sie kurzweilig in die Welt von Alexa einführen kann. Dabei greife ich auf Anekdoten aus meinem Familienalltag und Erfahrungen aus der Alexa-Skill-Programmierung mit der Programmiersprache JavaScript bzw. Node.js zurück.

Im Netz stoße ich immer wieder auf die gleichen Fragen und oft scheint den meisten Menschen nicht klar zu sein, dass es sich bei Alexa um einen cloudbasierten Dienst handelt, der Sprache nur als Interface nutzt. Die Logik dahinter ist meist kein Hexenwerk und hat nur indirekt etwas mit künstlicher Intelligenz zu tun, je nach Definitionsart mehr oder weniger.

Trotzdem neigen wir Menschen dazu, Alexa im Alltag zu vermenschlichen. Das liegt vor allem an der Art und Weise, wie wir Alexa nutzen. In der Geschichte gab es noch nie eine Maschine, die wir einfach per Sprache bedienen konnten.

Als Alexa-Skill-Programmierer schwindet diese Illusion. Ein Ziel dieses Buchs ist es, Alexa und andere sprachgesteuerte Systeme zu entmystifizieren. Ich möchte Sie dazu ermächtigen, selbst den Ton in Ihren eigenen vier Wänden wieder anzugeben.

Wenn ich es dann noch schaffe, Sie dazu zu inspirieren, eigene Skills zu erstellen, hat dieses Buch seinen Zweck vollends erfüllt.

Also genug der Vorworte, packen wir es an!

Warum einen Alexa Skill programmieren?

Skills erweitern die Möglichkeiten von Alexa. Als Skill-Betreiber können Sie über das Alexa-Sprachinterface in Kontakt mit Ihren Nutzern treten und mit ihnen interagieren.

Als Suchmaschinenoptimierer und Publisher diverser Nischenblogs bekomme ich die Diskussion über den Wandel Googles von einer Suchmaschine zur Antwortmaschine mit. Viele SEOs kämpfen nun um »Position 0«. Das ist die Sprachantwort zu einer Suchanfrage und aktuell das oberste Ergebnis zu vielen Suchanfragen in Google.

Diesen Zirkus möchte ich als Publisher nicht mehr mitmachen, denn der Nutzen für den Publisher ist nicht erwiesen, wenn Google hergeht, sich den Content einer Seite schnappt und dem Nutzer die Antwort selbst sagt. In den meisten Fällen gelangt dann der Nutzer nicht auf die Seite des Publishers, sondern beendet seine Suche.

Als Publisher ist man der Dumme, wenn man hier nur auf Google vertraut.

Der Trend zur Voice Search ist aber ungebrochen, so sollen im Jahr 2020 über 50% aller Suchen per Stimme erfolgen. Was können Sie also machen, um trotzdem Ihre Nutzer zu erreichen, ohne dass Sie von Google dabei übervorteilt werden?

Für mich war die Antwort schnell klar, als ich 2014 von Alexa hörte, dass Amazon sein System offen für Entwickler an den Markt bringen wollte. Ich wollte von nun an meinen Content primär über Alexa Skills veröffentlichen.

Zudem ist Sprache das natürlichste Interface, über das wir Menschen mit unserer Umwelt interagieren. Schon im Mutterbauch kommen wir mit Sprache in Berührung.

Sprachgesteuerte Systeme, wie Alexa mit ihren Skills, setzen Nutzungsbarrieren sehr niedrig an. Schon Kleinkinder können mit Alexa interagieren und ihre Ziele erreichen. Ältere Menschen haben oft keine Lust, neue Bedienkonzepte zu lernen, aber kaum eine Hemmschwelle, das Interface zu nutzen, das sie von Kindesbeinen an kennen: die Sprache.

Halten wir also fest, warum Alexa Skills in naher Zukunft sehr wichtig sein werden:

- Die Verbreitung von Alexa als Sprachassistent ist sehr groß und wächst von Jahr zu Jahr dramatisch. Allein über 11 Millionen Nutzer in Deutschland nutzen einen Sprachassistenten aktiv und suchen nach neuen Skills.

- Sprache wird Tasten- und Wisch-Interfaces ersetzen, weil man mit ihr schneller komplexe Sachverhalte kommunizieren kann.

- Wir können mit Sprache und ihren unterschiedlichen Formulierungen eine Absicht beschreiben und verschiedenste Teilaspekte nebenbei betonen. Ein Web-Text ist schlicht zu starr, um ihn auf verschiedenste Absichten auszurichten. Eine Lösung mit vielen ähnlichen Web-Texten läuft aber dem Optimierungs-Credo von Google entgegen. Mit einer Voice-App bzw. einem Alexa Skill kann man ganz flexibel auf unterschiedliche Sprachmuster passend eingehen.

- Komplexe Tasks werden seit Neuestem von Alexa mit unterschiedlichen Skills in Kombination erledigt.

- In der Suchmaschinenoptimierung gib es den Trend weg von Keyword und Suchphrasen hin zur Optimierung von Webseiten nach Intents (Absichten). Nur ist eine Website eine Krücke im Vergleich zu einer Voice-App bzw. einem Skill, wenn es um die Bedienung eines Intents geht. Wenn Sie eine Website in Google optimieren möchten, müssen Sie bestimmte Regeln einhalten, um auch gut gefunden zu werden. Leider stehen diese Regeln oft einer Optimierung nach einem bestimmten Intent entgegen.

- Das Suchen mit Keywords und Suchphrasen war gestern. Es gab schon immer eine Absicht, die hinter einer Recherche steckte, diese wird jetzt direkt mit Sprachassistenten wie Alexa befriedigt.

- Sie können mit einem Skill noch relativ einfach generische Themenfelder besetzen.

- Sie können mit Ihrem Skill Geld verdienen und mit sogenannten »In-Skill Purchases« kostenpflichtigen Premium-Content anbieten.

Über dieses Buch

Dieses Buch richtet sich an alle, die in die Alexa-Skill-Programmierung einsteigen möchten. Grundkenntnisse in JavaScript oder Webprogrammierung sind von Vorteil und erleichtern das Verständnis dieses Buchs. Ich habe jedoch darauf geachtet, Ihnen gleich am Anfang auch eine Möglichkeit zu zeigen, wie JavaScript-Code auch mithilfe eines Code-Generators im Netz automatisch erzeugt werden kann. So sind selbst blutige Anfänger in der Lage, einen ersten Skill zu erstellen.

Dieses Buch möchte vor allem anderen motivieren, in die Alexa-Skill-Entwicklung einzusteigen. Sie werden Schritt für Schritt in die Programmierung und in das Skill-Design eingeführt.

Aufbau des Buchs

Dieses Buch ist grob in drei Teile gegliedert. **Teil I** (Kapitel 1-4) beschäftigt sich mit den Grundlagen der Alexa-Skill-Programmierung.

In **Kapitel 1** erkläre ich den Einstieg in die Alexa-Skill-Programmierung. Hier begleite ich Sie durch die Erstellung eines Alexa-Developer-Accounts und erkläre die grundlegende Funktionsweise eines Alexa Skills.

In **Kapitel 2** zeige ich Ihnen, wie Sie den Kontext für Ja- und Nein-Antworten des Nutzers mit einem Skill erfassen können. Zudem erkläre ich den Unterschied zwischen Sitzungsattributen und persistenten Attributen.

Kapitel 3 befasst sich mit der Aussprache von Alexa und wie Sie diese mit SSML-Tags beeinflussen können.

Kapitel 4 stellt die Alexa-Interfaces in den Mittelpunkt. Es werden hier also Ausgabemöglichkeiten vorgestellt, die Sie potenziell mit einem Skill nutzen können. Außerdem wird hier die Frage geklärt, wie Sie Bilder und Videos für Ihren Skill verwenden können.

In **Teil II** (Kapitel 5-7) gehe ich auf die fortgeschrittenen Methoden und Techniken in der Skill-Programmierung ein.

Kapitel 5 widmet sich dem Dialogmanagement. Hier erkläre ich, wie Sie Zug um Zug Informationen im Dialog von einem Nutzer sammeln können und so aus den Antworten des Nutzers eine Antwort von Alexa erstellen können. Für Fortgeschrittene ist dann das Thema Kontextwechsel interessant, also die Frage, wie ein Skill damit umgeht, wenn ein Nutzer mal etwas anderes zwischenfragt, sodass er im Dialog nicht wieder von vorne anfangen muss.

In **Kapitel 6** erkläre ich, wie Sie einen Skill in der AWS Cloud erstellen und Ihren Skill mit Microsoft Visual Studio Code programmieren können.

Kapitel 7 beschäftigt sich mit dem Thema API und wie Sie externe Informationen für Ihren Skill nutzen können. Sie lernen hier, wie Sie eine einfache externe Datenbank mit Hilfe von Google Sheets aufbauen und in Ihrem Skill für die Antwortausgabe nutzen können – oder, was für viele Onlinemarketer interessant sein dürfte, wie Sie die gegebenen Nutzerantworten per Post-Request in eine eigene Datenbank speichern bzw. für den E-Mail-Versand nutzen können.

In **Teil III** (Kapitel 8-10) werden schließlich die Skill-Promotion, die Vermarktung des Skills und Alexa-SEO thematisiert.

In **Kapitel 8** erkläre ich, wie Sie Ihren Skill im Alexa Skill-Store eintragen und gebe Ihnen Tipps, wie Sie Ihren Skill von Amazon zertifiziert bekommen.

Das **Kapitel 9** behandelt das Thema Alexa-SEO und erläutert Ihnen die Grundlagen, wie Alexa einen bestimmten Skill vorschlägt. Zudem gebe ich hier Tipps, wie Sie ihren Skill im Netz bekannt machen können.

In **Kapitel 10** gehe ich auf die Thematik Voice Commerce ein und zeige Wege auf, wie Sie als Unternehmer bzw. Publisher mit Alexa Geld verdienen können.

Downloads zum Buch

Alle Codebeispiele finden Sie zum Download auf der Website des Verlags unter `www.mitp.de/0114`.

Wer Interesse an weiteren Code-Beispielen hat, dem empfehle ich auch das Repository von Amazon Alexa selbst. Sie finden es unter `https://github.com/alexa` oder, wenn Sie Interesse an den neusten Entwicklungen haben, unter `https://github.com/alexa-labs`.

Über die Projekte im Buch

Das Skill-Beispiel mit den Weltraumfakten, das im Verlauf des Buchs erstellt wird, ist ein rein theoretisches Projekt und wurde noch nicht veröffentlicht. Es wurde nur zu Anschauungszwecken erstellt und getestet. Darüber hinaus nutze ich in diesem Buch aber auch Code von Skills, die schon so in der freien Wildbahn und von Amazon zertifiziert sind. Hier werden mitunter nur einzelne Teilaspekte zur Veranschaulichung genutzt.

Was nicht in diesem Buch steht

Als Autor dieses Buchs fiel mir die Entscheidung recht schwer, welche Inhalte ich ausführlich darstellen und welche Themen ich nur anreißen sollte. An dieser Stelle möchte ich mich bei meiner Lektorin Janina Bahlmann bedanken, die mir immer wieder Hinweise gab, was für einen Leser interessant sein könnte und was für Anfänger eher schwer verständlich ist.

Das Thema APL, also Alexa Presentation Language, habe ich in dem Buch nur kurz angerissen. Es ist derart umfangreich, dass man hierzu schon fast ein eigenes Buch schreiben könnte. Zudem finden in diesem Teilaspekt der Skill-Programmierung immer wieder Änderungen und Neuerungen statt. Auch das Thema Skill-Zertifizierung ist dabei nochmal etwas komplexer, da hierbei auch die Bildschirmausgabe mitberücksichtigt wird.

Dann gibt es noch das Thema Amazon Pay, also die Möglichkeit, per Sprache einen eigenen Onlineshop anzubinden und unabhängig vom Amazon Marketplace reale Waren per Sprache zu verkaufen. Für mich persönlich ist das eines der spannendsten und von vielen noch unterschätzen Themen, aber eben auch für den Einstieg leider zu umfangreich und komplex.

Auch das Thema Account Linking wird hier im Buch nur sehr kurz angerissen. Die Idee hierbei ist, dass der Nutzer seine Profildaten von einem anderen Internetdienst nutzen kann und seine Skill-Nutzung in einer externen Datenbank dauerhaft gespeichert und genutzt werden kann.

All diese Themen wollte ich Anfängern oder Anfängerinnen nicht zumuten. Das wäre die Aufgabe eines anderen, umfangreicheren Buchs.

Über den Autor

Sammy Zimmermanns ist Marketing-Kommunikationswirt (DAMK), seit 2006 ist er Blogger und Suchmaschinenoptimierer und berät seine Kunden, wie sie in der Suchmaschine Google nach vorne kommen und mehr Nutzer erreichen.

Er hat die Entwicklung des Onlinemarketings seit vielen Jahren verfolgt und online diverse Fachartikel zum Thema Suchmaschinenoptimierung und Alexa veröffentlicht.

Sammy Zimmermanns hat auf Fachkonferenzen zu dem Themen WordPress, Suchmaschinenoptimierung und Alexa-Skill-Programmierung gesprochen und betreibt den Alexa-Stammtisch Dresden. 2018 wurde er als Top SEO Influencer vom SEO-Portal ausgezeichnet. Seit 2016 beschäftigt er sich intensiv mit der Alexa-Skill-Programmierung in der Sprache Node.js.

Er lebt mit seiner Frau und seinen beiden Kindern in Dresden. In seiner Freizeit treibt er gerne Kraft- und Ausdauersport. Sie erreichen ihn per E-Mail unter: `info@internet-pr-beratung.de`.

Wie ich zum Programmierer wurde

Ich bin eigentlich kein Programmierer von Hause aus, wer ist das schon? Denn eigentlich bin ich Blogger über Kaffee und SEO-Themen und berate meine Kunden, wie sie bei Google möglichst weit vorne in der Suche erscheinen. Alle Kenntnisse habe ich mir autodidaktisch beigebracht – mithilfe des Internets und den Vorlagen, die Amazon allen Entwicklern frei zur Verfügung stellt.

Ich habe einen Echo Dot seit Herbst 2016 und gehöre zu dem Kreis der Nutzer, die nur auf Einladung einen Amazon Echo bestellen konnten. Die ganze Entwicklung hat mich fasziniert und ich war seit der Vorstellung von Alexa gefesselt von dem Gedanken, hier selbst etwas zur Verbesserung dieser Sprachassistentin beitragen zu können.

Erste Berührung mit der Skill-Programmierung hatte ich durch ein Video auf YouTube des YouTubers Venix (`https://www.youtube.com/watch?v=v7vVywojhzE`). Dort wurde Schritt für Schritt erklärt, wie man einen Google-Suche-Skill für Alexa erstellt.

Damals fand ich noch, dass eine Google-Suche für Alexa eine prima Sache wäre. Ich habe mich also an den Rechner gesetzt und bin dieses Tutorial Schritt für Schritt durchgegangen. Nach ein wenig Code-Frickelei war ich stolzer Ersteller eines Google-Suche-Skills für meine Alexa.

Neugierig, wie ich nun mal bin, habe ich mir auch die Google-Skill-Code-Dateien auf GitHub, die dieses Tutorial empfahl, angesehen. (`https://github.com/tartanguru/alexa-google-search`).

Ich eröffnete auch einen Developer-Account auf `https://developer.amazon.com/de/` für die Erstellung meines Skills und Sprachmodells und einen AWS-Account unter `https://aws.amazon.com/de/` für den eigentlichen Programmcode.

Eine mentale Hürde für viele ist das Hinterlegen der Kreditkarten-daten für die Eröffnung des AWS-Accounts. Der YouTuber Venix ver-sicherte mir, dass das hier eigentlich nur eine Formalie ist und man nichts für seine Skills bezahlen müsse.

Da mein Naturell relativ risikofreudig ist, habe ich seiner Aussage ver-traut und es bis jetzt nicht bereut. Ich habe ohnehin nur eine Prepaid-Kreditkarte und konnte so einen eventuellen Schaden relativ sicher begrenzen.

Aber so viel vorweg, ich habe mithilfe des Internets bis heute keinen einzigen Cent an AWS bezahlt. Denn Amazon hat ein AWS-Promo-tional-Credits-Programm. Jeder Entwickler, der dort angemeldet ist, bekommt monatlich AWS-Credits im Wert von 100 Dollar geschenkt. Dieser Betrag reicht locker aus, um auch populäre Skills zu betreiben, und bei Bedarf werden diese Credits auch erneuert. Amazon will die Skill-Entwicklung und den -Betrieb für seine Entwickler kostenneut-ral halten.

Wer also Alexa Skills entwickeln möchte, sollte sich unbedingt hier anmelden:

`https://developer.amazon.com/de/alexa-skills-kit/alexa-aws-credits`.

Teil I

Grundlagen der Alexa-Skill-Programmierung

In diesem Teil:

Kapitel 1

Der Einstieg in die Alexa-Skill-Programmierung

In diesem Kapitel werden Sie einen Hosted-Skill direkt in der Alexa De-veloper Console einrichten. Dafür nutzen wir auch gleich schon mal das von Amazon vorgegebene »Fact Skill«-Template, das Sie nach Ihrem Ge-schmack anpassen können. Hier im Buch geht es um einen einfachen Fakten-Skill zum Thema Weltraum. Sie können natürlich aber auch ein ganz eigenes Faktenthema wählen. Das Prinzip bleibt das gleiche.

Um Ihren eigenen Skill zu programmieren, benötigen Sie als Erstes einen Alexa-Developer-Account, damit Sie loslegen können. Da-für gehen Sie auf die Seite `https://developer.` `amazon.com/alexa/` `console/ask`.

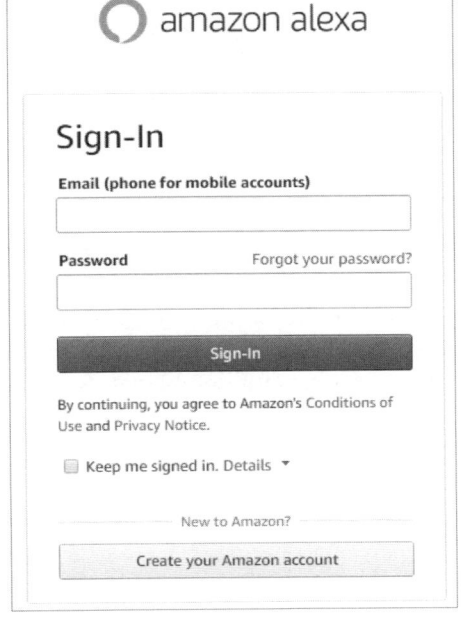

Abb. 1.1: Alexa-Developer-Console-Anmeldemaske

Klicken Sie nun auf CREATE YOUR AMAZON ACCOUNT.

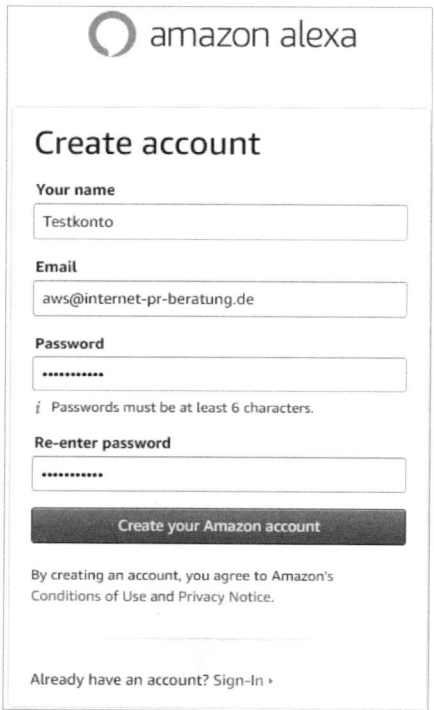

Abb. 1.2: Alexa Developer Console, CREATE ACCOUNT

Jetzt geben Sie Ihren Entwicklernamen sowie Ihre E-Mail-Adresse ein und vergeben ein Passwort mit mindestens 6 Zeichen. Danach klicken Sie unten auf den blauen Button.

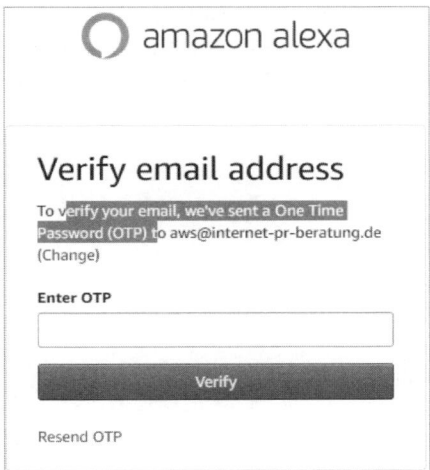

Abb. 1.3: E-Mail-Adresse bestätigen

Zu guter Letzt müssen Sie die Einrichtung mit einem *One-Time Password* (OTP) bestätigen.

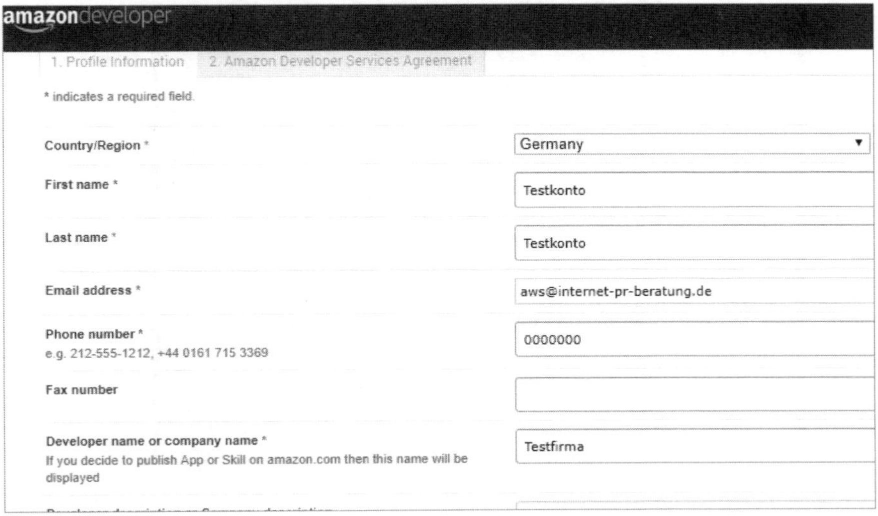

Abb. 1.4: Developer-Registrierung

Jetzt müssen alle Pflichtangaben in dem Formular ausgefüllt werden. Sie legen hier auch den Firmennamen fest, falls Sie für eine Firma Skills entwickeln möchten. Wenn Sie alles gewissenhaft ausgefüllt haben, klicken Sie auf Accept and Continue.

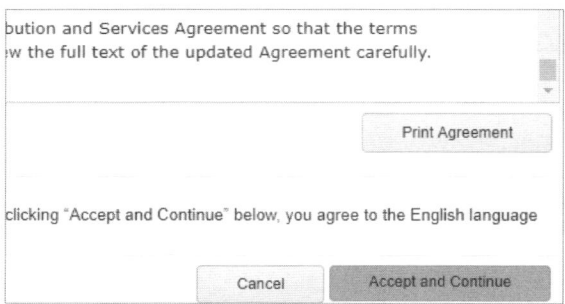

Abb. 1.5: Amazon Developer Services Agreement

In dieser Maske klicken Sie für den Ausdruck des Vertrages auf Print Agreement und anschließend auf Accept and Continue.

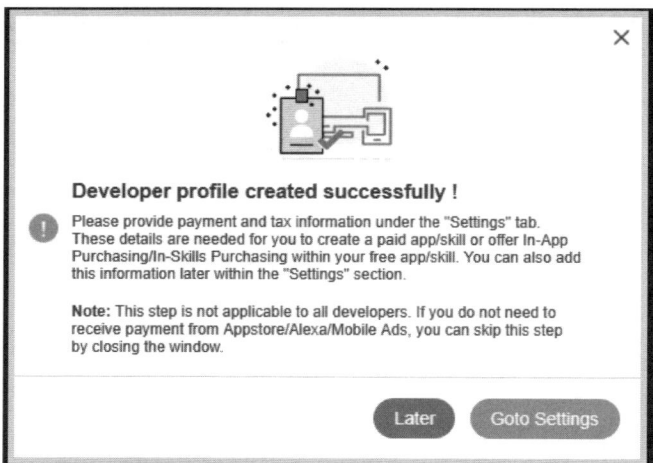

Abb. 1.6: Amazon Developer Console

Jetzt sind Sie in der Amazon Developer Console registriert. Sie haben nun die Möglichkeit, hier Ihre Steuerdaten und Kontoverbindungen für App- oder Skill-Einnahmen zu hinterlegen. Dann haben Sie einen vollwertigen Amazon-Developer-Account und können neben Skills auch Apps für Smartphones entwickeln, aber das ist ein anderes Thema.

Fahren Sie in der Amazon Developer Console oben in der Navigation auf ALEXA und klicken Sie anschließend im Untermenü auf ALEXA SKILLS KIT.

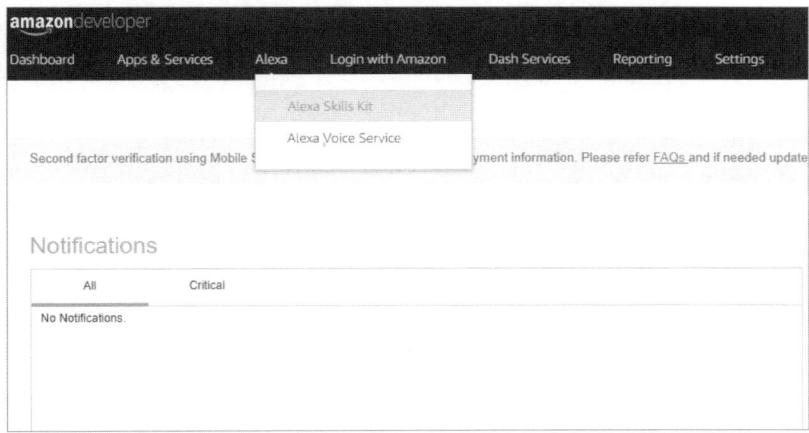

Abb. 1.7: ALEXA SKILLS KIT in der Navigation oben

Jetzt sind Sie in der Alexa Developer Console. Von hier aus überblicken Sie alle Ihre Skills, eventuelle Verdienste, Zahlungen sowie das Hosting, falls Sie »Alexa-Hosted« für Ihren Skill ausgewählt haben.

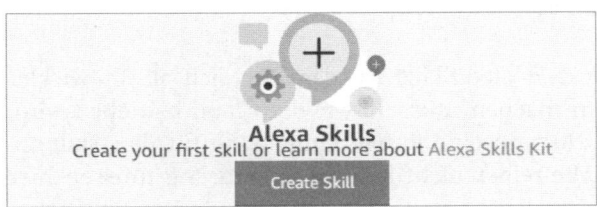

Abb. 1.8: Die Alexa Developer Console

Die Hürde, einen Skill zu entwickeln, hat Amazon immer weiter gesenkt und vereinfacht, indem Sie nun bei der Skill-Erstellung die Wahl haben: Sie können Ihren Programmcode in einer AWS Cloud, in einer privaten Cloud oder als »Alexa-Hosted«-Skill anlegen. Für den Einstieg wählen Sie die einfachste Variante, einen **Alexa-Hosted-Skill**.

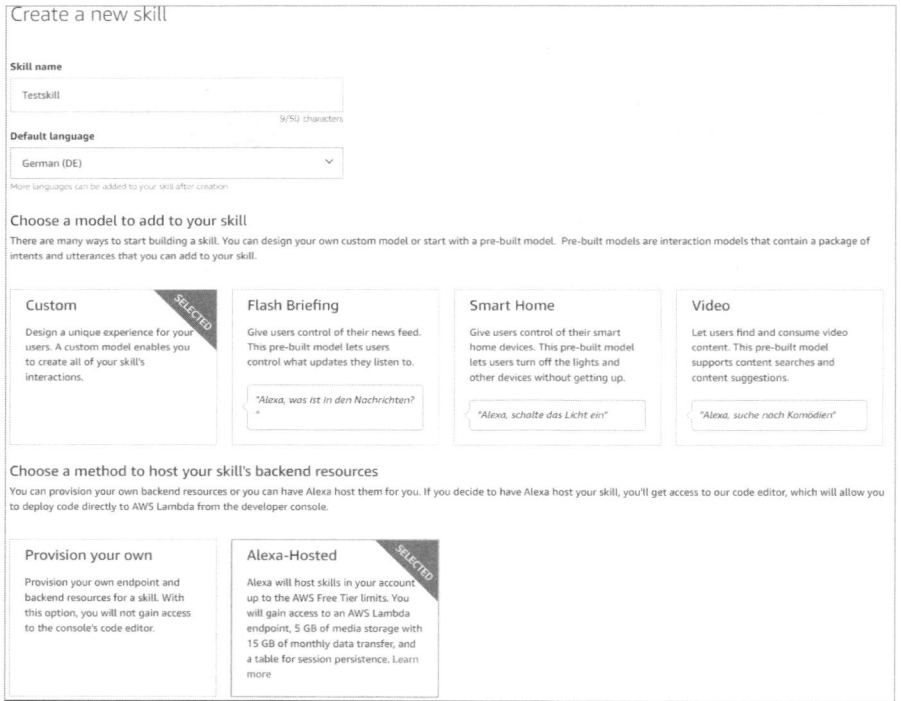

Abb. 1.9: Screenshot aus der Alexa Developer Console

Der Vorteil der Alexa-Hosted-Skills ist, dass Sie sich als Entwickler keine Sorgen darum machen müssen, wie die Cloud betrieben wird. Amazon stellt den Nutzern eine fertige Umgebung für den Skill zusammen, der dem Betreiber nicht berechnet wird. Sie müssen hier auch keine Kreditkartendaten hinterlegen. Ich werde in Kapitel 6 näher darauf eingehen, wie Sie einen Skill selbst über die AWS Cloud einrichten und betreiben. Aber fangen wir zunächst mit den Grundlagen an.

Wenn Sie keine Scheu vor Programmcode haben, neue Dinge lernen möchten oder gar schon selbst etwas in JavaScript programmiert haben, ist die Seite https://github.com/alexa/ der richtige Einstiegspunkt für Sie.

Dort finden Sie fertige Alexa Skills als Vorlagen für Ihren eigenen Skill. Auch das Hosted-Skill-Codebeispiel befindet sich dort. Im Prinzip brauchen Sie hier nur noch im Code die Texte für die Sprachausgabe und Textanzeige zu verändern. Das einfachste Beispiel für den Einstieg ist wohl das Code-Beispiel für einen »Fact Skill« unter https://github.com/alexa/skill-sample-nodejs-fact. Ich habe so angefangen, indem ich mir die index.js-Datei des Code-Beispiels im Browser angeschaut und versucht habe, die Stellen zu finden, wo ein Text ausgegeben wurde. Anschließend habe ich ihn an meine Idee angepasst.

Zudem empfehle ich Ihnen, sich im Netz über JavaScript fortzubilden. Über eine Google-Suche nach »JavaScript Tutorial« werden Ihnen viele nützliche Quellen angezeigt, um die Grundlagen von JavaScript zu lernen.

1.1 Was ist ein Alexa Skill?

Ein Alexa Skill ist im Prinzip eine Voice-App, nur dass diese nicht auf einem Gerät installiert, sondern in der Cloud betrieben wird. Ein Skill wird also nicht installiert, sondern nur aktiviert.

Das hat für den Nutzer den Vorteil, dass er keine Ressourcen für die Speicherung einer Applikation auf seinem Gerät benötigt. Dieser Vorteil beinhaltet aber auch gleichzeitig den Nachteil, dass ein Skill nur mit einer Internetverbindung zur Cloud funktionieren kann.

Alexa wird mithilfe von Skills schlauer, aktuell gibt es international über 100.000 Skills. In Deutschland sind es gerade mal etwas über 11.600.

Die beliebtesten Kategorien sind in Deutschland Musik & Audio (2989), Spiele & Quiz (1604), Bildung & Nachschlagewerke (945), Lifestyle (891) und News (791), Stand 11.11.2019. Wie eine Case Study der Website beyto.com schreibt, ist das Skill-Wachstum in Deutschland eher gebremst, siehe https://www.beyto.com/wachstum-skills-amazon-alexa-skill-store-oktober-2019/.

1.1.1 Wie wird ein Skill aufgerufen?

Per Sprache wird dem Amazon-Echo-Gerät eine Frage oder Aufforderung mitgeteilt. Ein Nutzer könnte zum Beispiel sagen: »Alexa, öffne *Bierflasche*.« Dieser einfache Satz wird von der KI in die Bestandteile zerlegt und interpretiert:

[Wake Word], [Launch Word] [Invocation Name] [Connecting Word] [Utterance]

Diese Wake Words kennt Amazon Echo:

- Alexa
- Amazon
- Computer
- Echo

Das Wake Word (Weckwort) muss vom Nutzer über die Alexa-Companion-App eingestellt werden. Standardmäßig ist »Alexa« voreingestellt. Bisher ist Alexa der einzige Heimassistent, der den Nutzern hier eine Wahlmöglichkeit lässt, das ist einer der Gründe, warum Alexa so beliebt ist.

Beispiel

Alexa, öffne Bierflasche und gib mir einen Trinkspruch.

Diese »Launch«-Wörter kennt Amazon Echo:

- Start
- Starte
- Öffne
- Frage
- Lade
- sprich mit
- führe (Ausführungsname) aus
- benutze

Diese Kommandos sollten Sie im Hinterkopf behalten, wenn Sie einen »Invocation Name« für Ihren Skill auswählen, um eine möglichst natürliche Kommunikation zu ermöglichen.

Beispiel

Alexa, **öffne** Bierflasche und gib mir einen Trinkspruch.

Was ist ein Invocation-Name?

Der Invocation-Name bzw. Ausführungsname ist der Name des Skills. Der Skill-Name ist fast frei wählbar. Er sollte zu einer natürlichen Sprache passen. In unserem Beispiel lautet der Ausführungsname **Bierflasche**.

Wenn also der Bierflasche-Skill aktiviert wurde, erkennt Alexa ihn und kann zu der Aufforderung »Alexa, öffne Bierflasche« eine sinnvolle Antwort geben.

Beispiel

Alexa, öffne **Bierflasche** und gib mir einen Trinkspruch.

»Connecting«-Wörter für Skills:

- mit
- und
- aus
- um
- für

Beispiel

Alexa, öffne Bierflasche **und** gib mir einen Trinkspruch.

Was bedeutet »Utterance«?

»Utterance« ist das englische Wort für Äußerung. Äußerungen können bestimmte Intents zugeordnet werden.

Beispiel

Alexa, öffne Bierflasche und **gib mir einen Trinkspruch.**

Was bedeutet Intent?

Wenn wir miteinander kommunizieren, haben wir immer eine Intention (Absicht), warum wir kommunizieren. Wenn wir etwas Bestimmtes wissen wollen, fragen wir also unseren Gesprächspartner etwas. In der Skill-Programmierung wird der Begriff *Intent* genauso verwendet. Mit einem Alexa-Skill-Intent soll also eine bestimmte Absicht des Anwenders befriedigt werden.

Wenn Sie einen Skill programmieren möchten, sollten Sie sorgfältig alle Nutzungsszenarios Ihres Skills planen und jedem Szenario einen Intent zuordnen. In dem vorangegangenen Beispiel meines Bierflasche-Skills wurde die Äußerung »gib mir einen Trinkspruch« dem Intent »Trinkspruch« zugeordnet, der genau diesen Wunsch des Nutzers erfüllt. Die Äußerung »gib mir ein Bier« würde das Geräusch einer aufploppenden Bierflasche abspielen und ist demzufolge dem Bierflaschen-Intent zugeordnet.

1.1.2 Wie funktioniert ein Skill genau?

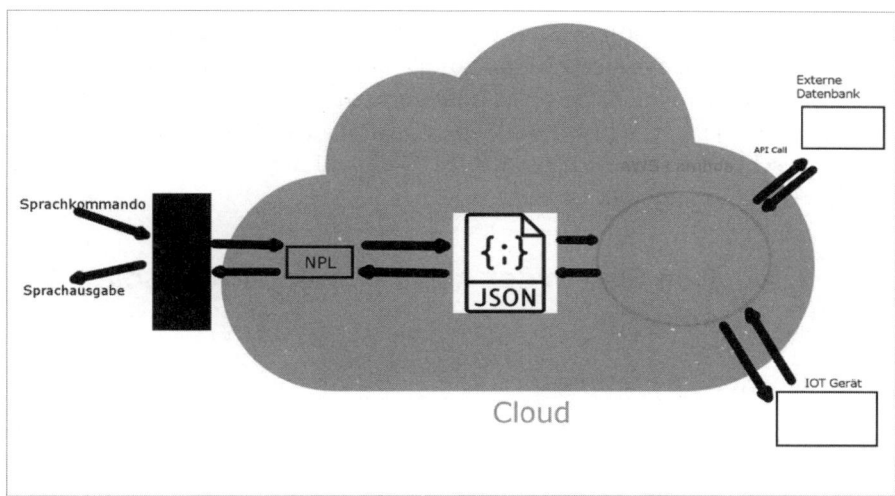

Abb. 1.10: Funktionsschema eines Alexa Skills

Das Schema in Abbildung 1.10 zeigt den theoretischen Aufbau eines Alexa Skills. In dem Beispiel gibt ein Nutzer ein Sprachkommando an Alexa. Dieses Sprachkommando wird durch NLP, Natural Language Processing, als ein bestimmter »Intent« erkannt, der im Sprachmodell zum Skill hinterlegt ist und in maschinenlesbaren JSON-Code umgewandelt wird. Ein Intent ist hier also eine Nutzerabsicht, die im Sprachmodell hinterlegt ist und durch bestimmte Äußerungen des Nutzers eine bestimmte Reaktion des Skills auslöst. Der JSON-Code wird zur Ausführung an den Programmcode in der AWS Lambda zur Verarbeitung gesendet.

Je nach Skill und Programmcode wird entweder eine externe Datenbank als Antwortquelle abgefragt, ein IoT(Internet of Things)-Gerät angesprochen oder eine im Code hinterlegte Antwort/ein Ergebnis berechnet. Diese wird dann im JSON-Format zurückgesendet und durch die NLP Unit in für Menschen verständlicher Sprache ausgegeben.

Als Skill-Programmierer haben Sie Einfluss auf das Sprachmodell des Skills. Dieses kann direkt in der Alexa Skill Console erstellt werden.

Die zweite wichtige Komponente ist die Skill-Logik, diese wird als Code, idealerweise als AWS-Lambda-Funktion, ausgeführt. Sie müssen aber Ihren Skill-Code nicht unbedingt in der AWS Cloud hosten. Ein per HTTPS verschlüsselter Server genügt auch. Der Einfachheit halber beschränke ich mich in diesem Buch auf Beispiele, die primär die AWS-Clouddienste nutzen.

1.2 Den Skill in der Alexa Developer Console anlegen

Die Sprache festlegen

Um einen neuen Skill in der Alexa Developer Console anzulegen, klicken Sie oben auf BUILD. Zuerst legen Sie die Sprache für Ihren Skill fest.

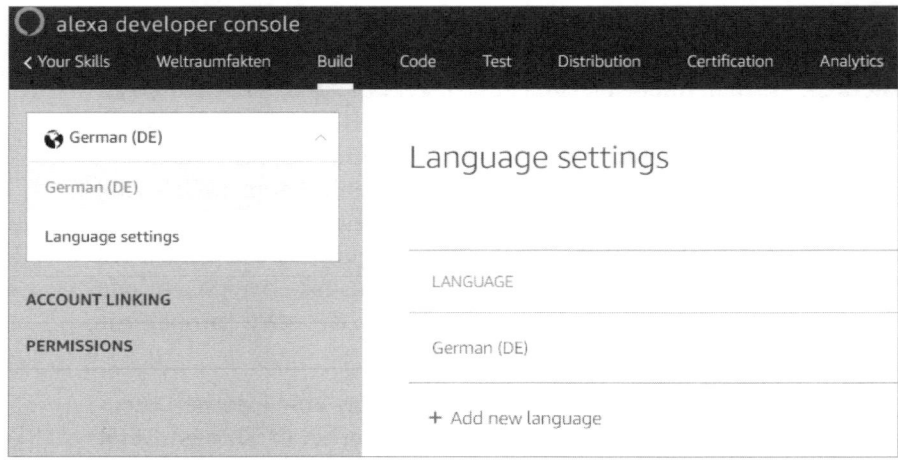

Abb. 1.11: Sprachmodell auswählen und festlegen

Den Invocation-Namen erstellen

Danach erstellen Sie den *Invocation*-Namen, der den Skill starten soll.

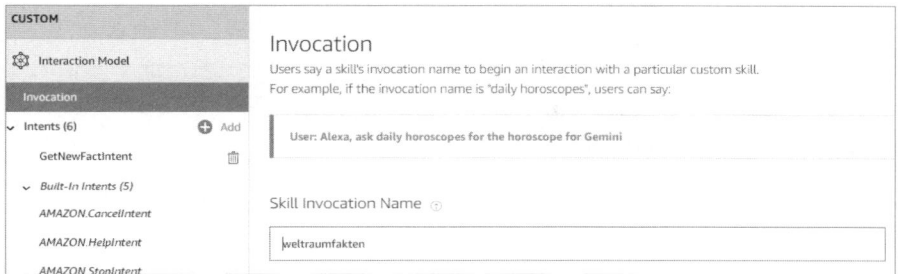

Abb. 1.12: INVOCATION NAME erstellen

Einen eigenen Intent erstellen

Anschließend können Sie mit dem Erstellen eigener Intents oder dem Einbinden von vorinstallierten Amazon-Intents fortfahren.

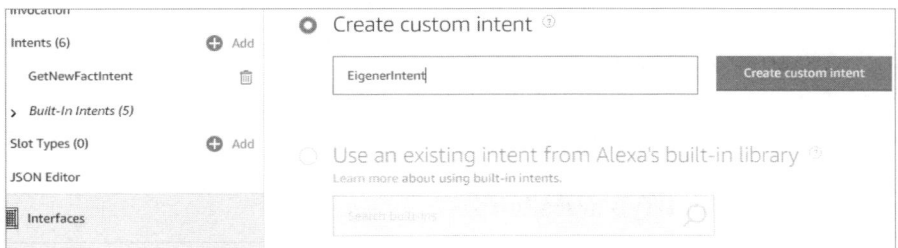

Abb. 1.13: Intent erstellen

Eigene Trainingsäußerungen erstellen

Nun können Sie für Ihren »EigenerIntent« Ihre Äußerungen hinterlegen. In diesem Beispiel habe ich mich dafür entschieden, auch Slots zu verwenden.

Abb. 1.14: Trainingsäußerungen erstellen

Wenn Sie alle Äußerungen für diesen Intent eingegeben haben, klicken Sie oben zunächst auf SAVE MODEL und dann auf BUILD MODEL.

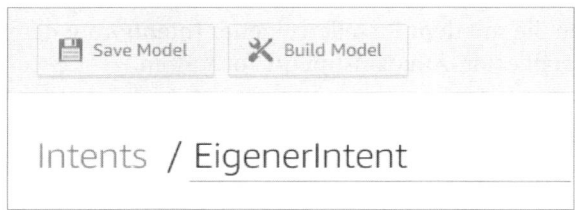

Abb. 1.15: SAVE MODEL und BUILD MODEL

1.2.1 Slot-Typ erstellen

Bei meinen Äußerungen hier im Beispiel habe ich mit {Antwort} einen Slot mit dem Namen »Antwort« definiert (siehe Abbildung 1.14). Slots sind wie Variablen, die in einer Äußerung ausgetauscht werden können. Durch die Nutzung von Slots in den Äußerungen können Sie eine Vielzahl von Äußerungen mit geringem Aufwand erstellen.

Diesen Slots wiederum werden Slot-Typen zugeordnet. Im Folgenden zeige ich Ihnen, wie das geht.

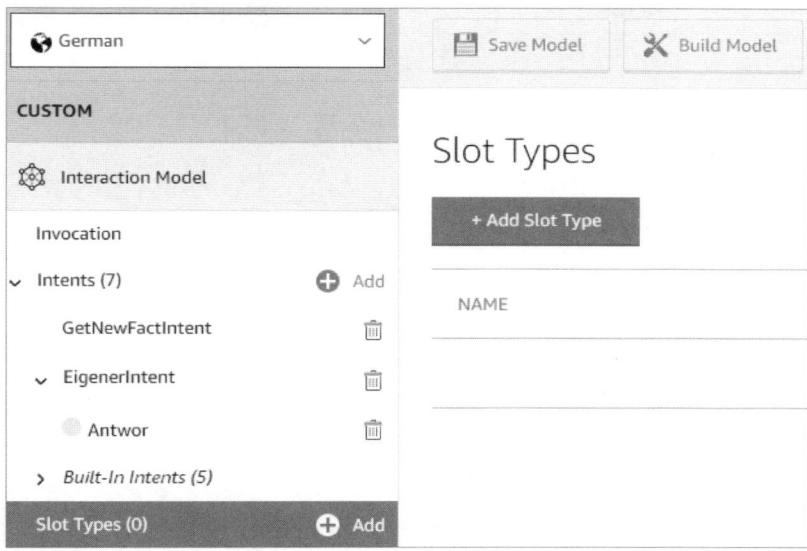

Abb. 1.16: Slot-Typ erstellen, Schritt 1

Nachdem Sie auf ADD SLOT TYPE geklickt haben, können Sie auswählen, ob Sie einen eigenen neuen Slot Type erstellen oder einen vortrainierten nutzen möchten.

Amazon bietet mittlerweile über 49 vortrainierte Slot Types an. Das geht von Slot Types für Schauspieler, Fluglinien, Flughäfen, Tiere, Künstler, Bücher bis hin zu Regionen, Städte, Länder und viele mehr. In diesen vortrainierten Slot-Typen sind die gängigsten Begriffe zum Slot-Typ schon voreingetragen. Sie können diese aber meistens weiter ergänzen, falls mal ein Begriff nicht eingetragen ist.

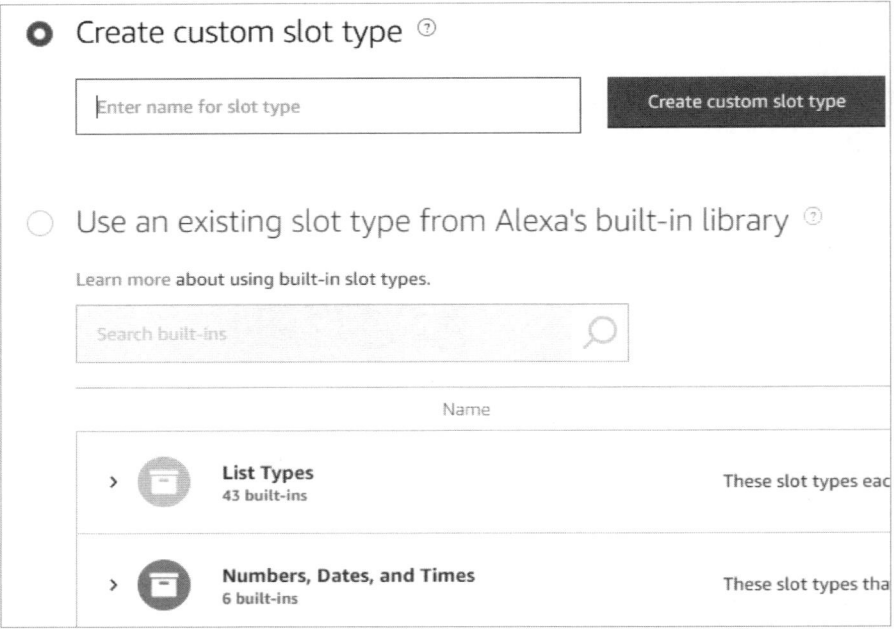

Abb. 1.17: Slot-Typ erstellen, Schritt 2

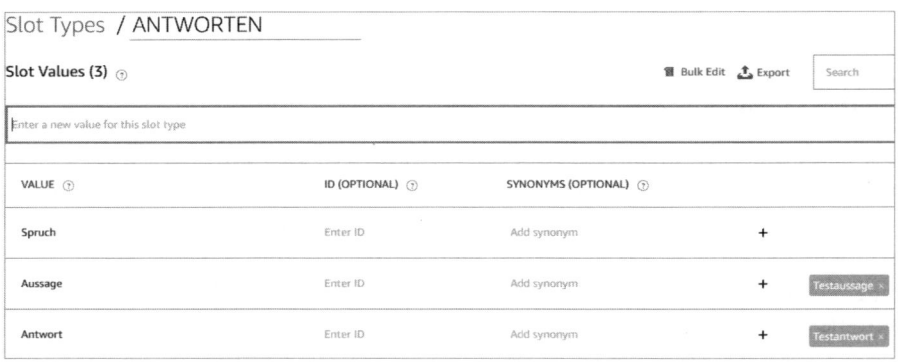

Abb. 1.18: Slot-Typ erstellen, Schritt 3

Wenn Amazon keinen relevanten Slot Type für Ihren Skill vorrätig hat, können Sie ganz einfach einen eigenen Slot Type definieren, indem Sie den Namen des neuen Slot-Typs in das Eingabefeld unter CREATE CUSTOM SLOT TYPE eintragen und anschließend auf den gleichnamigen Button daneben klicken (Abbildung 1.17).

In meinem Beispiel habe ich die Slot-Typen »Antworten« mit den Werten »Spruch«, »Aussage« und »Antwort« erstellt.

Nun versteht mein Skill also die Äußerungen:

- »gebe mir eine Antwort«,

- »gebe mir eine Aussage« und

- »gebe mir einen Spruch«.

Sie können hier auch Synonyme für bestimmte Begriffe hinterlegen. Dies verbessert nochmals die Erkennungsrate.

Zudem können Synonyme und IDs auch nützlich sein, um bestimmte Parameter zu erkennen, die normalerweise kein Mensch sagen würde. Diese Parameter können dann für bestimmte Variablen im Programmiercode eingesetzt werden, um beispielsweise eine bestimmte API-URL abrufen zu können.

Beispiel

Eine Wetter-API erfordert die Postleitzahl für die Abfrage der Wetterdaten. Anstatt den Nutzer zu nötigen, eine Postleitzahl zu sagen, kann er ganz natürlich die Stadt nennen, denn im Sprachmodell wurde im Feld ID die Postleitzahl hinterlegt. Der Code übergibt für die Wetterdaten-Anfrage die ID mit der Postleitzahl anstatt des Städtenamens, mit dem die Wetter-API nichts anfangen könnte.

1.2.2 Das JSON-Sprachmodell

Sie können Ihr JSON-Sprachmodell für den Skill ganz komfortabel in der Alexa Developer Console automatisch erstellen lassen.

Die Alexa Developer Console erstellt dieses Modell, nachdem Sie all Ihre Intents, Trainingsäußerungen und eventuellen Slots mit Slot-Typen angelegt haben, wenn Sie auf SAVE MODEL und anschließend auf BUILD MODEL geklickt haben.

Sie können aber auch, anstatt zuerst alles manuell in der Alexa Developer Console zu erstellen, die JSON-Sprachmodelle der Codebeispiele von GitHub direkt in den JSON-Editor der Alexa Developer Console kopieren und das Model nachher Ihren Anforderungen anpassen. Das spart Zeit!

Bei jedem Skill-Beispiel auf GitHub ist auch das Sprachmodell mit dabei, für unser Beispiel ist es hier zu finden: `https://github.com/ alexa/skill-sample-nodejs-fact/blob/master/models/de-DE. json`. Sie sollten sich das Sprachmodell zu Beginn intensiv anschauen, um zu verstehen, wie ein Nutzer mit dem Beispiel-Skill interagieren kann.

Amazon gibt dem Entwickler Pflicht-Intents vor, die von Amazon selbst vortrainiert sind. Zu Pflicht-Intents gehören **AMAZON.Cancel-Intent**, **AMAZON.HelpIntent** und **AMAZON.StopIntent**. Zudem gibt es noch optionale Intents von Amazon, die auch vortrainiert sind. Als Entwickler können Sie diese meistens mit weiteren Äußerungen ergänzen. Ich schreibe deswegen »meistens«, weil das bei manchen vortrainierten Intents nicht möglich ist. So ist eine weitere Ergänzung des Intents Amazon.Number, sinnlos und nicht möglich, da für diesen Intent schon alle Zahlen, die es gibt, vortrainiert sind.

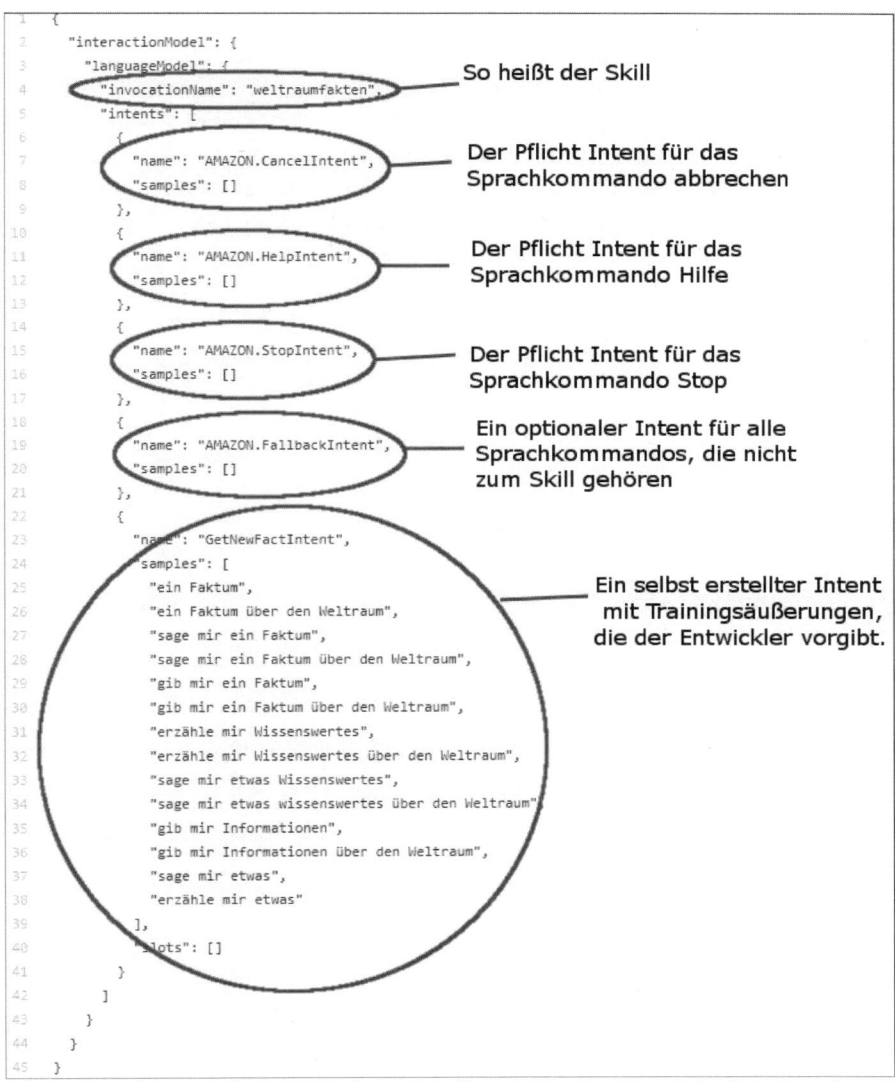

```
1   {
2     "interactionModel": {
3       "languageModel": {
4         "invocationName": "weltraumfakten",          So heißt der Skill
5         "intents": [
6           {
7             "name": "AMAZON.CancelIntent",            Der Pflicht Intent für das
8             "samples": []                             Sprachkommando abbrechen
9           },
10          {
11            "name": "AMAZON.HelpIntent",              Der Pflicht Intent für das
12            "samples": []                             Sprachkommando Hilfe
13          },
14          {
15            "name": "AMAZON.StopIntent",              Der Pflicht Intent für das
16            "samples": []                             Sprachkommando Stop
17          },
18          {
                                                        Ein optionaler Intent für alle
19            "name": "AMAZON.FallbackIntent",          Sprachkommandos, die nicht
20            "samples": []                             zum Skill gehören
21          },
22          {
23            "name": "GetNewFactIntent",
24            "samples": [
25              "ein Faktum",                           Ein selbst erstellter Intent
26              "ein Faktum über den Weltraum",         mit Trainingsäußerungen,
27              "sage mir ein Faktum",                  die der Entwickler vorgibt.
28              "sage mir ein Faktum über den Weltraum",
29              "gib mir ein Faktum",
30              "gib mir ein Faktum über den Weltraum",
31              "erzähle mir Wissenswertes",
32              "erzähle mir Wissenswertes über den Weltraum",
33              "sage mir etwas Wissenswertes",
34              "sage mir etwas wissenswertes über den Weltraum",
35              "gib mir Informationen",
36              "gib mir Informationen über den Weltraum",
37              "sage mir etwas",
38              "erzähle mir etwas"
39            ],
40            "slots": []
41          }
42        ]
43      }
44    }
45  }
```

Abb. 1.19: Ein Alexa-Sprachmodell in JSON-Format

Interessant wird es bei den selbst erstellten Intents. Hier können Sie als »Voice Designer« Ihrer Kreativität freien Lauf lassen und Äußerungen hinterlegen, die eine bestimmte Programmierlogik auslösen. In der oben dargestellten Abbildung liefert der Skill »Weltraumfakten« bei der Äußerung »erzähle mir Wissenswertes« einen zufälligen Fakt zum Themengebiet Weltraum. Dieses Sprachmodell kann jeder kostenfrei von GitHub kopieren und über den JSON-Editor in der Alexa Developer Console hinterlegen. Abbildung 1.20 zeigt, wie das dann aussieht.

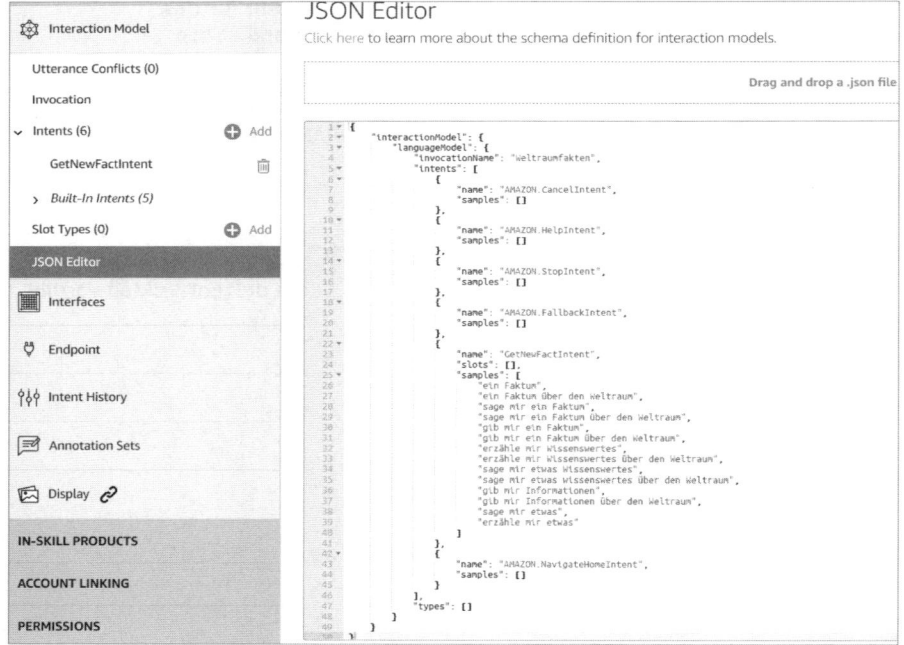

Abb. 1.20: Der JSON-Editor in der Alexa Developer Console

1.2.3 Alexa-Interface festlegen

Im nächsten Schritt legen Sie fest, welche Interfaces der Skill nutzen kann.

Ein Entwickler kann in der Alexa Developer Console unter INTER-FACES festlegen, ob der Skill einen Audio-Player beinhaltet, ein Display-Interface für die Anzeige der Antworten auf einem Bildschirm, einen Video-Player, Echo-Buttons oder die neue Alexa Presentation Language (APL) nutzt. Zuletzt kann man hier auch entscheiden, ob Alexa die »Auto Delegation« nutzt. Damit legt man fest, ob Alexa automatisch eine Konversation Zug um Zug managen soll. Für den Einstieg ist dieser Punkt erst einmal irrelevant. Dazu mehr ab Kapitel 5.

In meinem Beispiel wird kein besonderes Interface festgelegt, da der Skill nur eine einfache Sprachausgabe mit Antwortkarten für die Alexa App ausgibt. Der Nutzer kann also nur die Antwort hören und später noch einmal in der Alexa App nachlesen, was Alexa ihm geantwortet hat.

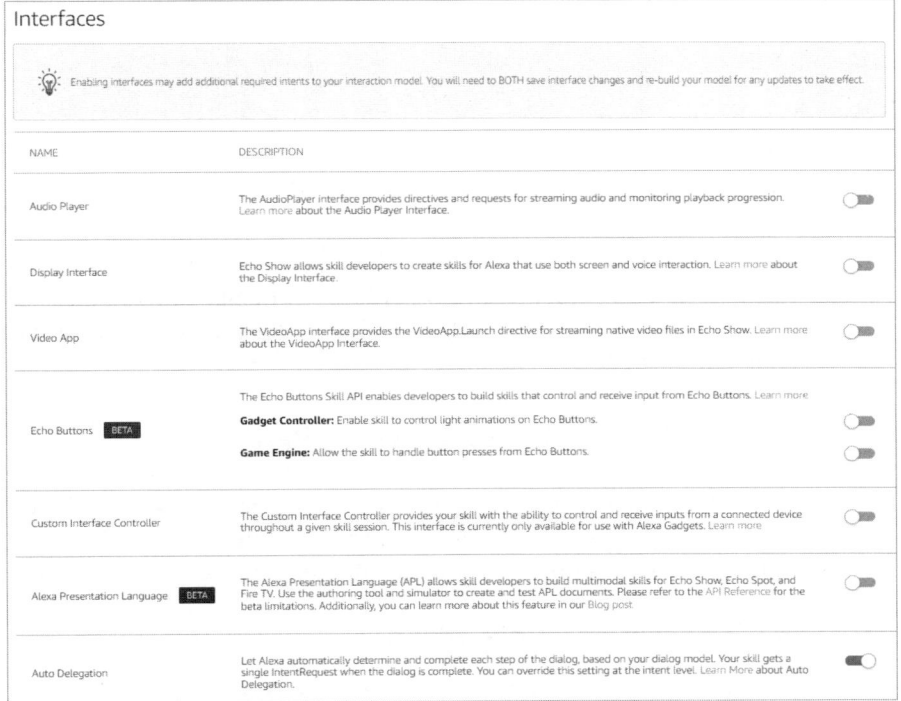

Abb. 1.21: Interface-Auswahl in der Alexa Developer Console

1.2.4 Endpoint festlegen

Sofern Sie sich bei der Skill-Erstellung nicht für einen Alexa-Hosted-Skill entschieden haben, können Sie hier in diesem Schritt festlegen, wo Ihr Programmiercode liegt. Sie »verheiraten« hier das JSON-Sprachmodell mit Ihrem Programmiercode.

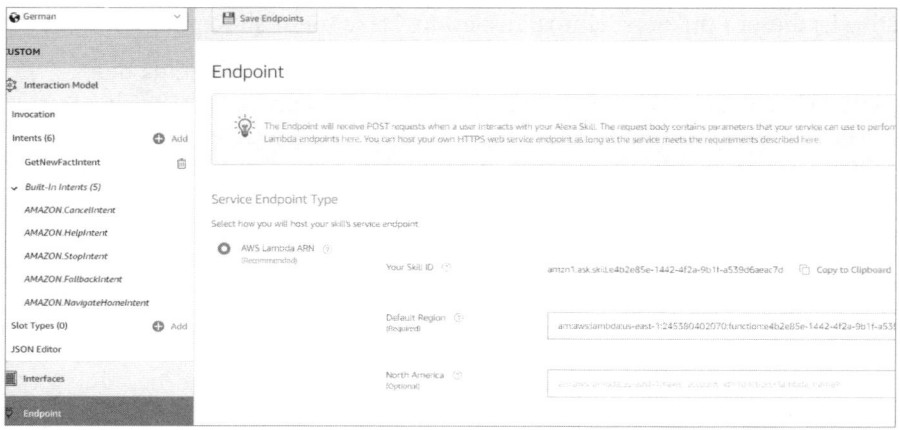

Abb. 1.22: Endpoint festlegen

Hier könnten Sie auch Ihre eigene Cloud als Standort für Ihren Code angeben. In dem aktuellen Beispiel muss ich nichts eintragen, da ich die Alexa-Hosted-Variante ausgewählt habe. Der Endpoint wurde also schon automatisch von Amazon eingetragen.

1.3 Skill-Logik in Node.js erstellen

Das Voice-Design ist jetzt zunächst abgeschlossen und der Skill in der Alexa Developer Console samt Sprachmodell angelegt. Jetzt müssen Sie nur noch die eigentliche Programmierlogik in Node.js erstellen.

1.3.1 Node.js-Skill-Code erklärt

Im nächsten Schritt müssen Sie nur noch den Programmiercode von dem GitHub-Repository in die Alexa-Hosted-Cloud kopieren. Das

Ganze sieht dann aus wie in Abbildung 1.23. Im weiteren Verlauf werde ich mich immer wieder auf diese Code-Zeilen beziehen. Diese können Sie im Code-Beispiel am Ende dieses Kapitels nachvollziehen.

Abb. 1.23: Der Code-Editor in der Alexa Skill Console

Als Erstes müssen Sie im Code hinterlegen, welche Node.js-Module der Skill verwenden soll. In meinem Code-Beispiel hier im Buch sind das diese Zeilen:

```
001   const Alexa = require('ask-sdk-core');
002   const i18n = require('i18next');
```

Zeile 001 besagt, dass der Skill die ASK-SDK-Core-Funktionalität nutzen muss, um zu funktionieren.

Zeile 002 besagt, dass der Skill das Node.js i18n nutzen muss, damit er Mehrsprachigkeit unterstützt.

Danach werden für die jeweiligen Intents sogenannte *Handler* definiert. Hier das Beispiel für den `GetNewFactIntent`.

```
003   const GetNewFactHandler = {
004     canHandle(handlerInput) {
005       const request = handlerInput.requestEnvelope.request;
006       // checks request type
007       return request.type === 'LaunchRequest'
008         || (request.type === 'IntentRequest'
009           && request.intent.name === 'GetNewFactIntent');
010     },
011     handle(handlerInput) {
012       const requestAttributes = handlerInput.
      attributesManager.getRequestAttributes();
013       const randomFact = requestAttributes.t('FACTS');
014       const speakOutput = requestAttributes.t('GET_FACT_
      MESSAGE') + randomFact;
015
016       return handlerInput.responseBuilder
017         .speak(speakOutput)
018         .withSimpleCard(requestAttributes.t('SKILL_NAME'),
      randomFact)
```

```
019        .getResponse();
020    },
021  };
```

Grundsätzlich sind alle Alexa-Handler für das aktuelle Alexa Skills Kit (V2) zweigeteilt. Es gibt einen Teil, der prüft, ob der Handler eine bestimmte Bedingung erfüllen kann. Das ist der in Zeile 006 bis Zeile 012 dargestellte canHandle-Teil.

Wenn eine vorgegebene Bedingung erfüllt ist, wird in dem handle-Teil von Zeile 013 bis Zeile 023 der Code ausgeführt.

Der gesamte Programmcode wird also folgendermaßen ausgeführt: Es werden alle Intent-Handler des Programmcodes der Reihe nach daraufhin geprüft, ob eine bestimmte Bedingung erfüllt ist, und dann ausgeführt.

Es ist also entscheidend, an welcher Position ein Intent-Handler im Code steht, damit er ausgeführt werden kann. Denn in manchen Fällen können Intent-Handler konkurrieren.

Kommen wir zurück zu unserem Code-Beispiel. In Zeile 002 bis 008 wird definiert, für welche Fälle dieser Handler geeignet ist.

```
004  canHandle(handlerInput) {
005      const request = handlerInput.requestEnvelope.request;
006      // Prüft die Anfragetypen
007      return request.type === 'LaunchRequest'
008          || (request.type === 'IntentRequest'
009          && request.intent.name === 'GetNewFactIntent');
010    },
```

Der Handler soll also bei jedem Skill-Start (LaunchRequest) ausgeführt werden, oder wenn der Skill schon geöffnet ist und der Nutzer eine hinterlegte Äußerung des GetNewFactIntent sagt. Wenn der Fall eintritt, geht es mit diesem Code weiter:

```
011   handle(handlerInput) {
012       const requestAttributes = handlerInput.attributesManager.
          getRequestAttributes();
```

Dieser Code ist notwendig, damit auf die i18next-Bibliothek zugegriffen werden kann.

Die i18next-Bibliothek wird im Request Interceptor eingerichtet.

```
013   const randomFact = requestAttributes.t('FACTS');
```

Die `randomFact`-Konstante erhält einen zufälligen Fakt, indem er der Konstanten das Array `Facts` zuweist, das ein zufälliges Element aus diesem Array von der i18next-Bibliothek auswählt.

```
014   const speakOutput = requestAttributes.t('GET_FACT_MESSAGE')
      + randomFact;
```

Die Konstante `speakOutput` verkettet eine Standardnachricht (`'GET_FACT_MESSAGE'`) der i18next-Bibliothek mit der Konstanten `random-Fact`. Die Aussage, die Alexa sagt, ist damit prinzipiell fertig.

```
016       return handlerInput.responseBuilder
017         .speak(speakOutput)
018         .withSimpleCard(requestAttributes.t('SKILL_NAME'),
          randomFact)
019         .getResponse();
020   },
```

Der obige Abschnitt bedeutet in unserer Sprache Folgendes:

Geben Sie Folgendes zurück (`return`), bauen Sie alle Eingaben (`handlerInput`) in eine JSON-Antwort (`responseBuilder`) ein, die Folgendes enthält. Sagen Sie (`.speak`) den Inhalt der Konstanten speakoutput. Erstellen Sie eine einfache Antwortkarte für die Alexa App (. withSimpleCard) und nutzen Sie als Überschrift den Eintrag "Skill_Name" der Sprachbibliothek und stellen Sie den Inhalt der Konstanten randomFact dar. Die Antwort ist fertig, geben Sie sie jetzt aus (.getResponse).

Der Intent-Handler für den GetNewFactIntent ist somit vollständig. Damit der Code ausgeführt werden kann, muss noch der »Localiza- tionInterceptor« angelegt werden. Dieser ist notwendig, damit der Skill vor der Ausführung erkennen kann, in welcher Sprache er ant- worten soll. Der Code dafür sieht wie folgt aus:

```
094   const LocalizationInterceptor = {
095     process(handlerInput) {
096       const localizationClient = i18n.init({
097         lng: handlerInput.requestEnvelope.request.locale,
098         resources: languageStrings,
099         returnObjects: true
100       });
101       localizationClient.localize = function localize() {
102         const args = arguments;
103         const value = i18n.t(...args);
104             if (Array.isArray(value)) {
105           return value[Math.floor(Math.random() *
value.length)];
106         }
107         return value;
108       };
109       // this gets the request attributes and save the
localize function inside
110       // it to be used in a handler by calling
requestAttributes.t(STRING_ID, [args...])
111       const attributes = handlerInput.attributesManager.
getRequestAttributes();
```

```
112      attributes.t = function translate(...args) {
113        return localizationClient.localize(...args);
114      }
115    }
116  };
```

Dann müssen noch die Sprachantworten für die deutsche Sprache hinterlegt werden, die Sie mit dem Code-Fragment requestAttributes.t('Eintragsstelle'), abfragen können.

```
133  const deData = {
134    translation: {
135      SKILL_NAME: 'Weltraumwissen',
136      GET_FACT_MESSAGE: 'Hier sind deine Fakten: ',
137      HELP_MESSAGE: 'Du kannst sagen, "Nenne mir einen Fakt
     über den Weltraum", oder du kannst "Beenden" sagen... Wie
     kann ich dir helfen?',
138      HELP_REPROMPT: 'Wie kann ich dir helfen?',
139      FALLBACK_MESSAGE: 'Der Weltraumfakten-Skill kann dir
     dabei nicht helfen. Er kann dir Fakten über den Raum
     erzählen, wenn du danach fragst.',
140      FALLBACK_REPROMPT: 'Wie kann ich dir helfen?',
141      ERROR_MESSAGE: 'Es ist ein Fehler aufgetreten.',
142      STOP_MESSAGE: 'Auf Wiedersehen!',
143      FACTS:
144        [
145          'Ein Jahr dauert auf dem Merkur nur 88 Tage.',
146          'Die Venus ist zwar weiter von der Sonne entfernt,
     hat aber höhere Temperaturen als der Merkur.',
147          'Die Venus dreht sich entgegen dem Uhrzeigersinn,
     möglicherweise aufgrund eines früheren Zusammenstoßes mit
     einem Asteroiden.',
148          'Auf dem Mars erscheint die Sonne nur halb so groß
     wie auf der Erde.',
```

```
149            'Der Jupiter hat den kürzesten Tag aller Planeten.',
150        ],
151      },
152    };
153
154    const dedeData = {
155      translation: {
156        SKILL_NAME: 'Weltraumwissen auf Deutsch',
157      },
158    };
159    const languageStrings = {
160      'de': deData,
161      'de-DE': dedeData,
162    };
```

Zu guter Letzt müssen Sie alle Handler und Interzeptoren in der Konstanten skillBuilder registrieren.

```
1    const skillBuilder = Alexa.SkillBuilders.custom();
2
3    exports.handler = skillBuilder
4      .addRequestHandlers(
5        GetNewFactHandler,
6        HelpHandler,
7        ExitHandler,
8        FallbackHandler,
9        SessionEndedRequestHandler,
10     )
11     .addRequestInterceptors(LocalizationInterceptor)
12     .addErrorHandlers(ErrorHandler)
13     .withCustomUserAgent('sample/basic-fact/v2')
14     .lambda();
```

In Zeile 137 definieren wir die Konstante `skillBuilder`. Als Entwickler können wir uns zwischen zwei Varianten entscheiden, die unterschiedliche Bibliotheken des ASK-SDK v2 nutzen.

Zur Auswahl stehen diese:

- `const customSkillBuilder = Alexa.SkillBuilders.custom();`
- `const standardSkillBuilder = Alexa.SkillBuilders.standard();`

Da ich aber am Anfang des Codes nur das ask-sdk-core-Paket registriert habe, kann ich nur die »custom«-Variante nutzen. Wenn Sie die »standard«-Variante nutzen möchten, müssen Sie das Paket »ask-sdk« am Anfang (Zeile 001) registrieren.

Von Zeile 121 bis 127 werden alle Anfrage-Handler registriert, die ausgeführt werden sollen. In der darauffolgenden Zeile wird der Anfrage-Interceptor registriert, der es dem Skill ermöglicht, zwischen den Sprachen des Nutzers zu unterscheiden. In Zeile 129 werden alle Error-Handler registriert und zum Schluss wird die Lambda-Funktion beendet.

1.3.2 Kompletter Skill-Code in Node.js

```
1   const Alexa = require('ask-sdk-core');
2   const i18n = require('i18next');
3   const GetNewFactHandler = {
4     canHandle(handlerInput) {
5       const request = handlerInput.requestEnvelope.request;
6       // checks request type
7       return request.type === 'LaunchRequest'
8         || (request.type === 'IntentRequest'
9           && request.intent.name === 'GetNewFactIntent');
10    },
11    handle(handlerInput) {
12      const requestAttributes = handlerInput.
    attributesManager.getRequestAttributes();
```

```
13      const randomFact = requestAttributes.t('FACTS');
14      const speakOutput = requestAttributes.t('GET_FACT_
    MESSAGE') + randomFact;
15
16      return handlerInput.responseBuilder
17        .speak(speakOutput)
18        .withSimpleCard(requestAttributes.t('SKILL_NAME'),
    randomFact)
19        .getResponse();
20    },
21  };
22
23  const HelpHandler = {
24    canHandle(handlerInput) {
25      const request = handlerInput.requestEnvelope.request;
26      return request.type === 'IntentRequest'
27        && request.intent.name === 'AMAZON.HelpIntent';
28    },
29    handle(handlerInput) {
30      const requestAttributes = handlerInput.
    attributesManager.getRequestAttributes();
31      return handlerInput.responseBuilder
32        .speak(requestAttributes.t('HELP_MESSAGE'))
33        .reprompt(requestAttributes.t('HELP_REPROMPT'))
34        .getResponse();
35    },
36  };
37
38  const FallbackHandler = {
39    canHandle(handlerInput) {
40      const request = handlerInput.requestEnvelope.request;
41      return request.type === 'IntentRequest'
42        && request.intent.name === 'AMAZON.FallbackIntent';
43    },
```

```
44    handle(handlerInput) {
45      const requestAttributes = handlerInput.
      attributesManager.getRequestAttributes();
46      return handlerInput.responseBuilder
47        .speak(requestAttributes.t('FALLBACK_MESSAGE'))
48        .reprompt(requestAttributes.t('FALLBACK_REPROMPT'))
49        .getResponse();
50    },
51  };
52
53  const ExitHandler = {
54    canHandle(handlerInput) {
55      const request = handlerInput.requestEnvelope.request;
56      return request.type === 'IntentRequest'
57        && (request.intent.name === 'AMAZON.CancelIntent'
58          || request.intent.name === 'AMAZON.StopIntent');
59    },
60    handle(handlerInput) {
61      const requestAttributes = handlerInput.
      attributesManager.getRequestAttributes();
62      return handlerInput.responseBuilder
63        .speak(requestAttributes.t('STOP_MESSAGE'))
64        .getResponse();
65    },
66  };
67
68  const SessionEndedRequestHandler = {
69    canHandle(handlerInput) {
70      const request = handlerInput.requestEnvelope.request;
71      return request.type === 'SessionEndedRequest';
72    },
73    handle(handlerInput) {
74      console.log(`Session ended with reason:
      ${handlerInput.requestEnvelope.request.reason}`);
```

```
75        return handlerInput.responseBuilder.getResponse();
76      },
77    };
78
79    const ErrorHandler = {
80      canHandle() {
81        return true;
82      },
83      handle(handlerInput, error) {
84        console.log(`Error handled: ${error.message}`);
85        console.log(`Error stack: ${error.stack}`);
86        const requestAttributes = handlerInput.
      attributesManager.getRequestAttributes();
87        return handlerInput.responseBuilder
88          .speak(requestAttributes.t('ERROR_MESSAGE'))
89          .reprompt(requestAttributes.t('ERROR_MESSAGE'))
90          .getResponse();
91      },
92    };
93
94    const LocalizationInterceptor = {
95      process(handlerInput) {
96        const localizationClient = i18n.init({
97          lng: handlerInput.requestEnvelope.request.locale,
98          resources: languageStrings,
99          returnObjects: true
100       });
101       localizationClient.localize = function localize() {
102         const args = arguments;
103         const value = i18n.t(...args);
104               if (Array.isArray(value)) {
105           return value[Math.floor(Math.random() *
      value.length)];
106         }
```

```
107        return value;
108      };
109      // this gets the request attributes and save the
         localize function inside
110      // it to be used in a handler by calling
         requestAttributes.t(STRING_ID, [args...])
111      const attributes = handlerInput.attributesManager.
         getRequestAttributes();
112      attributes.t = function translate(...args) {
113        return localizationClient.localize(...args);
114      }
115    }
116  };
117
118  const skillBuilder = Alexa.SkillBuilders.custom();
119
120  exports.handler = skillBuilder
121    .addRequestHandlers(
122      GetNewFactHandler,
123      HelpHandler,
124      ExitHandler,
125      FallbackHandler,
126      SessionEndedRequestHandler,
127    )
128    .addRequestInterceptors(LocalizationInterceptor)
129    .addErrorHandlers(ErrorHandler)
130    .withCustomUserAgent('sample/basic-fact/v2')
131    .lambda();
132
133  const deData = {
134    translation: {
135      SKILL_NAME: 'Weltraumwissen',
136      GET_FACT_MESSAGE: 'Hier sind deine Fakten: ',
```

```
137        HELP_MESSAGE: 'Du kannst sagen, "Nenne mir einen Fakt
       über den Weltraum" oder du kannst "Beenden" sagen ... Wie
       kann ich dir helfen?',
138        HELP_REPROMPT: 'Wie kann ich dir helfen?',
139        FALLBACK_MESSAGE: 'Der Weltraumfakten-Skill kann dir
       dabei nicht helfen. Er kann dir Fakten über den Raum
       erzählen, wenn du danach fragst.',
140        FALLBACK_REPROMPT: 'Wie kann ich dir helfen?',
141        ERROR_MESSAGE: 'Es ist ein Fehler aufgetreten.',
142        STOP_MESSAGE: 'Auf Wiedersehen!',
143        FACTS:
144          [
145            'Ein Jahr dauert auf dem Merkur nur 88 Tage.',
146            'Die Venus ist zwar weiter von der Sonne entfernt,
       hat aber höhere Temperaturen als der Merkur.',
147            'Die Venus dreht sich entgegen dem Uhrzeigersinn,
       möglicherweise aufgrund eines früheren Zusammenstoßes mit
       einem Asteroiden.',
148            'Auf dem Mars erscheint die Sonne nur halb so groß
       wie auf der Erde.',
149            'Der Jupiter hat den kürzesten Tag aller Planeten.',
150          ],
151      },
152    };
153
154    const dedeData = {
155      translation: {
156        SKILL_NAME: 'Weltraumwissen auf Deutsch',
157      },
158    };
159    const languageStrings = {
160      'de': deData,
161      'de-DE': dedeData,
162    };
```

1.4   Alexa Skill testen mit der Testkonsole

Vom Prinzip her ist der Skill fertig erstellt. Dennoch ist es ratsam, ihn ausgiebig zu testen. Mit dem integrierten Alexa-Simulator geht das recht einfach, ganz ohne Alexa-Gerät.

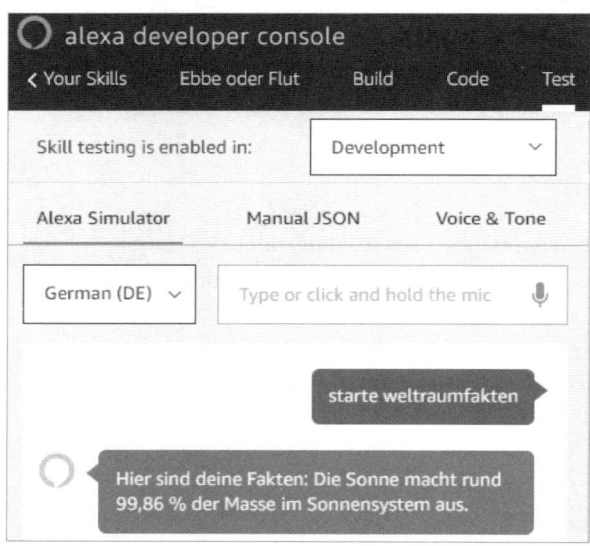

Abb. 1.24: Die Skill-Testkonsole

In der Testkonsole können Sie entweder per manueller JSON-Eingabe, Texteingabe oder per Sprache die Antworten des Skills testen. Hier werden auch im JSON-Format die Skill-Eingabe und -Ausgabe angezeigt. Zudem können Sie hier die Stimme von Alexa einstellen, indem Sie dem Text bestimmte SSML-Tags hinzufügen. Dazu mehr in Kapitel 3. Wenn Sie ein Kommando einsprechen oder per Text eingeben, bekommen Sie in der Mitte des gleichen Bildschirms einen zweigeteilten Bereich angezeigt.

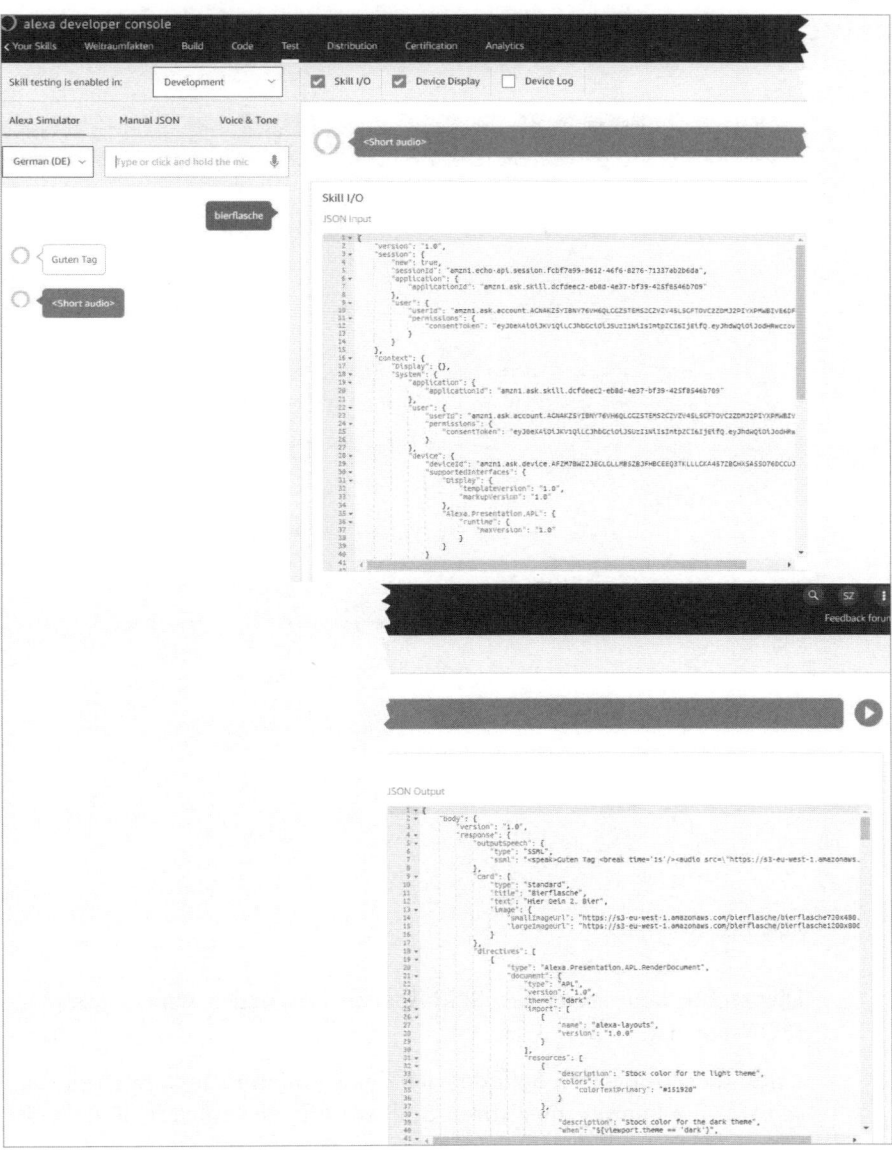

Abb. 1.25: Links steht die Skill-Eingabe im JSON-Format, die von dem Skill-
Programmcode für die Verarbeitung genutzt wird.

Abb. 1.26: Skill-I/O

Die rechte Seite zeigt die Skill-Ausgabe nach der Verarbeitung im JSON-Format.

Unter diesem Bereich befindet sich der Simulator für Geräte mit Bildschirm. Sie können hier Ihren Skill für alle verfügbaren Echogeräte testen.

```
JSON Output
 1 ▼ {
 2 ▼     "body": {
 3               "version": "1.0",
 4 ▼         "response": {
 5 ▼             "outputSpeech": {
 6                   "type": "SSML",
 7                   "ssml": "<speak>Hier sind deine Fakten: Die Venus ist zwar weiter von der Sonne entfernt, h
 8               },
 9 ▼             "card": {
10                   "type": "Simple",
11                   "title": "Weltraumwissen auf Deutsch",
12                   "content": "Die Venus ist zwar weiter von der Sonne entfernt, hat aber höhere Temperaturen
13               },
14               "type": "_DEFAULT_RESPONSE"
15           },
16           "sessionAttributes": {},
17           "userAgent": "ask-node/2.6.0 Node/v8.10.0 sample/basic-fact/v2"
18       }
19 }
```

Abb. 1.27: JSON-Output

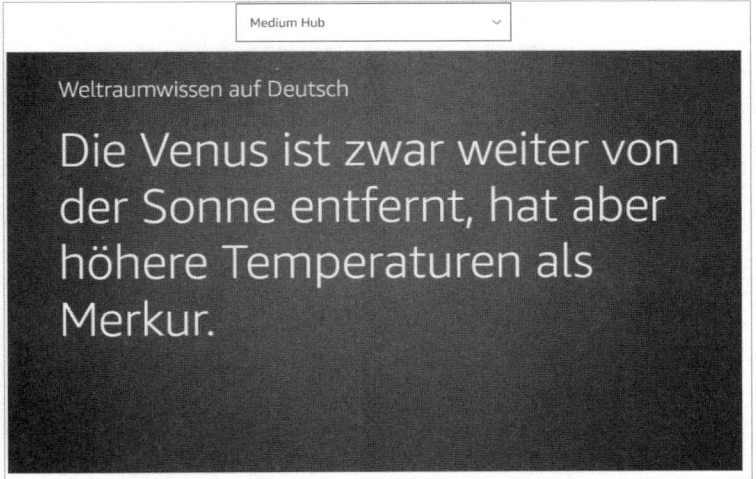

Abb. 1.28: Der Bildschirmgerätesimulator in der Alexa-Testkonsole

Weil wir in meinem vorangegangenen Code-Beispiel eine »Simple Card« als Antwort mit definiert haben, werden mir hier in der Testkonsole eine Überschrift und die Textantwort angezeigt. Hätten Sie dies nicht getan, wäre hier der Testbildschirm schwarz geblieben. Prinzipiell können Sie in einer Skill Card auch Bilder anzeigen lassen. Dann wird aus einer »Simple Card« eine »Standard Card«. Dazu mehr in Kapitel 4.

1.5 Skill-Code automatisch erzeugen

Jetzt, da Sie die Grundlagen kennengelernt haben, möchte Ich Ihnen zeigen, dass es noch einfacher geht, einen Alexa Skill zu programmieren. Denn für einfache Ausgabe-Skills, wie im obigen Beispiel, müssen Sie nicht wirklich programmieren können. Es reicht auch schon vollkommen aus, wenn Sie in der Lage sind, mit der Alexa Developer Console ein brauchbares Sprachmodell zu entwickeln. Im Folgenden zeige ich, wie Sie die Programmierlogik in Node.Js erstellen, ohne auch nur eine einzige Zeile Code selber zu schreiben!

Gehen Sie dafür auf die Seite:
`https://s3.amazonaws.com/webappvui/skillcode/v2/index.html`

Sie kopieren aus der Alexa-Konsole unter JSON-EDITOR Ihr Sprachmodell, das Sie angefertigt haben (siehe Abbildung 1.20).

Fügen Sie nun das Sprachmodell in der linken Hälfte unter »Language Model JSON« ein.

Abb. 1.29: Das JSON-Sprachmodell im ASK.SDK Code Generator

Klicken Sie auf GENERATE CODE, kopieren Sie den generierten Programmiercode und fügen ihn anschließend in einer Lambda-Funktion ein.

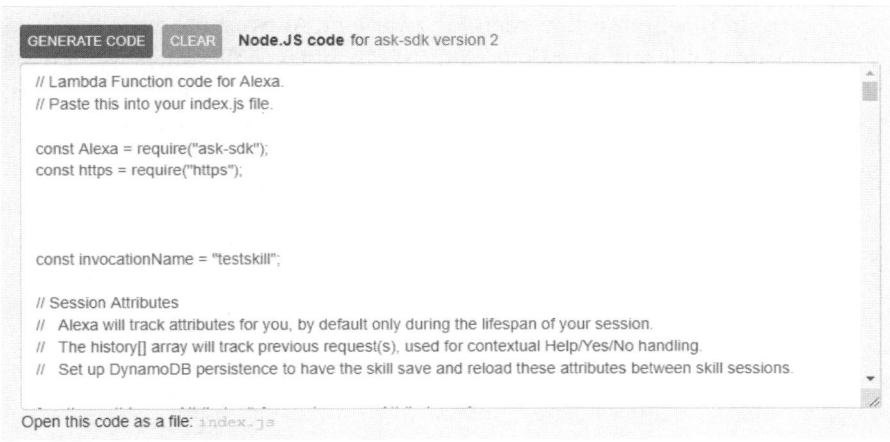

Abb. 1.30: Der fertig generierte Node.JS Code

Wenn Sie die Alexa-Hosted-Skill-Variante nutzen, wie in Abbildung 1.9 beschrieben, können Sie den so generierten Node.JS-Code natürlich unter CODE in der Alexa Developer Console einfügen.

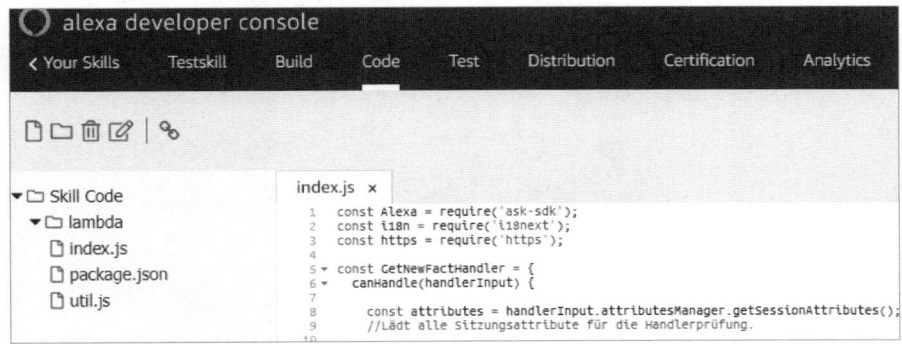

Abb. 1.31: Code Editor in der Alexa Developer Console

Danach brauchen Sie nur noch auf SAVE klicken und anschließend auf DEPLOY. Fertig ist Ihr funktionsfähiger Skill.

Natürlich kann so ein Code Generator nie einen Programmierer ersetzen. Mit diesem Editor können Sie nur sehr einfache Projekte umsetzen. In unserem Fall werden Sie zwar eine Antwort bekommen, wenn Sie den Code aus dem Code Generator benutzen, allerdings werden Sie immer nur die gleiche Antwort erhalten, da der Editor nicht erkennt, ob ein bestimmter Intent eine Zufallsantwort geben soll oder nicht.

Dennoch ist es ein guter Start, um überhaupt einen Skill zu entwickeln, da Sie hier schon das Skill-Grundgerüst samt Intent-Handler angelegt bekommen. Sie müssen dann nur noch in den jeweiligen Intent-Handlern die Logik weiter anpassen, so wie Sie es wünschen.

Kapitel 2

Antworten der Skill-Nutzer speichern und verarbeiten

Wenn Sie etwas erfahrener in der Skill-Programmierung sind, möchten Sie sich sicherlich auch bestimmte Antworten des Nutzers merken und diese für zukünftige Antworten des Skills nutzen. Grundsätzlich gibt es zwei verschiedene Möglichkeiten, wie Sie die Antworten der Nutzer speichern und verarbeiten können.

Das ASK-SDK 2 unterscheidet zwischen **Sitzungsattributen** (*session-Attributes*) und **Persistenten Attributen** (*persistenceAttributes*).

2.1 Sitzungsattribute für wiederholte Antworten

Die Sitzungsattribute bleiben nur für eine Skill-Sitzung erhalten. Ihr Skill kann diese Attribute also nur so lange verarbeiten, bis die Nutzer zum Beispiel mit dem Sprachbefehl »Stop« die Skill-Sitzung beenden. Der Vorteil dieser »sessionattributes« ist, dass sie keinen externen Speicher benötigen. Einfache Berechnungen könnte man beispielsweise damit realisieren. Oder eine Art Kurzzeitgedächtnis.

Jeder kennt diese Situation: Jemand erzählt uns etwas und wir waren gerade abgelenkt und haben nicht alles richtig mitbekommen. Schnell fragt man dann, »Was hast du gerade gesagt?«, oder »Kannst du mir das noch mal erklären?«

Für genau diese Situation gibt es den **AMAZON.RepeatIntent** als Build-In Intent, den Sie in Ihrem Skill in das Interaktionsmodell integrieren können. Anschließend müssen Sie nur noch die Sitzungsattribute im Code verwenden, damit sich Alexa an die letzten Sprachantworten erinnert.

2.1.1 Was ist der AMAZON.RepeatIntent?

Der AMAZON.RepeatIntent ist einer von vielen Standard-Intents, mit denen ein Nutzer die letzte Aktion wiederholen kann. In unserem »Weltraumwissen-Skill«-Beispiel aus Kapitel 1 können Sie diesen Intent ganz einfach integrieren und anschließend Alexa darum bitten, sich zu wiederholen.

Generell sind die Standard-Intents eine gute Möglichkeit, die Absichten des Nutzers zu erfassen:

- Stoppen mit dem AMAZON.StopIntent
- Abbrechen mit dem AMAZON.CancelIntent
- Um Hilfe bitten mit dem AMAZON.HelpIntent
- Positive Antworten des Nutzers erfassen mit dem AMAZON.YesIntent
- Negative Antworten erfassen mit dem AMAZON.NoIntent

2.1.2 Den AMAZON.RepeatIntent zum Fakten-Skill hinzufügen

Dem Skill-Code in Kapitel 1 fügen Sie die Wiederholungsfunktion hinzu, damit der Nutzer einfach noch mal nach dem zuletzt Gesagten fragen kann. Was Sie mit der Wiederholungsfunktion in dem »Weltraumwissen-Skill« erreichen wollen, ist eine bestimmte Art der Unterhaltung:

Benutzer: Alexa, bitte Weltraumwissen, mir einen Fakt mitzuteilen **<Session beginnt mit, Intent: GetNewFactIntent>**

Alexa: Die Sonne enthält 99,86% der Masse im Sonnensystem. Möchtest du einen anderen Fakt? **<Speichern Sie diesen Fakt als Sitzungsattribut>**

Benutzer: Ja <Intent: AMAZON.YesIntent>

Alexa: Jupiter hat den kürzesten Tag aller Planeten. Möchtest du einen anderen Fakt? **<Speichern Sie diesen Fakt als Sitzungsattribut>**

Benutzer: Wiederhole das **nochmal** <Intent: AMAZON.Repeat-Intent>

Alexa: Jupiter hat den kürzesten Tag aller Planeten. Möchtest du einen anderen Fakt? **<Letzter Fakt aus Sitzungsattribut abrufen>**

Benutzer: Nein <Intent: AMAZON.NoIntent>

Alexa: Auf Wiedersehen **<Session endet>**

Folgendes werden Sie tun müssen, um dies zu erreichen:

1. Fügen Sie den AMAZON.RepeatIntent in der Alexa Developer Console zu unserem Interaktionsmodell aus Kapitel 1 hinzu.

2. Festlegen von Sitzungsattributen: Fügen Sie unserem GetNewFact-Intent-Handler **eine** Codezeile hinzu, mit der die letzte gesprochene Antwort als Sitzungsattribut gespeichert wird.

3. Fügen Sie einen **neuen Handler** für den AMAZON.RepeatIntent hinzu.

4. Sitzungsattribute abrufen: Fügen Sie dem AMAZON.RepeatIntent-Handler **eine** Codezeile hinzu, um die letzte gesprochene Antwort aus den Sitzungsattributen abzurufen.

5. Erweitern Sie die Äußerungen für AMAZON.RepeatIntent.

6. Um Ihrem Skill wirklich verständlich zu machen, fügen Sie auch Ja/Nein-Absichten hinzu, damit der Benutzer weiterhin nach neuen Fakten fragen kann.

2.1.3 Dem Sprachmodell einen Intent hinzufügen

Zuerst fügen Sie den AMAZON.RepeatIntent dem Interaktionsmodell in der Alexa Developer Console hinzu, indem Sie links auf ADD neben INTENTS klicken.

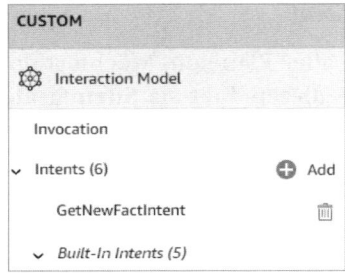

Abb. 2.1: Add Intent

Wählen Sie dann in der Mitte direkt unter CREATE CUSTOM INTENT den Eintrag USE AN EXISTING INTENT FROM ALEXA'S BUILT-IN LIBRARY aus.

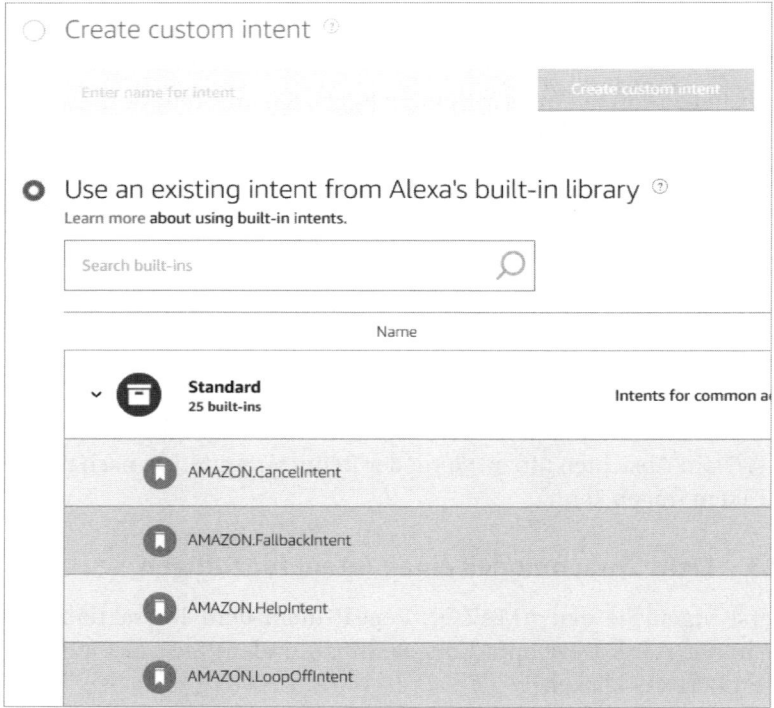

Abb. 2.2: Die »built-in library«-Übersicht

Hier sind aktuell 25 »Built-in«-Intents für Sprachmodelle auf Deutsch hinterlegt. Grenzen Sie also die Auswahl ein, indem Sie REPEAT in das Suchfeld eingeben. Anschließend klicken Sie auf ADD INTENT.

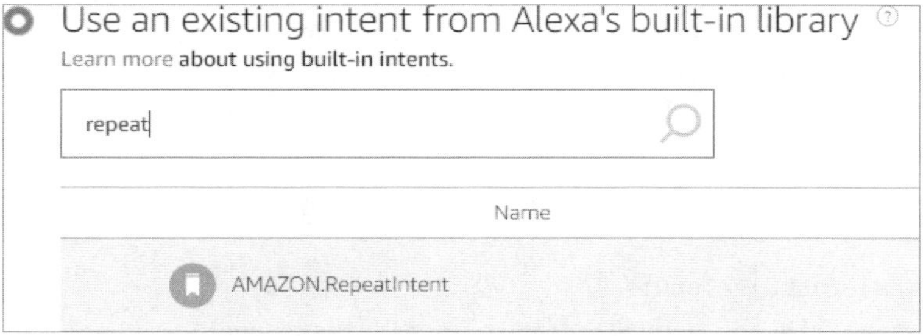

Abb. 2.3: Der AMAZON.RepeatIntent in der Built-In Library

Jetzt klicken Sie in der Alexa Developer Console oben auf SAVE MODEL und anschließend auf BUILD MODEL. Sobald Sie diesen Intent Ihrem Sprachmodell hinzugefügt haben, müssen Sie nur noch Ihren Code der Skill-Logik anpassen.

Ein Sitzungsattribut können Sie mit dem ASK-SDK 2 wie folgt definieren:

```
attributes.<key> = <value>;
```

So sieht das dann im GetNewFactIntent-Handler aus:

```
1  const Alexa = require('ask-sdk-core');
2  const i18n = require('i18next');
3  const GetNewFactHandler = {
4  canHandle(handlerInput) {
5  const attributes = handlerInput.attributesManager.
   getSessionAttributes();
6  //Lädt alle Sitzungsattribute für die Handlerprüfung.
7
8  const request = handlerInput.requestEnvelope.request;
```

```
9
10    return request.type === 'LaunchRequest'
11      ||(request.type === 'IntentRequest'&&
    request.intent.name === 'GetNewFactIntent' ||
12        request.type === 'IntentRequest'&&
    request.intent.name === 'AMAZON.YesIntent' &&
    attributes.skillstate === 'weltraumfakt');
13    },
14    //Prüft, in welchem Fall der Handler ausgeführt wird.
15
16    handle(handlerInput) {
17  const attributes = handlerInput.attributesManager.
    getSessionAttributes();
18    //aktiviert den Attributemanager und lädt alle verfügbaren
    Sitzungsattribute
19      const requestAttributes =
    handlerInput.attributesManager.getRequestAttributes();
20      const randomFact = requestAttributes.t('FACTS');
21  console.log("Was ist randomfact? = " + randomFact);
22      const speakOutput = requestAttributes.t('GET_FACT_
    MESSAGE') + randomFact;
23  attributes.speakOutput = speakOutput;
24  //definiert die Konstante "speakOutput" als zu speicherndes
    Attribut.
25
26  attributes.skillstate = 'weltraumfakt';
27  //Erfasst nur den Kontext.
28
29  handlerInput.attributesManager.setSessionAttributes(attributes);
30  //Sagt dem Attributemanager, dass alle vorangegangenen
    Attribute im Code als Sitzungsattribute gespeichert werden
    sollen.
31
```

```
32      return handlerInput.responseBuilder
33        .speak(speakOutput)
34        .withSimpleCard(requestAttributes.t('SKILL_NAME'),
     randomFact)
35        .getResponse();
36    },
37  };
```

Die oben fett markierten Zeilen sind unserem Code-Beispiel aus Kapitel 1 neu hinzugefügt worden. In diesem Code-Abschnitt wird also ein zufälliger Fakt wiedergegeben und diese Wiedergabe für die Wiederholung abgespeichert.

Damit Alexa aber nun auch wirklich ein Weltraumwissen-Fakt wiederholt, müssen Sie im Code noch einen neuen Wiederholungshandler programmieren.

Fügen Sie also diesen Handler-Code Ihrem Code hinzu:

```
1   const WiederholungsHandler = {
2      canHandle(handlerInput) {
3
4         const request = handlerInput.requestEnvelope.
     request;
5
6         return request.type === 'IntentRequest' &&
7             (request.intent.name === 'AMAZON.RepeatIntent'
8             );
9   //Prüft, ob der Nutzer eine Wiederholung wünscht.
10     },
11     handle(handlerInput) {
12
13        const attributes = handlerInput.attributesManager.
     getSessionAttributes();
```

```
14   //Lädt alle vorhandenen Sitzungsattibute

15

16        const requestAttributes = handlerInput.
     attributesManager.getRequestAttributes();

17        const question = 'Möchtest du noch einen Fakt?';

18        const speakOutput = attributes.speakOutput;

19        //Definiert die Variable speakOutput mit dem zuvor
     gespeicherten Sitzungsattribut und Nachfrage.

20

21        attributes.speakOutput = speakOutput;

22        //Definiert erneut das Gesprochene als
     Sitzungsattribut

23        const reprompt = question;

24        const CardBody = speakOutput;

25        handlerInput.attributesManager.
     setSessionAttributes(attributes);

26   //Speichert alle zuvor definierten Attribute als
     Sitzungsattribut.

27

28        return handlerInput.responseBuilder

29                    .speak(speakOutput + question)

30                    .repropmt(reprompt)

31
     .withSimpleCard(requestAttributes.t('SKILL_NAME'), CardBody)

32                    .getResponse();

33     },

34   };
```

Wenn Sie den obigen Code dem Code aus Kapitel 1 hinzufügen, sollte
Ihr Skill in der Lage sein, die letzte Ausgabe zu wiederholen, und Sie
fragen, ob Sie noch einen neuen Fakt wissen möchten. Wichtig ist,
dass Sie den Handler anschließend im SkillBuilder registrieren. Anfänger vergessen das gerne.

Im Beispiel-Skill sollte das jetzt also so aussehen:

```
const skillBuilder = Alexa.SkillBuilders.custom();

exports.handler = skillBuilder
  .addRequestHandlers(
    GetNewFactHandler,
    WiederholungsHandler,
    HelpHandler,
    ExitHandler,
    FallbackHandler,
    SessionEndedRequestHandler,
  )
  .addRequestInterceptors(LocalizationInterceptor)
  .addErrorHandlers(ErrorHandler)
  .withCustomUserAgent('sample/basic-fact/v2')
  .lambda();
```

2.1.4 Ja/Nein-Absicht mit Sitzungsattributen korrekt erfassen

Jetzt können Sie Ihrem Skill noch die Ja/Nein-Absichten hinzufügen, um die Interaktion mit ihm noch natürlicher zu gestalten.

Überlegen Sie sich vorher genau, wie sich eine Ja- oder Nein-Antwort in Ihrem Skill auswirken soll. Diese Art von Antwort ist immer kontextabhängig. Daher sollten Sie den Kontext in Ihrem Skill mitberücksichtigen und auch als Sitzungsattribut speichern. Ich speichere den Kontext meines Skills immer wie folgt ab:

```
attributes.skillstate = "Skillsituation";
```

In unserem obigen Beispiel können Sie das in Code-Zeile 20 nachvollziehen.

Wenn Sie den Kontext auf diese Art und Weise speichern, können Sie die Fälle für Ja- oder Nein-Antworten besser erfassen und verwirrende Antworten, die nicht zum Kontext passen, vermeiden.

Alles, was Sie jetzt noch machen müssen, ist, die Attribute im can-Handle-Abschnitt in jedem Handler zu laden und die Attribute mit den Ausführungsbedingungen zu verknüpfen, etwa so:

```
return request.type === 'LaunchRequest'
    || (request.type === 'IntentRequest'
    && request.intent.name === 'GetNewFactIntent' ||
request.intent.name === 'AMAZON.YesIntent' &&
attributes.skillstate === 'weltraumfakt'
);
```

In unserem Code-Beispiel im Buch können Sie das von Zeile 8 bis 10 nachvollziehen. In dem canHandle-Abschnitt wird definiert, in welchen Fällen der Handler-Code unter »handle« ausgeführt wird. Im GetNewFactHandler wird also im canHandle-Abschnitt zunächst geprüft, ob der Skill neu gestartet wird (LaunchRequest) oder ob ein IntentRequest innerhalb einer Sitzung passt.

Für diesen Handler sind neben dem Skill-Start zwei weitere Fälle definiert, nämlich dafür, dass der Nutzer einen Weltraumwissen-Fakt hören möchte (GetNewFactIntent) oder dass er »Ja« (AMAZON.YesIntent) sagt und zusätzlich die Bedingung eintrifft, dass er zuvor einen weltraumfakt gehört hat.

Jetzt müssen Sie natürlich noch die Nein-Antworten auf den ExitHandler im Code-Beispiel von Kapitel 1 auf die gleiche Art und Weise routen, damit bei einer Nein-Antwort der Skill stoppt und beendet wird. Der Handler-Code dafür sollte dann wie folgt aussehen:

```
102    const ExitHandler =  {
103        canHandle(handlerInput) {
104            const attributes = handlerInput.attributesManager.
getSessionAttributes();
```

```
105        //Lädt alle Sitzungsattribute für die Handlerprüfung.
106
107        const request = handlerInput.requestEnvelope.request;
108        return request.type === 'IntentRequest'
109            && (request.intent.name === 'AMAZON.CancelIntent' ||
110              request.intent.name === 'AMAZON.StopIntent' ||
111              request.intent.name === 'AMAZON.NoIntent' &&
      attributes.skillstate === 'weltraumfakt'
112            );
113      },
114      handle(handlerInput) {
115        const requestAttributes = handlerInput.
      attributesManager.getRequestAttributes();
116        return handlerInput.responseBuilder
117          .speak(requestAttributes.t('STOP_MESSAGE'))
118          .getResponse();
119      },
120    };
```

Mit den Sitzungsattributen können Sie also so auch steuern, wann welcher Handler ausgeführt wird! Sie können Ja- und Nein-Fragen sinnvoll einsetzen und so die Interaktion natürlicher gestalten.

2.2 Persistente Attribute

Persistente Attribute bleiben auch nach einer Skill-Sitzung erhalten. Sie eignen sich für ein Langzeitgedächtnis. Wenn Sie also Ihren Skill personalisieren oder immer wiederkehrende Daten im Skill verarbeiten möchten, empfiehlt es sich, mit dieser Art Attribute zu arbeiten. Auch wenn Sie komplette interaktive Hörbücher und lange Audiodateien über den Alexa-Musik-Player wiedergeben möchten, sind persistente Attribute zwingend erforderlich, da Sie hier die genauen Zeitpunkte der Wiedergabe speichern müssen.

Sie müssen einen PersistenceAdapter im SkillBuilder registrieren. Ich nutze für meine Skills den »Standard«-SkillBuilder des ASK-SDK 2. Dieser enthält alle erforderlichen Pakete.

In diesem Beispiel nutze ich den AWS-Dienst DynamoDB. Das ist eine nichtrelationale NoSQL-Datenbank in der AWS Cloud. Ihr Hauptvorteil ist, sehr schnelle Abfragen zu tätigen, nämlich mehr als 10 Billionen pro Tag oder mehr als 20 Millionen Anforderungen pro Sekunde. In unserem Fall dient die UserId als Schlüssel-Wert, um auf die gespeicherten Attribute zurückzugreifen.

Eine SkillBuilder-Instanz mit DynamoDB-Datenspeicher könnte also so aussehen:

```
const skillBuilder = Alexa.SkillBuilders.standard();

exports.handler = skillBuilder
  .addRequestHandlers(
    LaunchRequestHandler,
    PersistentAttributesHandler,
    HelpIntentHandler,
    FallbackHandler,
    CancelAndStopIntentHandler,
    SessionEndedRequestHandler
  )
  .addErrorHandlers(
      ErrorHandler,
      GetAddressError,
      GetEmailError
      )
  .withTableName('Testtabelle')
  .withAutoCreateTable(true)
  .withDynamoDbClient()
  .lambda();
```

2.3

AttributesManager

Für unseren Fall brauchen Sie sich zunächst nur auf die Zeilen 17 bis 19 zu konzentrieren: Hier wird in einem Skill der Speicher für persistente Attribute definiert. In Zeile 17 wird mit `.withTableName('Testtabelle')` der Name der DynamoDB-Tabelle definiert. In Zeile 18 wird hinterlegt, dass diese Tabelle auch automatisch erstellt werden kann, falls sie noch nicht vorhanden ist. Ich lege meine Tabellen aber trotzdem lieber manuell direkt in der DynamoDB-Umgebung der AWS Cloud an. Wie das geht, zeige ich in Abschnitt 2.4.

In Zeile 19 wird dem Skill mitgeteilt, dass er DynamoDB als Client für die persistenten Attribute nutzen soll.

2.3   AttributesManager

Damit Sie jetzt aber im Skill bestimmte Variablen und Antworten des Skills abspeichern oder laden können, müssen Sie im JavaScript-Code hinterlegen, was abgespeichert oder geladen werden soll. Dafür zuständig ist der **AttributesManager**. Dieser muss in den einzelnen Handlern hinterlegt sein, damit dort auch die zu verarbeitenden Attribute verfügbar sind bzw. gespeichert werden. Dies funktioniert über das Containerobjekt `handlerInput`. Zudem können Sie den AttributesManager mit folgenden Methoden nutzen:

```
getRequestAttributes() : {[key : string] : any};
getSessionAttributes() : {[key : string] : any};
getPersistentAttributes() : Promise<{[key : string] : any}>;
setRequestAttributes(requestAttributes : {[key : string] :
any}) : void;
setSessionAttributes(sessionAttributes : {[key : string] :
any}) : void;
setPersistentAttributes(persistentAttributes : {[key :
string] : any}) : void;
savePersistentAttributes() : Promise<void>;
deletePersistentAttributes?() : Promise<void>;
```

Im folgenden Beispiel sehen Sie, wie Sie persistente Attribute im Skill-Code abrufen oder speichern können.

```
const PersistentAttributesHandler = {
  canHandle(handlerInput) {
    return new Promise((resolve, reject) => {

handlerInput.attributesManager.getPersistentAttributes()
        .then((attributes) => {
          resolve(attributes.foo === 'bar');
        })
        .catch((error) => {
          reject(error);
        })
    });
  },
  handle(handlerInput) {
    return new Promise((resolve, reject) => {

handlerInput.attributesManager.getPersistentAttributes()
        .then((attributes) => {
          attributes.foo = 'bar';
          handlerInput.attributesManager.
setPersistentAttributes(attributes);

          return handlerInput.attributesManager.
savePersistentAttributes();
        })
        .then(() => {
          resolve(handlerInput.responseBuilder
            .speak('Persistente Attribute gespeichert!')
            .getResponse());
        })
```

```
      .catch((error) => {
        reject(error);
      });
    });
  },
};
```

> **Hinweis**
>
> Um die Skill-Leistung zu verbessern, werden mit dem `Attributes-Manager` die dauerhaften Attribute lokal zwischengespeichert. Mit der Methode `setPersistentAttributes()` werden nur die lokal zwischengespeicherten persistenten Attribute aktualisiert.
>
> Sie müssen die Methode `savePersistentAttributes()` aufrufen, um persistente Attribute dauerhaft zu speichern. Durch das Aufrufen der Methode `deletePersistentAttributes()` werden auch die lokal zwischengespeicherten persistenten Attribute gelöscht.

2.4 AWS DynamoDB manuell anlegen

Weiter oben habe ich geschrieben, dass ich mich nicht auf die automatische Erstellung einer DynamoDB-Tabelle verlassen möchte. Der Grund ist, dass bei dem ersten Testaufruf des Skills immer ein Fehler ausgelöst wird, da der Skill auf eine Tabelle zugreifen möchte, die noch nicht existiert. Erst beim zweiten Versuch funktioniert der Aufruf, weil dann die Tabelle erstellt wurde. Es bleibt natürlich eine Geschmacksfrage, wie man vorgeht. Dennoch sollten Sie dieses Verhalten im Hinterkopf behalten, wenn Sie zum ersten Mal einen neuen Skill testen.

Wenn auch Sie zunächst eine DynamoDB-Tabelle manuell anlegen möchten, gehen Sie auf `https://eu-west-1.console.aws.amazon.com/dynamodb/home?region=eu-west-1#`.

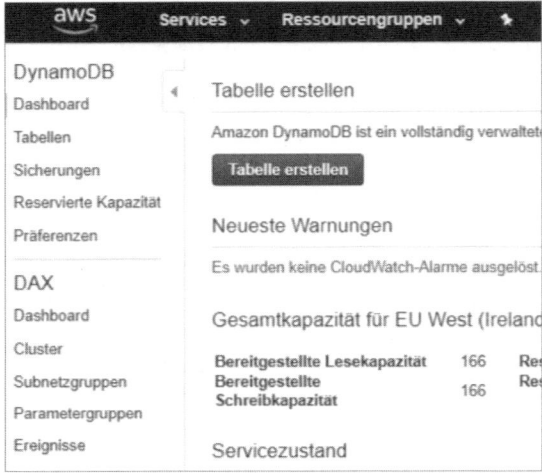

Abb. 2.4: DynamoDB-Tabelle erstellen, Schritt 1

Wenn Sie angemeldet sind, klicken Sie auf TABELLE ERSTELLEN.

DynamoDB-Tabelle erstellen

DynamoDB ist eine schemafreie Datenbank, die nur einen Tabellennamen und primären Schlüssel erf eindeutig identifizieren, Daten partitionieren sowie Daten innerhalb einer Partition sortieren.

Tabellenname*	Testtabelle ⓘ
Primärschlüssel*	Partitionsschlüssel
	id Zeichenf ▾ ⓘ
	☐ Sortierschlüssel hinzufügen

Tabelleneinstellungen

Standardeinstellungen bieten die schnellste Möglichkeit, um Ihre Tabelle zu starten. Sie können diese

☑ Standardeinstellungen verwenden

- Keine sekundären Indizes.
- Auto Scaling der Kapazität ist mit einer Zielauslastung von 70 % bei
- Encryption at Rest mit STANDARD-Verschlüsselungstyp.

+ Tags hinzufügen NEU!

Es können zusätzliche Gebühren anfallen, wenn Sie das kostenlose AWS-Kontingent für CloudWatch oder den Simple

Abb. 2.5: DynamoDB-Tabelle erstellen, Schritt 2

Im zweiten Schritt vergeben Sie den Tabellennamen. In unserem vorangegangenen Beispiel war das der Name »Testtabelle«. Danach benennen Sie den Primärschlüssel der Tabelle. Anhand dieses Schlüssels
werden die einzelnen Datensätze der Skill-Nutzer in der Datenbank
abgespeichert. Tragen Sie in diesem Feld einfach nur id ein und klicken Sie dann anschließend unten rechts auf ERSTELLEN.

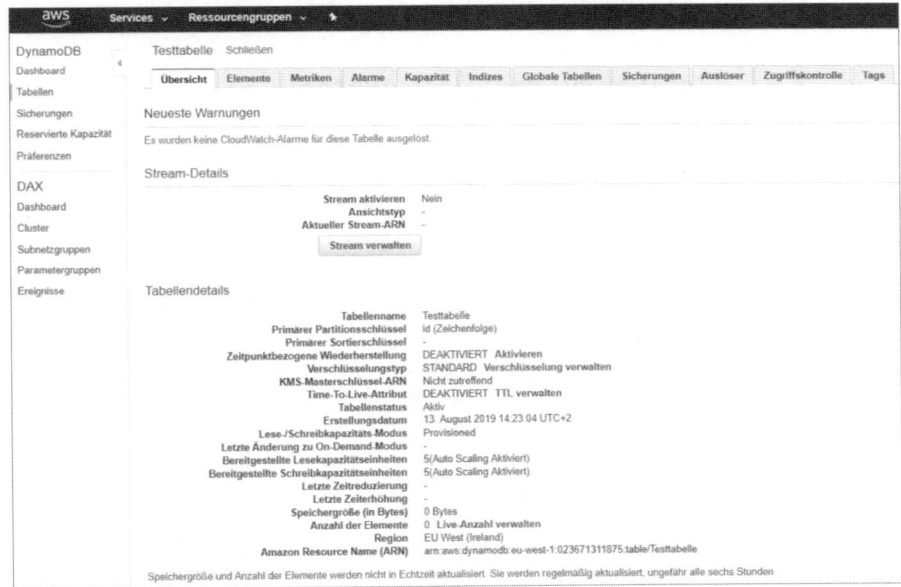

Abb. 2.6: DynamoDB-Tabelle erstellen, Schritt 3

Die Tabelle ist jetzt fertig und für unseren Beispiel-Skill einsatzbereit.
Wenn Ihr Skill im späteren Verlauf von vielen Nutzern verwendet
wurde, können Sie auch die abgespeicherten Daten anhand der Skill-
User-ID unter der Karteikarte ELEMENTE einsehen. Diese fängt immer
mit **amzn1.ask.account** an, gefolgt von einer einzigartigen und sehr
langen Zeichenkette. Die Skill-User-ID wird nach einer Skill-Akti-
vierung immer automatisch erstellt und ist für jeden Skill anders. So
gewährleistet Amazon, dass diese Daten möglichst anonymisiert abgespeichert werden. Umgekehrt bedeutet das, dass ein zuvor persona-

lisierter Skill nach einer Deaktivierung und zweiten Aktivierung vom Nutzer wieder alles neu lernen muss.

Lediglich über ein Account-Linking könnte so etwas verhindert werden, da hier die Nutzerdaten noch einmal in einer separaten Datenbank abgespeichert werden.

Die Skill-User-ID wird auch in den Logfiles mitgeteilt, die Sie über die Amazon-CloudWatch sehen können.

2.5 Debugging mit CloudWatch

Wenn Sie schon etwas tiefer in die Programmierung eingestiegen sind, wissen Sie, dass ein Großteil der Zeit bei der Entwicklung für das Debugging draufgeht. Diese Tatsache musste ich als Neuling erst einmal verstehen.

Auch wenn Sie erst mit dem Programmieren anfangen, sollten Sie unbedingt wissen, wie das Debugging funktioniert. In JavaScript ist die Funktion `Console.log()` essenziell! Damit können Sie zuvor definierte Variablen protokollieren oder Text über die AWS CloudWatch ausgeben.

Was ist AWS CloudWatch?

AWS CloudWatch können Sie bei einem Alexa-Hosted-Skill einfach in der Alexa Developer Console aufrufen, indem Sie oben auf CODE klicken und dann unten links auf den Link LOGS: AMAZON CLOUDWATCH.

```
Logs: Amazon CloudWatch          59
Media storage: S3 [0.1/5GB]      60
Docs: Alexa Hosted Skills        61
                                 62
                                 63
                                 64
```

Abb. 2.7: Links zur Amazon CloudWatch
in der Alexa Developer Console

Wenn Sie Ihren Skill selber in der AWS Cloud hosten, müssen Sie sich unter `https://aws.amazon.com/de/` anmelden und dann in der

AWS Managementkonsole im Suchfeld in der Mitte CloudWatch eingeben und auf den Link klicken.

Beispiel

```
const randomFact = requestAttributes.t('FACTS');
console.log("Was ist randomfact? = " + randomFact);
```

In der CloudWatch sieht die Ausgabe dann so aus wie in Abbildung 2.8.

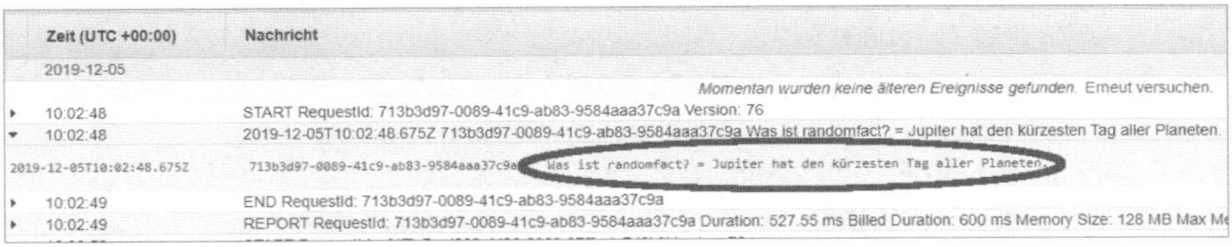

Abb. 2.8: CloudWatch-Debugging-Ausgabe

Sie können mit console.log() an jeder Stelle im Programm etwas ausgeben und so nachvollziehen, an welcher Stelle es zu einem Fehler kommt.

In diesem Fall wurde kein Fehler geloggt, sondern nur etwas ausgegeben, was der Nutzer von Alexa gehört hat. Aber manchmal kann es eben auch zu einem Fehler kommen, Alexa sagt dann gewöhnlich Folgendes:

»There was a problem with the requested skill's response«, oder »Es ist ein Fehler aufgetreten.« Diese Äußerungen kommen meist, wenn der Skill noch nicht veröffentlicht wurde, und richten sich direkt an den Entwickler.

Nutzer bekommen die etwas höflichere Antwort direkt von einem ErrorHandler im Skill mitgeteilt, die folgendermaßen lautet: »Entschuldige bitte, aber ich habe im Moment Schwierigkeiten, auf deinen Skill zuzugreifen. Probiere es später noch einmal.«

Die Gründe für die Fehlermeldungen können vielfältig sein, zum Beispiel:

- Ungültiges SSML
- Ungültige Audiodatei
- Probleme beim Zugriff auf bestimmte Bilddateien

In diesen Fällen wird der Skill beendet, weil ein **SessionEndedRequest** empfangen wird, und Sie bekommen eine Begründung in der Cloud-Watch angezeigt. Das könnte dann beispielsweise so aussehen:

```json
{
    "type": "SessionEndedRequest",
    "requestId": "amzn1.echo-api.request.33504577-0a64-4292-
b733-1f7f5ab53161",
    "timestamp": "2019-03-03T17:16:19Z",
    "locale": "de-DE",
    "reason": "ERROR",
    "error": {
        "type": "INVALID_RESPONSE",
        "message": "Invalid SSML Output Speech for requestId
amzn1.echo-api.request.448ddb45-d25e-42d4-b9d0-4cbbac291c82.
Error: Invalid SSML element prodody"
    }
}
```

Das bedingt natürlich, dass auch ein **SessionEndedRequestHandler** im Code angelegt wurde. Dieser könnte wie folgt aussehen:

```javascript
const SessionEndedRequestHandler = {
  canHandle(handlerInput) {
    const request = handlerInput.requestEnvelope.request;
    return request.type === 'SessionEndedRequest';
  },
  handle(handlerInput) {


    console.log(`Session endet aus folgendem Grund:
${handlerInput.requestEnvelope.request.reason}`);
```

```
    return handlerInput.responseBuilder.getResponse();
  },
};
```

Wenn Sie Ihren Skill nicht regelmäßig auf Fehler überprüfen und diese beheben, kann das zu negativen Kundenbewertungen führen, die Sie sicherlich vermeiden möchten.

Sie haben auch die Möglichkeit, von vornherein immer alle Anfragen an den Skill und dessen Antworten mit in der CloudWatch zu protokollieren. Dies können Sie relativ einfach mit einem Interceptor lösen. Das Konzept der Interceptors greife ich jedoch erst später in Kapitel 5 auf. Für den Anfang brauchen Sie nur Folgendes zu wissen:

Ich nutze standardmäßig einen **LogIncomingRequestInterceptor** in meinen Skills. Ich kann mir so in der CloudWatch die komplette Anfrage des Nutzers im JSON-Format anzeigen lassen. So kann ich herausfinden, welche UserId der Nutzer hat und in welchem Kontext die Anfrage gestellt wurde.

Wurde die Anfrage von einem Bildschirmgerät getätigt? Und wenn ja, welche Bildschirmauflösung hat es? Hat der Nutzer der Nutzung von bestimmten Nutzerdaten zugestimmt und wird ein **consentToken** gesendet? Oder war die Anfrage gar mobil und liefert mir auch die GPS-Koordinaten des Nutzers?

Diese Fragen kann ich mit den folgenden paar Codezeilen klären.

Hier der Code für einen LogIncomingRequestInterceptor:

```
const LogIncomingRequestInterceptor = {
  async process(handlerInput) {
    console.log(`REQUEST ENVELOPE =
${JSON.stringify(handlerInput.requestEnvelope)}`);
  },
};
```

Wenn Sie nun auch einen Interceptor für Ihren Skill nutzen möchten, sollten Sie sich unbedingt vorher noch Abschnitt 5.7 anschauen.

Kapitel 3

Mit SSML-Tags die Aussprache von Alexa verändern

SSML steht für Speech Synthesis Markup Language und ist eine vom W3C standardisierte XML-basierte Auszeichnungssprache.

Das `speak`-SSML-Tag bildet das Grundgerüst für eine Sprachausgabe mit dem Alexa Skills Kit.

Beispiel

```
<speak>
    So hört sich Alexa ohne weitere SSML-Tags an.
</speak>
```

Wenn Ihr Skill eine Antwort zurückgibt, wandelt Alexa im Hintergrund immer Text in Sprache um. Diesen Text können Sie mit SSML-Tags speziell auszeichnen, um die Aussprache zu modifizieren. Sie können Alexa jünger klingen lassen oder wie eine ältere Dame. Nicht alle offiziellen SSML-Tags werden im Alexa Skills Kit unterstützt. Aktuell werden diese SSML-Tags unterstützt:

- `amazon:domain`
- `amazon:effect`
- `amazon:emotion`
- `audio`
- `break`
- `emphasis`
- `lang`
- `p`

- phoneme
- prosody
- s
- say-as
- speak
- sub
- voice
- w

Die meisten SSML-Tags können kombiniert werden. Im weiteren Verlauf gehe ich auf die einzelnen SSML-Tags ein.

Beispiel

```
<speak>
    <amazon:emotion name="excited" intensity="medium">
        Fünf Sekunden bis zum Start!
        <say-as interpret-as="digits">54321</say-as>.
        Lift off!
    </amazon:emotion>
</speak>
```

Aktuell sind die Tags `amazon:domain` und `amazon:emotion` nur in den USA für Englisch verfügbar (Stand Dezember 2019). Ich hoffe, dass es diese Tags aber auch bald für die deutsche Sprache geben wird.

3.1   Flüstern

Das in den USA längst verfügbare Flüster-Feature wurde vor Kurzem auch in Deutschland eingeführt. Wenn Sie Alexa etwas im Flüsterton fragen, dann gibt sie die Antwort auch im Flüsterton zurück.

Wenn Sie in Ihrem Skill Spannung erzeugen wollen, können Sie Alexa auch an bestimmten Stellen selber flüstern lassen. Das funktioniert mit dem `amazon:effect`-SSML-Tag.

Beispiel

```
<speak>
    Ich muss dir ein Geheimnis verraten.
    <amazon:effect name="whispered">Ich bin kein echter
Mensch.</amazon:effect>
    Hättest du das erwartet?
</speak>
```

3.2 Audiofiles verwenden

Sie haben aber auch die Möglichkeit, eigene Audiofiles in eine Sprachantwort zu integrieren. Das funktioniert mit dem SSML-Tag audio.

Beispiel

```
<speak>
    Willkommen im Taxi-Skill.
    <audio src="soundbank://soundlibrary/transportation/
amzn_sfx_car_accelerate_01" />
Du kannst mit mir eine Fahrt bestellen oder Fahrkosten für
eine Tour schätzen lassen.
    Was möchtest du jetzt machen?
</speak>
```

Diese Soundfiles unterliegen speziellen Restriktionen in Soundquali-
tät und Länge.

- Die Audiodatei muss per HTTPS im Netz erreichbar sein.
- Es sollte eine MP3-Datei sein.
- Sie sollte nicht länger als 240 Sekunden dauern.
- Die Bitrate muss 48 kbps betragen.
- Die Samplerate kann 22050 Hz, 24000 Hz oder 16 Hz betragen.

Ich empfehle zur Konvertierung der Audiodateien dieses kostenlose Online-Tool unter `https://www.jovo.tech/audio-converter`.

3.3 Pausen

Mit dem SSML-Tag `break` können Sie rhetorische Pausen in Ihrer Sprachausgabe einbauen.

Beispiel

```
<speak>
    Jetzt kommt eine Drei-Sekunden-Pause <break time="3s"/>
    danach geht es weiter.
</speak>
```

Das SSML-Tag `p` funktioniert wie eine starke Pause.

Beispiel

```
<speak>
    <p>Das ist der erste Absatz. Es sollte eine Pause nach
der Aussprache geben.</p>
    <p>Das ist der zweite Absatz.</p>
</speak>
```

3.4 Betonung

Mit dem **emphasis**-SSML-Tag können Sie bestimmte Textstellen betonen. Man kann die Betonung in drei Stufen einstellen, `strong`, `moderate` und `reduced`.

Beispiel

```
<speak>
    Ich habe dir schon gesagt, dass ich diese Person
    <emphasis level="strong">wirklich mag</emphasis>.
</speak>
```

3.5   Sprache ändern

Wenn Sie zum Beispiel einen Sprachlern-Skill programmieren möchten, wäre es nützlich, wenn Sie bestimmte Testpassagen in der zu ler-
nenden Sprache ausgeben können. Das geht mit dem lang-SSML-Tag.

Beispiel

```
<speak>
    In Paris sagt man <lang xml:lang="fr-FR">Paris</lang>
</speak>
```

Folgende Sprachattribute werden unterstützt:

- en-US – US-Akzent
- en- GB – britischer Akzent
- en-IN – indischer Akzent
- en-AU – australischer Akzent
- en-CA – kanadischer Akzent
- de-DE – deutscher Akzent
- es-ES – spanischer Akzent
- it-IT – italienischer Akzent
- Jp – japanischer Akzent
- FR – französischer Akzent

3.6 Phoneme

Sie haben auch die Möglichkeit, mit dem phoneme-SSML-Tag die Aussprache über Phoneme zu steuern. Sie müssen lediglich noch das zugehörige Alphabet ipa oder x-sampa einstellen.

Beispiel

```
<speak>
    Du kannst es wie <phoneme alphabet="ipa"
ph="prˈkɑːn">pecan</phoneme> aussprechen.
    Ich sage aber <phoneme alphabet="ipa"
ph="ˈpi.kæn">pecan</phoneme>.
</speak>
```

Auf dieser Seite finden Sie eine detaillierte Auflistung, in welcher Sprache welche Phonem-Audiofiles unterstützt werden:
https://developer.amazon.com/de-DE/docs/alexa/custom-skills/speech-synthesis-markup-language-ssml-reference.html#phoneme.

3.7 Lautstärke, Tonhöhe und Geschwindigkeit

Mit dem SSML-Tag prosody können Sie die Aussprache in Lautstärke, Tonhöhe und Geschwindigkeit steuern.

Beispiel

```
<speak>
    Normale Lautstärke für den ersten Satz.
    <prosody volume="x-loud">Etwas lauter für den zweiten
Satz</prosody>.
    Wenn ich aufwache, <prosody rate="x-slow">spreche ich
etwas langsamer</prosody>.
```

```
Ich kann mit normalem Pitch sprechen,
    <prosody pitch="x-high"> aber auch mit etwas höherer
Tonlage </prosody>,
    und  <prosody pitch="low">mit einer niedrigeren
Tonlage</prosody>.
</speak>
```

3.8   Satzende

Das s-SSML-Tag hat eine ähnliche Auswirkung wie ein Punkt.

Beispiel

```
<speak>
    <s>Das ist ein Satz</s>
    <s>Es sollte eine kurze Pause vor diesem zweiten Satz
geben.</s>
    Dieser Satz endet mit einem Punkt und sollte die gleiche
Pause haben.
</speak>
```

3.9   Besondere Betonungen und Aussprache

Mit dem SSML-Tag say-as können Sie festlegen, wie ein Text interpretiert werden soll. Dazu gibt es folgende Attribute.

Attribut	Mögliche Werte	Funktion
interpret-as	characters, spell-out	Buchstabiere jeden Buchstaben.
	cardinal, number	Interpretieren Sie den Wert als Kardinal-zahl.
	ordinal	Interpretieren Sie den Wert als Ordnungs-zahl.

Attribut	Mögliche Werte	Funktion
	`digits`	Jede Ziffer einzeln buchstabieren.
	`fraction`	Interpretieren Sie den Wert als Bruch. Dies funktioniert sowohl für gewöhnliche Fraktionen (wie 3/20) als auch für gemischte Fraktionen (wie 1 + 1/2).
	`unit`	Interpretieren Sie einen Wert als Maß. Der Wert sollte entweder eine Zahl oder ein Bruch sein, gefolgt von einer Einheit (ohne Leerzeichen dazwischen) oder nur einer Einheit.
	`date`	Den Wert als Datum interpretieren. Geben Sie das Format mit dem `format`Attribut an.
	`time`	Interpretieren Sie einen Wert wie 1'21" als die Dauer in Minuten und Sekunden.
	`telephone`	Interpretieren Sie einen Wert als 7-stellige oder 10-stellige Telefonnummer. Dies kann auch Erweiterungen verarbeiten (z.B. 2025551212x345).
	`address`	Interpretieren Sie einen Wert als Teil der Adresse.
	`interjection`	Den Wert als Interjektion interpretieren. Alexa spricht den Text mit ausdrucksvollerer Stimme. Verwenden Sie für optimale Ergebnisse nur die unterstützten Interjektionen und umgeben Sie jede Sprachsteuerung mit einer Pause. Zum Beispiel: `<say-as interpret-as="interjection">Wow.</say-as>`.
	`expletive`	»Bleep« den Inhalt innerhalb des Tags aus.

Attribut	Mögliche Werte	Funktion
format	mdy dmy ymd md dm ym my d m y	Wird nur verwendet, wenn `interpret-as` auf `date` gesetzt ist. Stellen Sie einen der links aufgeführten Werte ein, um das Datumsformat anzugeben. Wenn Sie alternativ das Datum im Format JJJJMMTT angeben, wird das `format`-Attribut ignoriert. Sie können Fragezeichen (?) für Teile des Datums einfügen, die weggelassen werden sollen. Zum Beispiel würde Alexa `<say-as interpret-as="date">????0922</say-as>` als »22. September« sprechen.

Beispiel

```
<speak>
    Hier ist eine Zahlenfolge, die als Nummer ausgesprochen
wird:
    <say-as interpret-as="cardinal">12345</say-as>.
    Hier die gleiche Zahlenfolge, wo jede Zahl einzeln
ausgesprochen wird:
    <say-as interpret-as="digits">12345</say-as>.
    Hier ist ein buchstabiertes Wort: <say-as interpret-
as="spell-out">Hallo</say-as>
</speak>
```

Das SSML-Tag w geht auf sprachliche Besonderheiten der englischen Sprache ein. Ähnlich wie beim say-as-SSML-Tag wird hier die Aussprache von Wörtern angepasst, indem der Wortteil angegeben wird. Stellen Sie einen der folgenden Werte ein:

Attribut	Mögliche Werte	Funktion
role	amazon:VB	Interpretiere das Wort als Verb (Präsens einfach).
	amazon:VBD	Das Wort als Partizip der Vergangenheit interpretieren.
	amazon:NN	Interpretiere das Wort als Nomen.
	amazon:SENSE_1	Verwenden Sie den nicht standardmäßigen Wortsinn. Beispielsweise wird das Substantiv »Bass« im Englischen je nach Bedeutung unterschiedlich ausgesprochen. Die »Standard«-Bedeutung ist der niedrigste Teil des Musikbereichs. Der alternative Sinn (der immer noch ein Substantiv ist) ist ein Süßwasserfisch. Durch die Angabe <speak> <w role="amazon:SENSE_1">bass</w>" </speak> wird die nicht standardmäßige Aussprache (Süßwasserfisch) gerendert.

Beispiel

```
<speak>
    The word <say-as interpret-as="characters">read</say-as>
may be interpreted
    as either the present simple form <w role="amazon:VB">
read</w>,
    or the past participle form <w role="amazon:VBD">read
</w>.
</speak>
```

3.10 Wörter ersetzen

Mit dem sub-SSML-Tag können Sie ein angegebenes Wort oder eine Phrase als ein anderes Wort oder eine andere Phrase ausgeben. Das ist beispielsweise dann sinnvoll, wenn sich der Text auf einer Antwortkarte in der Alexa App von der Sprachantwort unterscheiden soll. Geben Sie die andere Aussprache mit dem alias-Attribut an.

Beispiel

```
<speak>
   Viele mögen <sub alias="aluminium">Al</sub> als
chemisches Element,
      aber ich ziehe <sub alias="magnesium">Mg</sub> vor.
</speak>
```

3.11   Verschiedene Stimmen

Besonders interessant ist das SSML-Tag `voice`. Damit können Sie Alexa mit sogenannten »Polly«-Stimmen sprechen lassen. Interaktive Storys mit verschiedenen Persönlichkeiten werden damit einfach möglich.

AWS Polly ist ein separater Cloud-Service, den Sie losgelöst von Alexa auch in einer Webseite zum Vorlesen von Texten integrieren können. Es gibt sogar für das CMS WordPress, das viele Webseiten und Blogs nutzen, ein eigenes Polly-Plug-in. Weitere Hintergrundinformationen über Amazon Polly finden Sie im Internet unter dieser Adresse: `https://aws.amazon.com/de/polly/`. Falls Sie eine WordPress-Website betreiben, schauen Sie hier nach: `https://wpengine.com/solution-center/amazon-polly/`.

Die folgenden Stimmen werden für ihre jeweiligen Sprachen unterstützt:

Attribut	Mögliche Werte
Name	Englisch, Amerikanisch (en-US): **Efeu, Joanna, Joey, Justin, Kendra, Kimberly, Matthew, Salli**
	Englisch, Australisch (en-AU): **Nicole, Russell**
	Englisch, Britisch (en-GB): **Amy, Brian, Emma**
	Englisch, Indisch (en-IN): **Aditi, Raveena**
	Deutsch (de-DE): **Hans, Marlene, Vicki**
	Spanisch, Kastilisch (es-ES): **Conchita, Enrique**
	Hindi (hi-IN): **Aditi**

Attribut	Mögliche Werte
	Italienisch (it-IT): **Carla**, **Giorgio**
	Japanisch (ja-JP): **Mizuki**, **Takumi**
	Französisch (fr-FR): **Celine**, **Lea**, **Mathieu**

Beispiel

```
<speak>
    Hier ist eine Überraschung, die du nicht erwartet hast.
    <voice name="Vicki"><lang xml:lang="de-DE">Ich möchte
dir ein Geheimnis verraten.</lang></voice>
    <voice name="Hans"><lang xml:lang="de-DE">Dein Geheimnis
ist bei mir sicher!</lang></voice>
    <voice name="Vicki"><lang xml:lang="de-DE">Ich bin kein
echter Mensch.</lang></voice>.
    Hättest du das gedacht?
</speak>
```

3.12 SSML-Tags mit Node.js

Jetzt haben Sie viele SSML-Tags kennengelernt. Eine Sache noch: Als Node.js-Programmierer, der das Alexa Skills Kit benutzt, müssen Sie nicht unbedingt das `<speak>`-Tag verwenden. Dieses wird automatisch vom Alexa-Skill-SDK ergänzt.

Wenn Sie zum Beispiel die Polly-Stimme von Hans oder ein anderes SSML-Tag in einem Node.js-Skill nutzen möchten, können Sie das wie folgt tun:

```
const speechOutput = "Ich bin Alexa. <voice name="Hans">
<lang xml:lang="de-DE">Ich bin Hans</lang></voice>
```

Sie definieren also mit `const speechOutput` den Text, den Alexa sagen soll, und führen in Anführungszeichen den Text an. Innerhalb der Anführungszeichen setzen Sie einfach direkt die SSML-Tags ein, die Sie nutzen möchten.

Kapitel 4

Alexa-Interfaces, Bilder und Videos in Skills einbinden

Der Ursprungsgedanke von Amazon bezüglich Alexa war, das Einkaufen per Sprache zu ermöglichen. Viele verbinden daher mit Alexa ein Echo-Gerät, ohne die Möglichkeit, etwas bildhaft darzustellen. Aber das ist einfach nicht wahr. Von Anfang an konnte man mit einem Skill Fotos und Grafiken über die Alexa App auf dem Smartphone anzeigen und mit den Alexa-Geräten mit Bildschirm können inzwischen sogar Videos abgespielt werden.

Die wenigsten Menschen kaufen aber die Katze im Sack und wollen das Produkt, das sie kaufen möchten, vorher ansehen. Es sind also vor allem Geräte mit einem Display, die sich die Nutzer gewünscht haben, und Amazon hat prompt geliefert.

Diese Geräte können ein Display nutzen:

Hier die aktuellen Geräte, die ein Display haben bzw. nutzen und somit auch Antworten darstellen können:

- Echo Show 1. Generation
- Echo Spot
- Echo Show 2. Generation
- Echo Show 5
- Fire HD 7
- Fire HD 8
- Fire HD 10
- Fire TV

- Fire TV Stick
- Fire TV Cube

Amazon unterscheidet die Bildschirmauflösungen wie folgt:

- Small Hub – Round 480 x 480 px (Echo Spot)
- Small Hub – Landscape 960 x 480 px (Echo Show 5)
- Medium Hub – Landscape 1024 x 600 px (Echo Show 1. Gen.)
- Large Hub – Landscape 1280 x 800 px (Echo Show 2. Gen.)
- Extra Large TV – Landscape 1920 x 1080 px (Fire TV, Fire TV Stick, Fire TV Cube)

Die Verbreitung der letzteren beiden Geräte dürfte sogar die der »klassischen« Echo-Geräte ohne Bildschirm übertreffen.

Es ist zu erwarten, dass sich die Palette an Endgeräten mit Display noch erweitert, da Amazon Entwicklern ermöglicht, Alexa in eigenen Geräten mit Display zu integrieren.

Gerade die Möglichkeit, dem Nutzer auch Bilder und Videos in Antworten anzuzeigen, dürfte auch dem Voice Commerce einen neuen Schub geben. Denn wer will schon die Katze im Sack kaufen? Der Mensch ist bei allem Enthusiasmus für »Voice« eben auch ein Augenwesen.

Wenn Ihr Skill über die Alexa App eine »Skill Card« mit Grafiken oder auf einem Alexa-Bildschirmgerät Grafiken und Fotos anzeigen soll, benötigen Sie einen per HTTPS verschlüsselten Webspeicher, damit der Skill auf diese Grafiken zurückgreifen kann. Wenn Sie also nicht gerade selbst einen per HTTPS verschlüsselten Webserver betreiben, bietet sich ein AWS S3 Bucket als Speicherort für Ihre Grafiken und Videos an. Falls Sie also schon einen SSL-Webspeicher für Ihre Webseite nutzen und diesen auch für Ihren Skill nutzen möchten, geht das also auch.

Wer also immer noch denkt, Alexa ist nur eine Brabbelmaschine und für den E-Commerce komplett uninteressant, sollte es jetzt besser wissen. Allein der Umstand, dass Alexa auch auf allen Fire-TV-Geräten und per Knopfdruck nutzbar ist, wird in der Berechnung der Reichweite von Alexa oft vergessen. Leider gibt es keine genauen Zahlen, wie hoch die Nutzerzahl weltweit ist. Laut einem Interview von Mai 2019 auf https://www.cnet.com/news/the-best-labor-day-deals-2019-airpods-mattresses-lenovo-smart-clock-dji-osmo/ hat Amazon Fire-TV 34 Millionen Nutzer in den USA.

4.1 AWS S3 Buckets

Ein S3 Bucket ist ein Webspeicher in AWS, auf dem Sie Dateien ablegen und extern darauf zugreifen können. Dieser Webspeicher ist kostenpflichtig und es werden die Datentransfervolumen berechnet. So kostet ein GB Transfer 0,023 US-Dollar. Diese Kosten sind jedoch im Rahmen der AWS Promtional Credits, die Sie monatlich erhalten werden, wenn Sie sich für das AWS-Promotional-Credits-Programm registriert haben, vernachlässigbar.

4.1.1 S3 Bucket erstellen

Unter https://s3.console.aws.amazon.com/s3/home?region=eu-west-1# gelangen Sie in die Übersicht Ihrer S3 Buckets, sofern Sie schon einen AWS-Account angelegt haben.

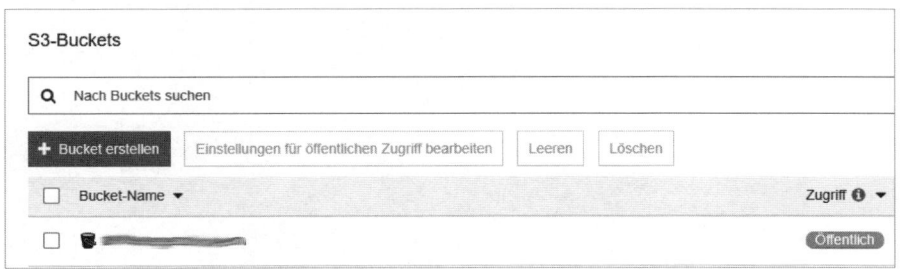

Abb. 4.1: AWS-S3-Bucket-Übersicht

Klicken Sie hier auf BUCKET ERSTELLEN.

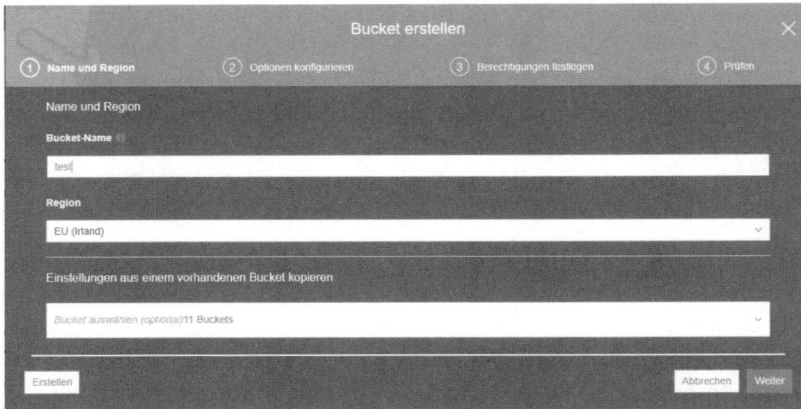

Abb. 4.2: Bucket erstellen, Schritt 1

Wichtig ist, dass Sie im Feld BUCKET-NAME einen einzigartigen Namen vergeben. Dieser Name ist nachher auch Bestandteil der URL, mit der Sie auf Ihre Bilder verweisen.

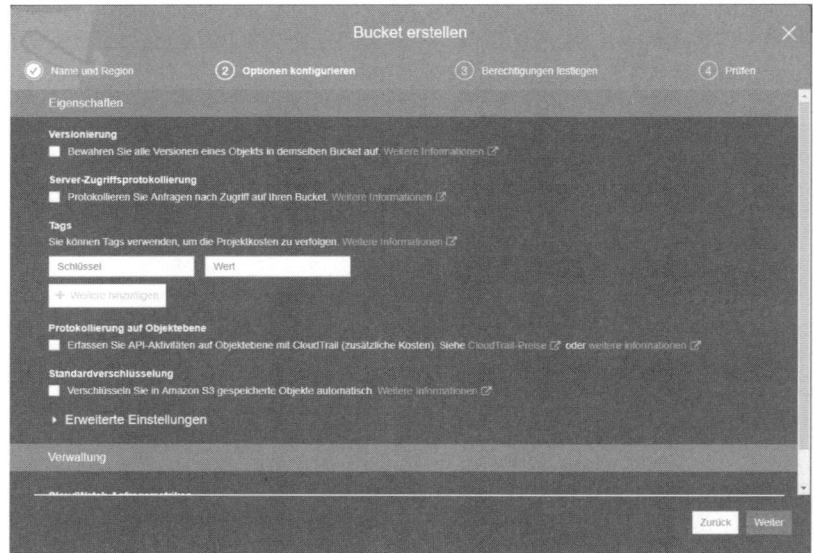

Abb. 4.3: Bucket erstellen, Schritt 2

In dieser Ansicht verändern Sie nichts und klicken einfach unten rechts auf WEITER.

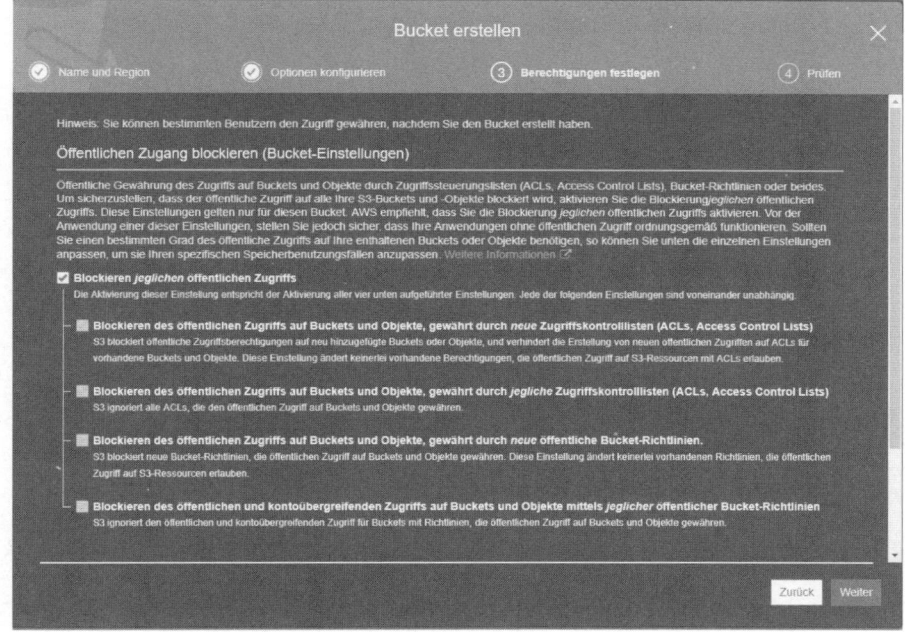

Abb. 4.4: Bucket erstellen, Schritt 3

In diesem Schritt deaktivieren Sie das Häkchen bei BLOCKIEREN JEG-LICHEN ÖFFENTLICHEN ZUGRIFFS. Das bewirkt, dass Ihr Skill auch auf die Dateien zugreifen kann und sie nutzen darf.

Danach klicken Sie auf BUCKET ERSTELLEN (Abbildung 4.5).

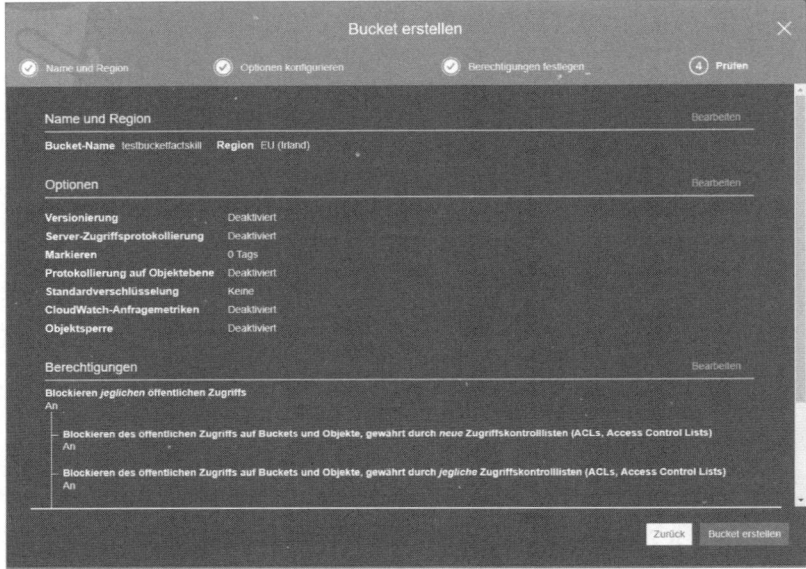

Abb. 4.5: Bucket erstellen, Schritt 4

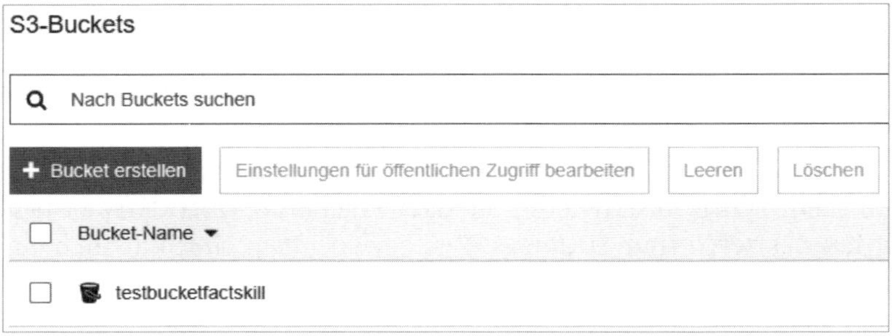

S3-Buckets

Q   Nach Buckets suchen

+ Bucket erstellen   Einstellungen für öffentlichen Zugriff bearbeiten   Leeren   Löschen

☐   Bucket-Name ▼

☐   🪣 testbucketfactskill

Abb. 4.6: Bucket in der S3-Übersicht

Jetzt klicken Sie direkt in der Übersicht auf den Namen des Buckets.
Danach gelangen Sie in die Übersicht des Buckets, wo Sie noch etwas
an den Berechtigungen verändern müssen, damit der Skill Ihre Bilder
auch tatsächlich nutzen kann.

Klicken Sie hier oben auf den Registerreiter BERECHTIGUNGEN.

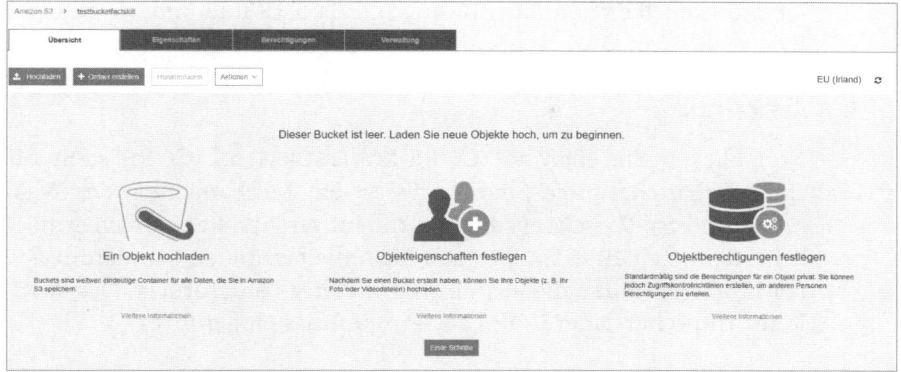

Abb. 4.7: Bucket-Einstellungen

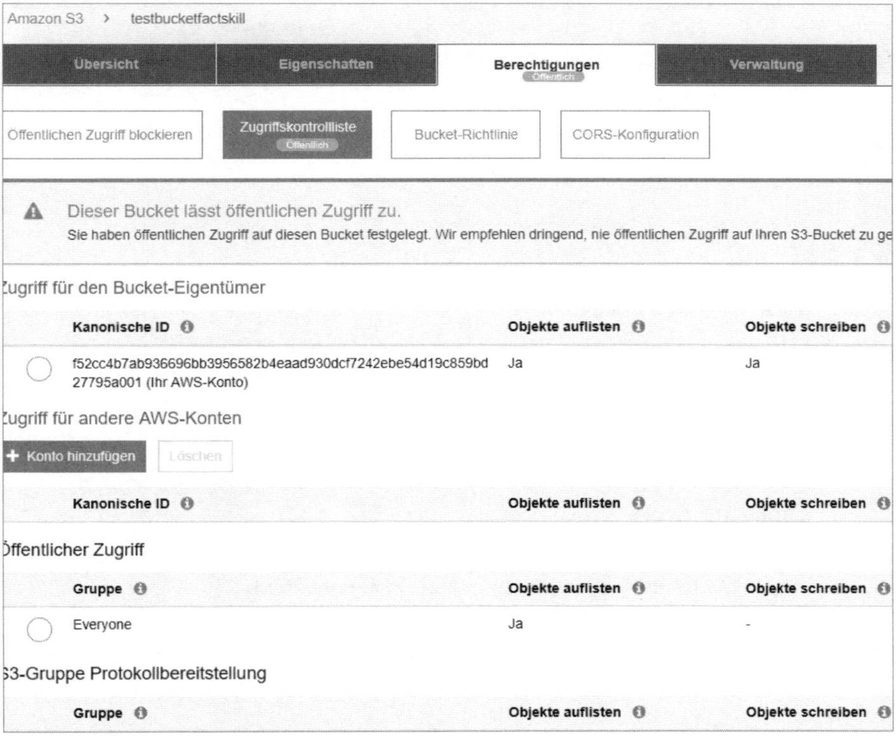

Amazon S3 > testbucketfactskill

| Übersicht | Eigenschaften | **Berechtigungen** *Öffentlich* | Verwaltung |

| Öffentlichen Zugriff blockieren | Zugriffskontrollliste *Öffentlich* | Bucket-Richtlinie | CORS-Konfiguration |

⚠ Dieser Bucket lässt öffentlichen Zugriff zu.
Sie haben öffentlichen Zugriff auf diesen Bucket festgelegt. Wir empfehlen dringend, nie öffentlichen Zugriff auf Ihren S3-Bucket zu ge

Zugriff für den Bucket-Eigentümer

Kanonische ID ⓘ	Objekte auflisten ⓘ	Objekte schreiben ⓘ
○ f52cc4b7ab936696bb3956582b4eaad930dcf7242ebe54d19c859bd 27795a001 (Ihr AWS-Konto)	Ja	Ja

Zugriff für andere AWS-Konten

[+ Konto hinzufügen] [Löschen]

Kanonische ID ⓘ	Objekte auflisten ⓘ	Objekte schreiben ⓘ

Öffentlicher Zugriff

Gruppe ⓘ	Objekte auflisten ⓘ	Objekte schreiben ⓘ
○ Everyone	Ja	-

S3-Gruppe Protokollbereitstellung

Gruppe ⓘ	Objekte auflisten ⓘ	Objekte schreiben ⓘ

Abb. 4.8: Bucket-Zugriffskontrolle

Jetzt klicken Sie oben auf ZUGRIFFSKONTROLLE und ändern diese zu EVERYONE. Nun fährt rechts eine Karte auf Ihren Bildschirm ein. Dort setzen Sie den Haken auf OBJEKTE AUFLISTEN und klicken unten auf SPEICHERN.

Nun klicken Sie oben auf CORS-KONFIGURATION. CORS steht für Cross-Origin Resource Sharing. Es ist ein Mechanismus, der Webbrowsern bzw. Webclients den Zugriff auf verteilte Ressourcen ermöglicht, denn seit 1996 ist dies aus Sicherheitsgründen standardmäßig per JavaScript durch die »Same-Origin Policy« unterdrückt. Das W3C-Konsortium hat daher CORS als Kompromiss eingeführt.

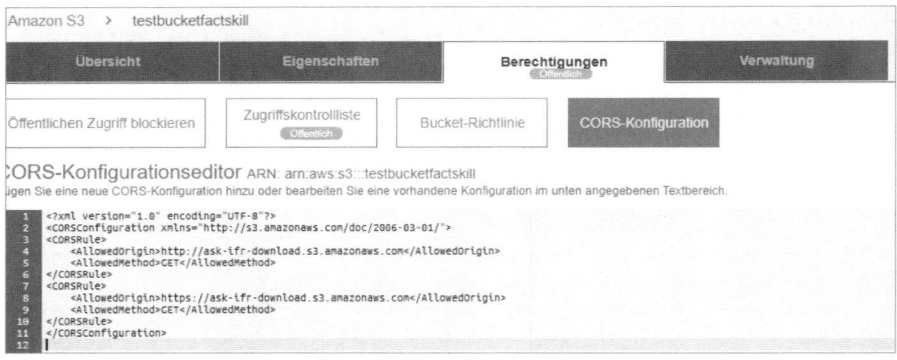

Abb. 4.9: CORS-Konfiguration

Dort fügen Sie folgende Einstellungen ein und speichern diese ab:

```
<?xml version="1.0" encoding="UTF-8"?>
<CORSConfiguration xmlns="http://s3.amazonaws.com/doc/
2006-03-01/">
<CORSRule>
    <AllowedOrigin>http://ask-ifr-download.s3.
amazonaws.com</AllowedOrigin>
    <AllowedMethod>GET</AllowedMethod>
</CORSRule>
<CORSRule>
```

```
    <AllowedOrigin>https://ask-ifr-download.s3.
amazonaws.com</AllowedOrigin>
    <AllowedMethod>GET</AllowedMethod>
</CORSRule>
</CORSConfiguration>
```

Jetzt ist Ihr AWS S3 Bucket fertig eingestellt, um Grafiken und Videos im Skill zu nutzen.

4.1.2 Ein Bild oder Video in den Bucket laden

Klicken Sie im Bucket oben auf die Karteikarte ÜBERSICHT.

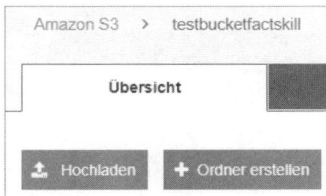

Abb. 4.10:
Auf die Amazon-S3-Bucket-Übersicht klicken

Klicken Sie auf den Button HOCHLADEN.

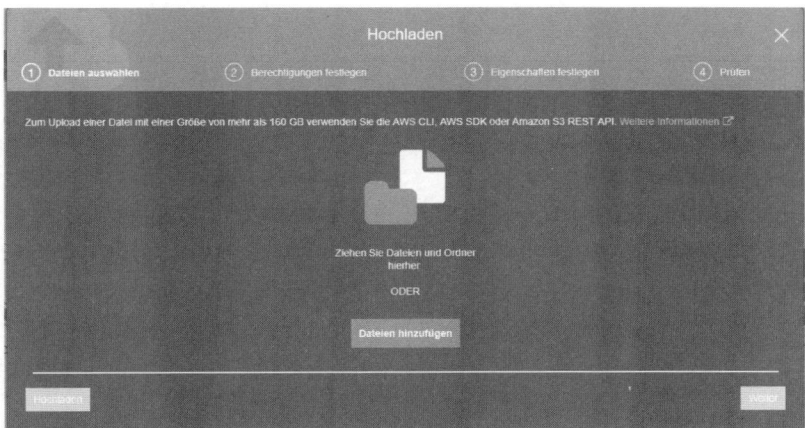

Abb. 4.11: Bild zum Amazon-S3-Bucket-Hochladen

Über diese Eingabemaske können Sie Medien von bis zu 160 GB hochladen. Falls Ihre Medien größer sind, müssen Sie z.B. das AWS CLI nutzen. Für unsere Zwecke sollte das Limit aber ausreichend sein, da wir zunächst nur Grafiken und Fotos hochladen und selbst Spielfilme in HD-Qualität keine 160 GB brauchen.

Sie klicken also auf DATEI HINZUFÜGEN und suchen die Bilddatei aus, die Sie hochladen und anschließend in Ihrem Skill anzeigen möchten, und klicken anschließend auf WEITER.

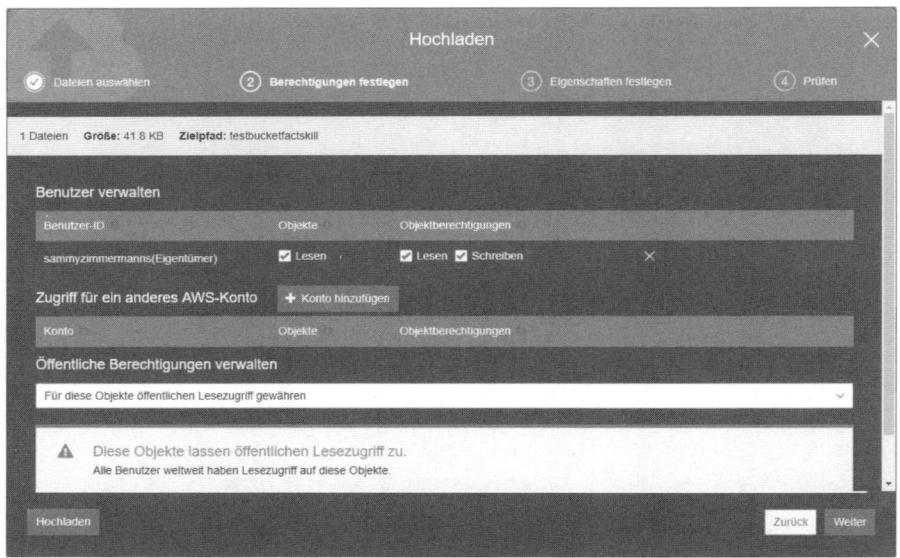

Abb. 4.12: Lesezugriff gewähren auswählen

Im nächsten Schritt müssen Sie unter ÖFFENTLICHE BERECHTIGUNGEN VERWALTEN auswählen, dass dieses Objekt öffentlich gelesen werden darf.

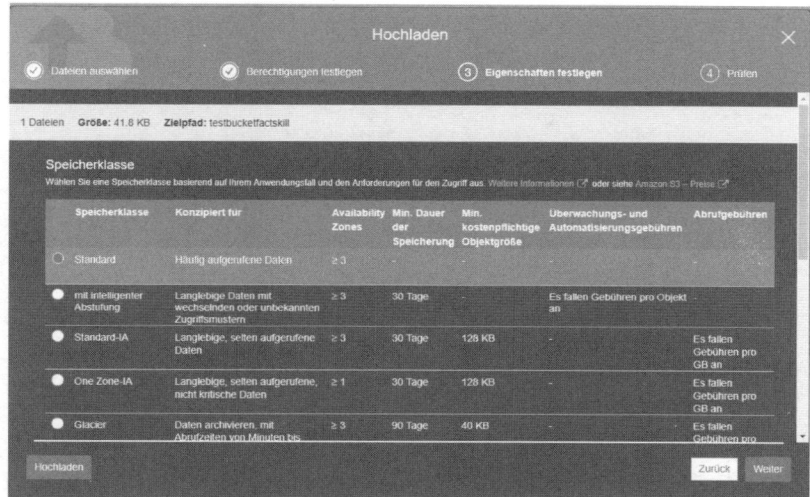

Abb. 4.13: Die Speicherklasse auf Standard auswählen

Im nächsten Schritt verändern Sie nichts und klicken auf WEITER.

Abb. 4.14: Hochladen abschließend bestätigen

Jetzt brauchen Sie nur noch unten rechts auf HOCHLADEN zu klicken.

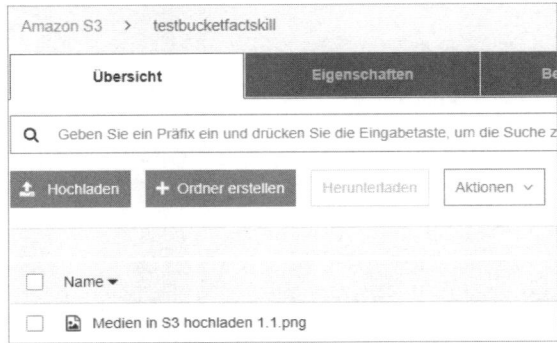

Abb. 4.15: Die hochgeladene Datei im S3 Bucket

In Ihrem S3 Bucket befindet sich jetzt die hochgeladene Bilddatei. Klicken Sie direkt auf den Dateinamen.

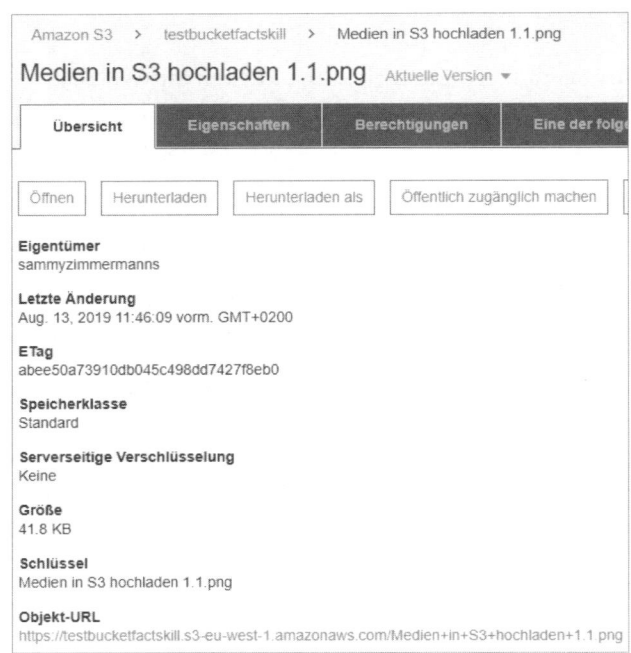

Abb. 4.16: Detailansicht einer hochgeladenen Datei

Jetzt sehen Sie alle Details zu Ihrer hochgeladenen Bilddatei. Uns interessiert hier besonders die Objekt-URL ganz unten, denn damit können Sie das Bild in Ihre Skill Card in der Alexa App oder Bildschirmanzeige einbinden. Sie können auch versuchen, die URL direkt im Browser aufzurufen. Dort sollte das Bild ebenfalls angezeigt werden. Jeder, der diesen Link kennt, kann also dieses Bild sehen.

Wenn Sie sich die URL genau anschauen, werden Sie bemerken, dass der Bucket-Name als Subdomain für die Internetadresse genutzt wird.

Wie aber zu Beginn des Kapitels erwähnt, können Sie sich die ganze Prozedur sparen, wenn Sie eine eigene Website betreiben, die SSL-, also per HTTPS, verschlüsselt ist. Dann können Sie ganz einfach bei Ihrem Hoster ein Verzeichnis für Ihre Medien anlegen, diese anschließend hochladen und die URL Ihres Uploads auf Ihrem Server als Referenz nutzen. Obendrein sparen Sie so auch AWS-Credits.

4.2 Alexa-Interfaces

In den folgenden Abschnitten möchte ich Ihnen zeigen, welche Möglichkeiten Sie haben, Ihren Skill durch die Nutzung von verschiedenen Interfaces aufzuwerten.

In der Alexa Developer Console gibt es auf der linken Seite zwischen JSON EDITOR und ENDPOINT den Eintrag INTERFACES. Wenn Sie darauf klicken, sehen Sie eine Übersicht aller Interfaces, die Alexa nutzen kann und die für Ihren Skill aktiviert sind.

Je nach aktiviertem Interface kann es sein, dass für den Skill automatisch zusätzliche Intents von der Konsole angelegt werden. Jede Aktivierung oder Deaktivierung der Interfaces muss gespeichert werden und anschließend noch einmal über einen Klick auf BUILD MODEL im Sprachmodell des Skills hinterlegt werden.

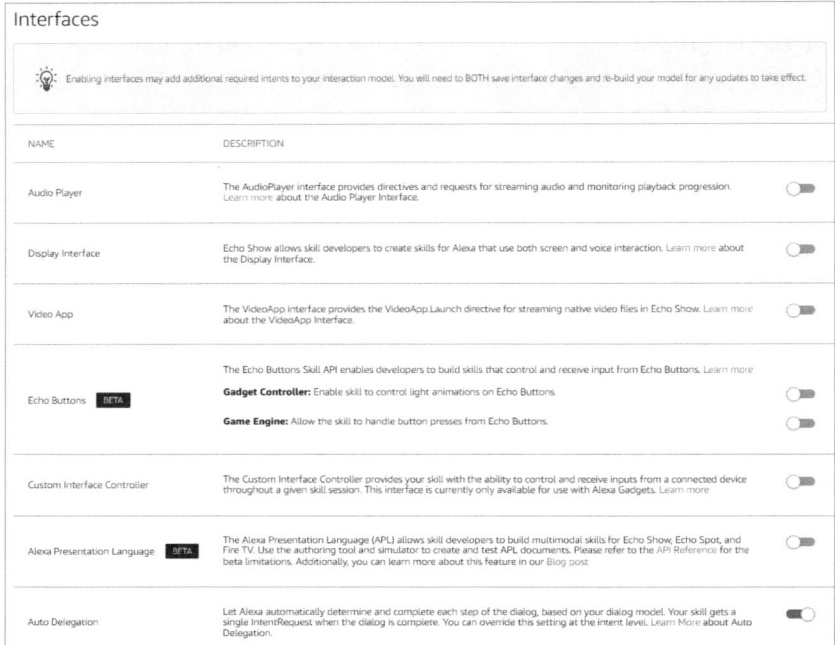

Abb. 4.17: Alle Alexa-Interfaces im Überblick

Ihr Skill könnte also auf diese Interfaces zurückgreifen:

- Audio Player
- Display-Interface
- Video App
- Echo-Buttons
- Custom Interface Controller
- Alexa Presentation Language
- Auto Delegation

Im weiteren Verlauf werde ich näher auf die Bedeutung der einzelnen Interfaces eingehen. Eines vorweg: Das Display-Interface wird perspektivisch durch die Alexa Presentation Language (APL) ersetzt werden. Daher werde ich diesen Punkt nur kurz behandeln.

In unserem Testskill aus den vorigen Kapiteln ist nur das Interface für die Auto-Delegation aktiviert. Dieses ist standardmäßig aktiv. Was es damit auf sich hat, werde ich später noch erklären. Der Testskill kann aber trotzdem jetzt schon standardmäßig Bilder und Text über die Alexa App anzeigen. Bevor Sie sich also in das Abenteuer mit den anderen Interfaces stürzen, möchte ich Ihnen noch zeigen, wie Sie Ihren Skill allein mit Antwortkarten ein wenig aufpeppen und nützlicher gestalten können.

4.3   Eine Skill Card zu den Antworten erstellen

Schon immer konnten Skills eine Antwortkarte in der Alexa App erstellen. In dem Testskill-Beispiel hier im Buch werden Sie auch schon ein Beispiel für eine einfache Antwortkarte finden.

Diese Antwortkarten sind eine erste gute Möglichkeit, visuelle Informationen in Text und Bild anzuzeigen. Denn nicht jede Antwort kann perfekt nur per Sprache wiedergegeben werden. Wir Menschen verarbeiten Gehörtes nur seriell, also der Reihe nach. Dies bedingt eine deutlich niedrige Informationsverarbeitung für uns. Aber wie heißt es so schön? Ein Bild sagt mehr als tausend Worte. Deswegen hatte Amazon schon von Anfang an das Konzept der Skill Cards mit in sein ASK-SDK integriert.

4.3.1   Welche Skill Cards gibt es?

Aktuell gibt es vier Arten von Antwortkarten: Simple, Standard, Link-Account-Karten und Erlaubniskarten.

- **Simple** – Verwenden Sie diesen Typ, um nur Text anzuzeigen. Sie geben dazu den Kartentitel und den Inhalt an.

- **Standard** – Diese Antwortkarten zeigen sowohl Text als auch Bilder an. Sie geben den Kartentitel, den Inhalt und ein Bild (über eine URL) an.

- **LinkAccount** – Dieser Kartentyp wird bei der Verknüpfung von Alexa-Konten mit Konten eines Drittanbieters genutzt. Sie ähneln den einfachen Antwortkarten, enthalten aber zusätzlich einen Link zu Ihrer Autorisierungs-URL.

- **AskPermissionConsent** – Diese Karten dienen primär dazu, für den Skill bestimmte Erlaubnisse zur Nutzung der Daten eines Nutzers abzufragen. Sie ähneln auch der einfachen Antwortkarte, sind aber zusätzlich mit Erlaubnisschiebereglern ausgestattet, mit denen ein Nutzer die Erlaubnis der Nutzung seiner Daten für den Skill erteilen kann.

Wenn Sie eine Skill Card erstellen, geben Sie also Textinformationen zusammen mit einem optionalen Bild an. Hier ist ein Beispiel einer Standard-Skill-Karte.

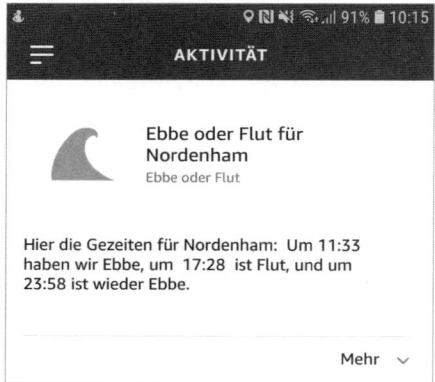

Abb. 4.18: Eine Standard-Skill-Karte in der Alexa App

Für diese Karte habe ich folgende Informationen angeben:

- **Titel** – »Ebbe oder Flut für Nordenham«
- **Name des Skills** – »Ebbe oder Flut«
- **Bild** – Kleines Bild einer Welle, das über eine Amazon-S3-Instanz gehostet wird
- **Inhalt** – Anzeige des Antworttextes

Unser Skill-Beispiel aus den vorigen Kapiteln beinhaltet schon eine einfache Antwortkarte, die in der App wie in Abbildung 4.19 aussieht.

Abb. 4.19: Simple Skill Card

Der einzige Unterschied zur Standard Card ist, dass hier kein Bild mit angezeigt wird.

Aber schauen wir uns jetzt einmal noch genauer den Code Abschnitt des Testskills an.

```
1   const GetNewFactHandler = {
2     canHandle(handlerInput) {
3       const request = handlerInput.requestEnvelope.request;
4       // checks request type
5       return request.type === 'LaunchRequest'
6         || (request.type === 'IntentRequest'
7           && request.intent.name === 'GetNewFactIntent');
8     },
9     handle(handlerInput) {
10      const requestAttributes = handlerInput.
    attributesManager.getRequestAttributes();
11      const randomFact = requestAttributes.t('FACTS');
12      const speakOutput = requestAttributes.t('GET_FACT_
    MESSAGE') + randomFact;
13
14      return handlerInput.responseBuilder
15        .speak(speakOutput)
16        .withSimpleCard(requestAttributes.t('SKILL_NAME'),
    randomFact)
17        .getResponse();
18    },
19  };
```

Sie sehen oben den Handler aus dem Testskill-Beispiel mit den Weltraumfakten. Der fett hervorgehobene Bereich von Zeile 14 bis 17 ist für die Ausgabe der Antwort verantwortlich.

Der Eintrag für die beiden gängigsten Antwortkarten ist nach folgendem Schema aufgebaut:

```
.withSimpleCard(title, text)
.withStandardCard(Titel, text, smallImageUrl, largeImageUrl)
```

Wenn Sie jetzt also die Simple Card in unserem Testskill in eine Standard Card mit Bild umwandeln möchten, müssen Sie einfach nur in Zeile 16 oben den Code wie folgt ersetzen:

```
.withStandardCard(requestAttributes.t('SKILL_NAME'),
randomFact, 'https://testbucketfactskill.s3-eu-west-1.
amazonaws.com/weltraumwissen-testskill720x480.jpg',
'https://testbucketfactskill.s3-eu-west-1.amazonaws.com/
weltraumwissen-testskill1200x800.jpg')
```

Die Antwortkarte in der Alexa App sollte jetzt zusätzlich ein Weltraumbild anzeigen, so wie in Abbildung 4.20.

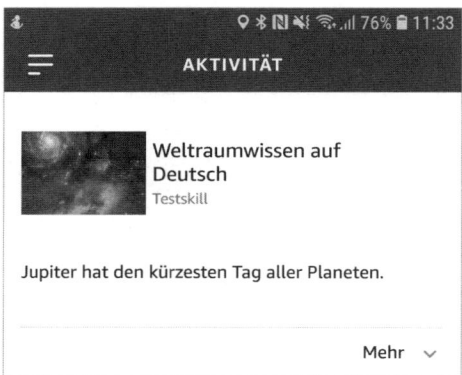

Abb. 4.20: Testskill mit einer Standard Card

In dem Beispiel hier wird jetzt also immer ein Weltraumbild angezeigt. Anstatt des reinen URL-Strings können Sie natürlich auch in
JavaScript Variablen für die Antwortkarte definieren. So können Sie
dann je nach Antwort auch die Bilder an den Inhalt anpassen. Wie Sie
das am geschicktesten anstellen, verrate ich in Kapitel 7, wenn ich
Ihnen zeige, wie Sie ein einfaches Content-Backend zur Inhaltsver-
waltung Ihres Skills bauen.

In der Testkonsole sieht der JSON-Output dann so aus:

```
{
    "body": {
        "version": "1.0",
        "response": {
            "outputSpeech": {
                "type": "SSML",
                "ssml": "<speak>Hier sind deine Fakten: Ein Jahr
dauert auf dem Merkur nur 88 Tage. Möchtest du noch einen
Fakt?</speak>"
            },
            "card": {
                "type": "Standard",
                "title": "Weltraumwissen auf Deutsch",
                "text": " Jupiter hat den kürzesten Tag aller
Planeten.",
                "image": {
                    "smallImageUrl": "https://
testbucketfactskill.s3-eu-west-1.amazonaws.com/
weltraumwissen-testskill720x480.jpg",
                    "largeImageUrl": "https://
testbucketfactskill.s3-eu-west-1.amazonaws.com/
weltraumwissen-testskill1200x800.jpg"
                }
            },
            "reprompt": {
                "outputSpeech": {
```

```
            "type": "SSML",
                "ssml": "<speak>Möchtest du noch einen
Fakt?</speak>"
            }
        },
        "shouldEndSession": false,
        "type": "_DEFAULT_RESPONSE"
    },
    "sessionAttributes": {
        "speakOutput": "Hier sind deine Fakten: Ein Jahr
dauert auf dem Merkur nur 88 Tage.",
        "skillstate": "weltraumfakt"
    },
    "userAgent": "ask-node/2.6.0 Node/v8.10.0 sample/
basic-fact/v2"
    }
}
```

Der fett hervorgehobene Bereich besteht genau aus den Elementen, die weiter oben definiert wurden.

4.3.2 Bildformat und Tipps zum Anzeigen von Bildern

Das Bild sollte das Bildformat JPG oder PNG haben und eine Größe von 2 MB nicht übersteigen.

Es müssen auch immer zwei URLs für ein großes und ein kleines Bild hinterlegt werden. Die unterschiedlichen Bilder werden dann an die Auflösung des Bildschirms des Nutzers angepasst angezeigt:

- smallImageUrl 720 x 480 Pixel
- largeImageUrl 1200 x 800 Pixel

Außerdem sollten Sie Folgendes beachten:

- **Verwenden Sie einfache Bilder in hoher Qualität:** Wählen Sie Bilder mit einfachen Formen und Details aus, die aus einer Entfernung von mehreren Metern bis zu wenigen Zentimetern zu sehen sind.

Denken Sie immer: Fire TV vs. Mobile. Speichern Sie die Bilder mit 72 dpi ab.

- **Verwenden Sie kleine und große Bilder:** Kleine Bilder sind 720 x 480 Pixel groß, große Bilder 1200 x 800 Pixel.

- **Verwenden Sie keinen Text auf Bildern:** Amazon erlaubt keine werblichen Grafiken für die Antwortkarten.

- **Nennen Sie Bildquellen:** Fügen Sie Bildquellenangaben als Text auf der Antwortkarte ein. Platzieren Sie die Quellangabe nicht auf dem Bild. Verwenden Sie keine Bilder aus dem Internet oder Bilder, für deren Verwendung Sie keine ausdrückliche schriftliche Lizenz haben.

4.3.3 Wo werden die Bilder abgelegt?

Alexa greift hier nur auf Ressourcen zurück, die per HTTPS verschlüsselt sind. Sie haben die Wahl, ob Sie Ihr Bild direkt in der Amazon-S3-Cloud abspeichern oder auf einem eigenen Webspeicher, der per HTTPS verschlüsselt ist. Wichtig ist hier allerdings, dass das SSL-Zertifikat auch von Amazon akzeptiert wird. Die kostenfreie Let's Encrypt-Zertifikate gehören leider nicht dazu. Eine vollständige Liste aller anerkannten Zertifizierungsstellen finden Sie hier:

```
https://ccadb-public.secure.force.com/mozilla/
IncludedCACertificateReport
```

Zudem muss der Endpoint »Cross-Origin Resource Sharing (CORS)« für Bilder erlauben. Auf diese Weise kann die Amazon Alexa App das Bild zur Verarbeitung und Validierung herunterladen, bevor es in der Alexa App angezeigt wird.

Damit Sie CORS aktivieren können, muss der Image-Server den Access-Control-Allow-Origin-Header in seinen Antworten festlegen. Wenn Sie die Ressourcen auf die Alexa App beschränken möchten, lassen Sie nur die Ursprünge `http://ask-ifr-download.s3.amazonaws.com` und `https://ask-ifr-download.s3.amazonaws.com` zu.

Wie Sie dies konfigurieren, hängt von Ihrem Image-Host ab. Wenn Sie Ihre Bilder beispielsweise in einem Amazon S3 Bucket hosten, können Sie den Bucket mit der folgenden CORS-Konfiguration konfigurieren:

```xml
<?xml version="1.0" encoding="UTF-8"?>
<CORSConfiguration xmlns="http://s3.amazonaws.com/doc/
2006-03-01/">
    <CORSRule>
        <AllowedOrigin>http://ask-ifr-download.s3.
amazonaws.com</AllowedOrigin>
        <AllowedMethod>GET</AllowedMethod>
    </CORSRule>
    <CORSRule>
        <AllowedOrigin>https://ask-ifr-download.s3.
amazonaws.com</AllowedOrigin>
        <AllowedMethod>GET</AllowedMethod>
    </CORSRule>
</CORSConfiguration>
```

4.3.4 Tipps zum Anzeigen des Kartentextes

Es ist wichtig, dass Sie den Anzeigetext von der Sprachausgabe in Ihrem Code trennen, andernfalls werden eventuell verwendete SSML-Tags mit auf Ihrer Antwortkarte dargestellt und der Skill wird so nicht vom Amazon-Zertifizierungsteam freigegeben. In dem Code-Beispiel oben wurde `const speakOutput = requestAttributes.t('GET_FACT_MESSAGE') + randomFact;` für die Sprachausgabe definiert. Und für die Textausgabe nur `const randomFact = requestAttributes.t('FACTS');`. In diesem Fall ist das unkritisch, da dieses Beispiel keine SSML-Tags zur Betonung der Sprache verwendet. Ich definiere im Code also gerne eine zusätzliche Variable nur für den Text und bereinige dann die Textantwort händisch von den SSML-Tags. Wenn Sie also eine separate Variable für die Text-Antwort definieren, können Sie die Anzeige des Kartentextes auch unabhängig von der Sprachausgabe beeinflussen.

Sie können auch entweder \ r \ n oder \ n im Text der Karte verwenden, um Zeilenumbrüche einzufügen. Verwenden Sie Zeilenumbrüche, um einzelne Adresszeilen, Produktdetails oder Informationen zu formatieren. Es wird jedoch nicht von Amazon empfohlen, beim Trennen von Teilen einer Straßenadresse doppelte Zeilenumbrüche einzufügen, um die Lesbarkeit dieses Inhalts zu verbessern.

Halten Sie Ihre Textantworten kurz, informativ und übersichtlich: Strukturieren Sie den Text für Karten in knappen, prägnanten Sätzen oder Textzeilen und vermeiden Sie unstrukturierte Produktdetails.

Verlassen Sie sich auch nicht auf große Textblöcke, sondern beschränken Sie die Details auf ein Minimum, damit Ihre Skill-Nutzer die Karte auf einen Blick bewerten können.

Da URLs in Antwortkarten keine anklickbaren Links sind, sollten Sie nicht nur URLs auf Karten einfügen, um Benutzer zu anderen Websites zu leiten. Geben Sie stattdessen Anweisungen an, um den Benutzer zu leiten. Lassen Sie Alexa zum Beispiel sagen: »Gehen Sie zum Abschnitt Einstellungen von (Name der Website).«

Sie sollten den Text wie in einem offiziellen Dokument auf Ihre Karten schreiben. Verwenden Sie die Groß- und Kleinschreibung für den Text und die Überschriftsformatierung für die Überschriften. Vergessen Sie auch nicht, eine Rechtschreib- und Grammatikprüfung durchzuführen! Im Gegensatz zu Ihrer Alexa-Antwort wird der Text hier von Alexa nicht vorgelesen. Er wird genauso angezeigt, wie Sie es eingeben.

Jetzt sollten Sie in der Lage sein, die gängigsten Antwortkarten für die Alexa App zu erstellen. Die beiden anderen Fälle, `LinkAccount` und `AskPermissionConsent` werde ich für den Einstieg in die Alexa-Skill-Programmierung erst einmal außen vor lassen.

4.4 Audio-Player

Das Audio-Player-Interface benötigen Sie, wenn Ihr Skill Audiodateien streamen soll oder Sie Audiodateien nutzen möchten, die länger als 90 Sekunden sind. Wenn Sie es aktivieren, werden in der Developer Console zwei weitere Build-In-Intents hinzugefügt, die Sie in Ihrem Programmcode mit integrieren müssen. Denn für einen Audio-Player-

Skill sind die Intents **AMAZON.PauseIntent** und **AMAZON.Resume-Intent** obligatorisch. Die Nutzer sollen also jederzeit eine Audiodatei pausieren und weiterspielen können. Neben den oben genannten erforderlichen Intents können Sie weitere Intents mit diesem Interface nutzen:

- AMAZON.NextIntent
- AMAZON.PreviousIntent
- AMAZON.RepeatIntent
- AMAZON.ShuffleOffIntent
- AMAZON.ShuffleOnIntent
- AMAZON.StartOverIntent
- AMAZON.CancelIntent
- AMAZON.LoopOffIntent
- AMAZON.LoopOnIntent

4.5 Display-Interface

Das Display-Interface ist quasi der Vorgänger von APL (Alexa Presentation Language). Es wurde zur Einführung des Echo Shows und Echo Spots eingeführt. Amazon gibt den Entwicklern hier vorgefertigte Templates vor, wie ein Skill auf den Alexa-Bildschirmgeräten auszusehen hat. Das missfiel vielen Entwicklern und Amazon merkte schnell selber, dass dies keine gute Lösung war. Ich empfehle Ihnen, sich gleich auf das APL-Interface zu konzentrieren, da hier die Gestaltungs- und Interaktionsmöglichkeiten viel freier sind.

Wenn Sie das Display-Interface aktivieren, werden Ihrem Sprachmodell gleich 10 weitere Build-In-Intents hinzugefügt.

- AMAZON.MoreIntent
- AMAZON.NavigateSettingsIntent
- AMAZON.NextIntent
- AMAZON.PageUpIntent

- AMAZON.PageDownIntent
- AMAZON.PreviousIntent
- AMAZON.ScrollRightIntent
- AMAZON.ScrollDownIntent
- AMAZON.ScrollLeftIntent
- AMAZON.ScrollUpIntent

Sie müssen nicht jeden dieser hinzugefügten Intents im Code integrieren. Allerdings müssen Sie dem Nutzer eine Rückmeldung geben, falls dieser einen Intent auslöst, den Sie nicht in Ihrer Skill-Logik berücksichtigt haben.

4.6   VideoApp

Wenn Ihr Skill Videos auf dem Echo Show abspielen soll, benötigen Sie dieses Interface. Es werden keine zusätzlichen Build-In-Intents hinzugefügt. Das VideoApp-Interface bietet die `VideoApp.Launch-Direktive` zum Streaming nativer Videodateien auf Alexa-fähigen Geräten mit einem Bildschirm. Ihr Skill kann die `VideoApp.Launch-`Anweisung zum Starten eines Videos senden als Antwort auf eine Sprachanforderung oder wenn ein Benutzer auf ein programmiertes Element auf dem Bildschirm tippt.

Unterstützte Videoformate

Folgende Videoformate werden unterstützt:

- HLS, MPEG-TS in Verbindung mit AAC als Audioformat
- SmootStreaming (SS), MP4, M4A in Verbindung mit AAC, Dolby, Dolby Digital Plus

Beachten Sie außerdem für alle Videos die folgenden Richtlinien, auf die die VideoApp-Direktive verweist:

- Geben Sie eine HTTPS-URL für Videoinhalte an.
- Unterstützte Dateierweiterungen: .mp4, .m3u8, .ts

- MPEG4- oder H.264-Codec
- Empfohlene Auflösung (Bildgröße):
  640 x 480 oder 1280 x 720
- Maximale Auflösung: 1280 x 720

VideoApp-Funktionen

Die VideoApp, die auf Alexa-fähigen Geräten mit einem Bildschirm angezeigt wird, weist die folgenden Funktionen auf:

GUI-Funktionen:

- Wiedergabesteuerung
- Titel
- Subtitel

Sprachkontrolle:

- Alexa, pause / weiterspielen
- Alexa, stop / schließen

4.7 Echo-Buttons

Wenn Sie einen Skill entwickeln möchten, der die Echo-Buttons nutzt, zum Beispiel bei einem Quizspiel, müssen in der Interface-Übersicht in der Alexa Developer Console der **Gadget Controller** und die **Game Engine** aktiviert sein.

Mit dem Gadget Controller können Sie Echo-Buttons steuern. Diese Schnittstelle funktioniert nur mit kompatiblen Amazon-Echo-Geräten. Der Gadget Controller kann Animationen senden, um die Buttons in einer bestimmten Reihenfolge in verschiedenen Farben leuchten zu lassen.

Die Game Engine ermöglicht es Ihrem Skill, Eingaben von den Echo-Tasten zu erhalten. Diese Schnittstelle funktioniert nur mit kompatiblen Amazon-Echo-Geräten.

Ihr Skill verwendet die Game Engine, indem diese Anweisungen sendet, die den **Input Handler** starten und stoppen. Dies ist die Komponente in Alexa, die Echo-Button-Ereignisse Ihres Skills sendet, wenn von Ihnen definierte Bedingungen erfüllt sind (z.b. wenn der Benutzer eine bestimmte Tastenfolge gedrückt hat).

4.8 Custom Interface Controller

Um die Kommunikation zwischen einem Gadget und einem Alexa Skill zu ermöglichen, können Sie benutzerdefinierte Schnittstellen (Custom Interface) erstellen. Mit benutzerdefinierten Schnittstellen kann ein Skill das Verhalten von Gadgets auslösen und auf Informationen reagieren, die er von einem Gadget erhält.

Das Funktionsschema in Abbildung 4.21 verdeutlicht die Funktionsweise dieses Interface.

Abb. 4.21: Bild von `https://developer.amazon.com/docs/alexa-gadgets-toolkit/custom-interface.html`

Dieses Interface ist noch neu und konkrete Anwendungsbeispiele für den deutschsprachigen Raum gibt es noch keine. Es dürfte für Spielzeugunternehmen sehr interessant sein, die zum Beispiel interaktive Brettspiele oder Spielzeugroboter verkaufen möchten.

Folgende Szenarien wären denkbar:

Alexa: Möchtest du eine Partie Schiffeversenken spielen?

Nutzer: Ja!

Gadget: Ein Schiffeversenkenspielbrett wird aktiviert.

Oder:

> **Benutzer:** Alexa, bitte meinen Roboter, sich dreimal zu drehen.
>
> **Alexa:** Dein Roboter hat sich jetzt dreimal um sich selbst gedreht.

4.9 Alexa Presentation Language (APL)

Mit dem **Alexa Presentation Language (APL)**-Interface können Sie Skills mit sprachlichen und visuellen Erfahrungen aufbauen, die bedingte Layouts und Datenbindungen verwenden. Mit APL haben Sie die Flexibilität, multimodale Fähigkeiten mit vielen visuellen Elementen aufzubauen – einschließlich Grafiken, Bilder und Diashows – und die Ausgabe für verschiedene Geräte anzupassen. Ihre Skills können umfassende, reaktionsschnelle und interaktive Bildschirmanzeigen bieten, ähnlich wie Sie Webseiten mit HTML, CSS und JavaScript erstellen können.

Mithilfe von APL können Sie auch Links zu Webseiten einbauen und so mit einem Echo Show Webseiten und Onlineshops besuchen. Dieser Aspekt ist für alle Onlinemarketer höchst interessant.

4.10 Auto Delegation

Das letzte Interface aus unserer Übersicht vom Anfang des Kapitels ist die **Auto Delegation**. Sie ist standardmäßig aktiviert.

Erstellen Sie ein Dialogmodell und delegieren Sie den Dialog an Alexa, um den Code zum Erfassen und Bestätigen von Slot-Werten zu vereinfachen. Das Dialogmodell identifiziert die Eingabeaufforderungen und Äußerungen zum Sammeln, Überprüfen und Bestätigen der Slot-Werte und Intents. Wenn Sie den Dialog an Alexa delegieren, bestimmt Alexa den nächsten Schritt in der Konversation und fragt den Benutzer anhand von Eingabeaufforderungen nach den Informationen. Dadurch werden Dialoge mit Alexa viel natürlicher und freier. Mehr dazu erfahren Sie in Kapitel 5.

Teil II

Fortgeschrittene Methoden und Techniken

In diesem Teil:

Kapitel 5

Dialogmanagement mit Alexa

Für eine gute Sprachinteraktion müssen Ihre Alexa Skills flexibel sein und passend auf Nutzerantworten reagieren können. Sie sollen verschiedene Gesprächsvarianten verstehen und Daten zur Situation erfassen können. Obendrein sollten sie auch einen Kontextwechsel meistern, ohne dabei den roten Faden zu verlieren.

All das können Sie mit dem standardmäßig aktivierten **Auto Delegation**-Interface bewerkstelligen.

Sie können damit Alexa Informationen von Nutzern abfragen lassen, die Ihr Skill zur Verarbeitung bestimmter Intents benötigt. So entstehen im Skill kurze Gespräche zur Datensammlung. Das Dialogmanagement verfolgt den Status des Gesprächs. Es merkt sich, welche Informationen bereits erfasst wurden und welche nicht.

In der Developer Console können Sie einstellen, ob ein bestimmter Slot mit Werten befüllt werden muss oder nicht. Sie können auch die Reihenfolge der Abfragen bestimmen. Zudem legen Sie die Antwortschemata zu den jeweiligen Slots fest. Dies verbessert die Genauigkeit Ihres Skills.

5.1   Informationen im Dialog sammeln

Es gibt zwei Möglichkeiten, Informationen im Dialog zu sammeln: manuell oder automatisch. Wenn Sie die automatische Methode nutzen möchten, übernimmt Alexa ab einem bestimmten Punkt den Dialog und fragt dem Nutzer so lange alle Informationen ab, bis sie alles Notwendige hat, um eine bestimmte Absicht zu erfüllen. Die Fragen und Variationen dazu sowie die Antwort-Schemata des Nutzers hinterlegen Sie direkt in der Alexa Developer Console.

Natürliche Gespräche folgen aber keinen starren Vorgaben. Sie sind dynamisch und wir Menschen sind großartig darin, einen Kontextwechsel zu erfassen und darauf adäquat zu antworten. Diese Art und Weise der Konversation ist für uns Menschen extrem wichtig. Da jeder von uns immer einen anderen Kenntnisstand hat, müssen wir zuweilen auch mal nachfragen. Genau diese Fähigkeit, mit plötzlichen Nachfragen umgehen zu können, macht ein natürliches Gespräch aus.

Herkömmliche Sprachcomputer, die Sie vielleicht von Hotlines kennen, sind damit überfordert. Leider haben diese vielen negativen Erfahrungen das Bild von künstlichen Sprachmaschinen derart geprägt, dass heute noch sehr viele skeptisch sind, was Sprachsteuerung betrifft.

Mit dem Dialogmanagement von Alexa wäre folgender Dialog möglich und händelbar:

Nutzerin: Alexa, starte meine Haustierberaterin.

Alexa: Hallo, willkommen bei deiner Haustierberaterin. Wie kann ich dir helfen?

Nutzerin: Ich möchte ein neues Haustier haben.

[Dialogmanagement startet für Hund-Intent die Slot-Werte: Größe, Temperament und Naturell sind erforderlich.]

Alexa: Okay, welches Haustier soll es sein: Hund, Katze, Kaninchen oder ein anderes Haustier?

Nutzerin: Ein Hund.

Alexa: Wie groß soll der Hund sein, klein, mittel oder groß?

[1. Context Switch]

Nutzerin: Wie groß ist ein mittelgroßer Hund?

Alexa: Ein mittelgroßer Hund ist zwischen 40 bis 59 cm groß.

[2. Context Switch]

Nutzerin: Okay, ich möchte einen mittelgroßen.

Alexa: Suchst du einen Hund zum Entspannen oder zum Spielen?

Nutzerin: Ich möchte ein Hund zum Schmusen.

Alexa: Bevorzugst du einen Hund für Kinder oder einen wachsamen?

Nutzerin: Ich möchte einen Hund für Kinder.

Alexa: Du möchtest also einen mittelgroßen, ruhigen Hund für Kinder. Ich denke, das ist ein Border Collie.

One-Shot-Antworten

Bei einer ersten Interaktion mit einem Skill ist den Nutzern meist nicht klar, dass Alexa zur Verarbeitung einer Anfrage mehrere Fragen stellen kann. Bei der wiederholten Nutzung könnte es jedoch passieren, dass ein Nutzer auf die Idee kommt, gleich alle möglichen Fragen in nur einem Satz zu beantworten. Amazon bezeichnet diese Art von Äußerung als **One-Shot-Utterance.**

Die Nutzerin aus dem vorangegangenen Beispiel könnte dann Folgendes sagen:»Ich möchte einen mittelgroßen, kinderfreundlichen Hund zum Entspannen.« Diese Utterance (Äußerung) umfasst also alle erforderlichen Slot-Werte für die Verarbeitung.

Unvollständige Antworten

Da Dialoge keinem festgelegten Verlauf folgen, könnten auch Antworten auftreten, die unvollständig sind. Beispiel: Auf die Frage,»Welche Größe und welches Temperament soll dein Hund haben?«, antwortet die Nutzerin nur mit:»Ich möchte einen **mittelgroßen** Hund haben.« Würde Ihr Skill bei solchen unvollständigen Antworten wieder mit der gleichen Frage reagieren, könnte das die Nutzerin verärgern. Besser wäre, wenn Ihr Skill dann einfach nur nach den fehlenden Slot-Wert **Temperament** fragt.

Umfangreiche Antworten

Auch das Gegenteil ist möglich. Manche Menschen neigen dazu, zu viele Informationen auf einmal preiszugeben. Auf die Frage,»Welche Größe soll dein Hund haben?«, antwortet die Nutzerin mit:»Ich möchte einen **mittelgroßen** Hund für **Kinder** haben.«. Sie hat also mehr Infos gegeben, als eigentlich zunächst gefordert. Würde Ihr Skill jetzt wieder nach dem **Naturell** fragen, wäre das für die Nutzerin irritierend. Ihr Skill sollte also auch in der Lage sein, umfangreiche Antworten zu verarbeiten.

5.2 Slot-Erfassung mit dem Dialogmanagement

Für das Dialogmanagement definieren Sie, welche Slots erforderlich sind, und das Dialogmanagement kümmert sich um die Nachverfolgung. Eine »State-Machine« verfolgt den Gesprächsstatus (dialog-State). Er kann drei Werte annehmen: STARTED, IN_PROGRESS und COMPLETED. Im Gespräch zwischen Nutzer und Ihrem Skill beinhaltet die gesendete JSON-Anforderung zu jeder Interaktion alle einem Intent zugeordneten Slots und den dialogState-Wert. Diese Daten bilden die Grundlage zur Entscheidung, wie der Skill sich weiter verhalten soll:

- Standardwerte festlegen
- Erneute Delegierung der Slot-Erfassung an Alexa
- Eruieren von Slots
- Eruieren von Slot-Bestätigungen
- Eruieren von Intent-Bestätigungen
- Manuelles Außer-Kraft-Setzen des Dialogmanagements

Bei jeder Interaktion werden JSON-Daten zwischen Ihrem Skill und Alexa gesendet. Ihre JSON-Daten legen jedoch fest, wie Alexa darauf reagiert. Wenn Sie einfach nur den Dialog erneut an Alexa delegieren, dann interpretiert Alexa das als: »Frag den Nutzer nach dem nächsten fehlenden Slot.« Die folgenden JSON-Daten von Alexa an den Skill beinhalten dann nur die entsprechende Antwort des Nutzers.

Über die Direktive elicitSlot wird ein Slot-Wert abgefragt, mit der Direktive confirmSlot wird ein Slot-Wert bestätigt und mit confirm-Intent werden alle Slot-Werte eines Intents bestätigt. Solche Rückversicherungen sind immer dann sinnvoll, wenn es um sensible Dialoge geht, wie zum Beispiel beim Kauf von Tickets oder dem

Erstellen von Terminen. Auch eine manuelle Beendigung des Dialogmanagements ist selbstverständlich möglich.

5.3 Das Dialogmanagement einrichten

Der Aufwand, das Dialogmanagement einzurichten, ist recht überschaubar und sehr einfach, denn standardmäßig ist es ja schon unter INTERFACES in der Alexa Developer Console aktiviert. Sie müssen also nur noch die Slots zu den jeweiligen Intents im Sprachmodell hinterlegen.

Anhand meines Skills »Kalorienzähler« möchte ich Ihnen zeigen, wie Sie das Dialogmanagement einrichten können.

Zuerst legen Sie fest, welche Dialogstrategie Sie nutzen möchten.

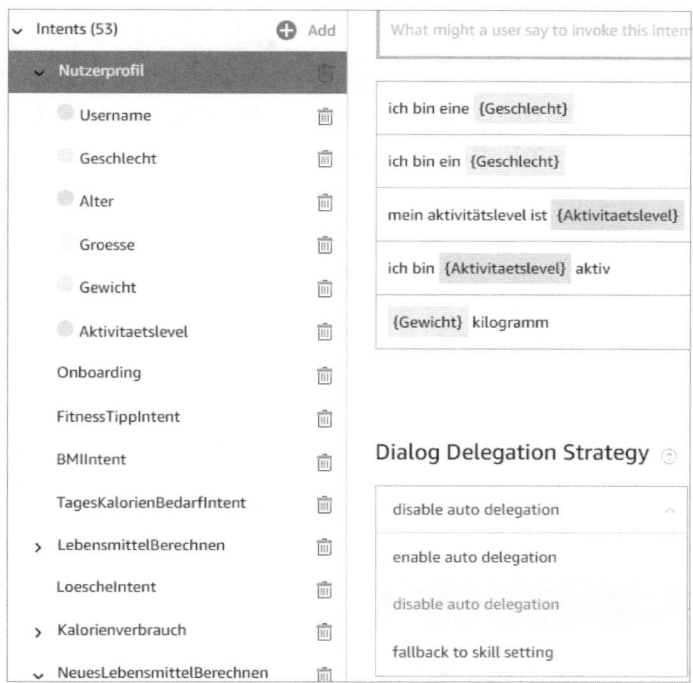

Abb. 5.1: Dialogstrategie festlegen

Sie klicken dazu auf Ihren Intent und legen für diesen Ihre Dialogstrategie fest. Sie können hier die voll automatisierte Dialogstrategie mit relativ geringem Programmieraufwand aktivieren, wenn Sie ENABLE AUTO DELEGATION auswählen. Sie können aber auch mit DISABLE AUTO DELEGATION Ihr Dialogmanagement komplett manuell über den Programmiercode gestalten. Dies ist immer dann erforderlich, wenn Sie dem Nutzer ein Context Switching ermöglichen wollen.

In meinem Fall habe ich auf die automatische Delegation verzichtet und es manuell gelöst. Immer dann, wenn die Dialoge sehr lang sind oder Zwischenfragen auftreten könnten, ist es ratsam, es manuell zu regeln.

Mit FALLBACK TO SKILL SETTING wählen Sie eine bedingte Mischform aus.

Der Skill Kalorienzähler benötigt für die solide Berechnung von Kalorienverbrauchswerten diverse Parameter des Nutzers. Einige sind erforderlich, andere optional. Für die Anlage eines Nutzerprofiles benötige ich Infos über das **Geschlecht**, **Alter**, **Größe**, **Gewicht** und den **Aktivitätslevel**. Dies sind also meine Slot-Werte, die der Skill zwingend abfragen muss. Der Slot-Wert **Username** ist nur optional.

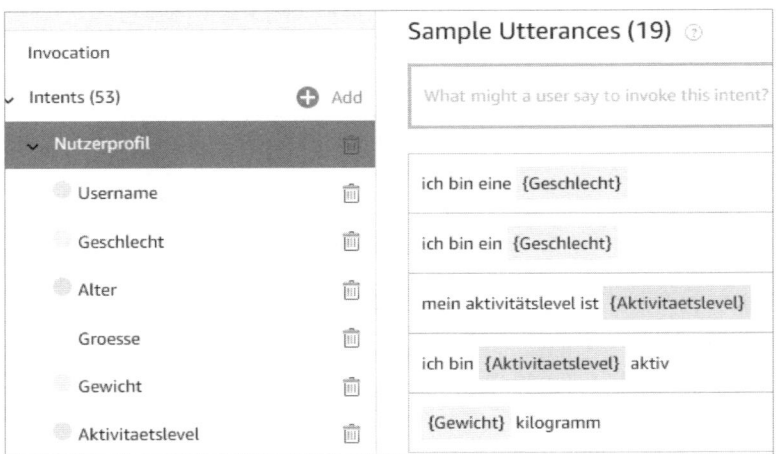

Abb. 5.2: Nutzerprofil-Intent in der Alexa Developer Console

Wie Sie in Abbildung 5.2 sehen können, sind rechts auch die Beispiel-äußerungen definiert, die diesen Abfrageprozess auslösen. Anhand der Slots `Username` und `Geschlecht` möchte ich Ihnen den Unterschied zwischen einem optionalen und einem erforderlichen Slot erklären.

Für einen optionalen Slot müssen Sie nichts weiter einstellen. Es sollte dann in etwa so aussehen wie in Abbildung 5.3.

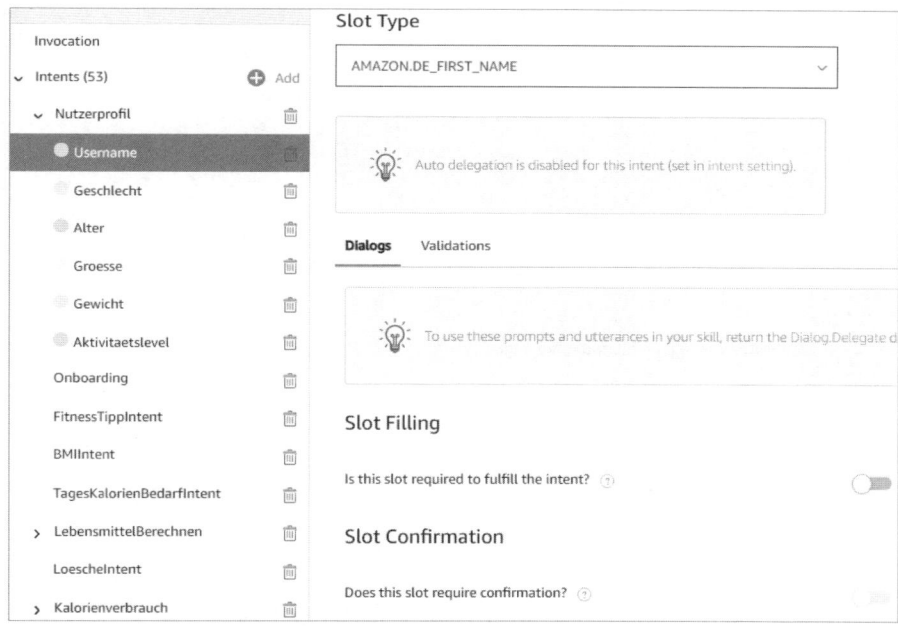

Abb. 5.3: Einstellungen des Slots `Username`

Anders ist es bei einem erforderlichen Slot, den Alexa automatisch abfragen soll.

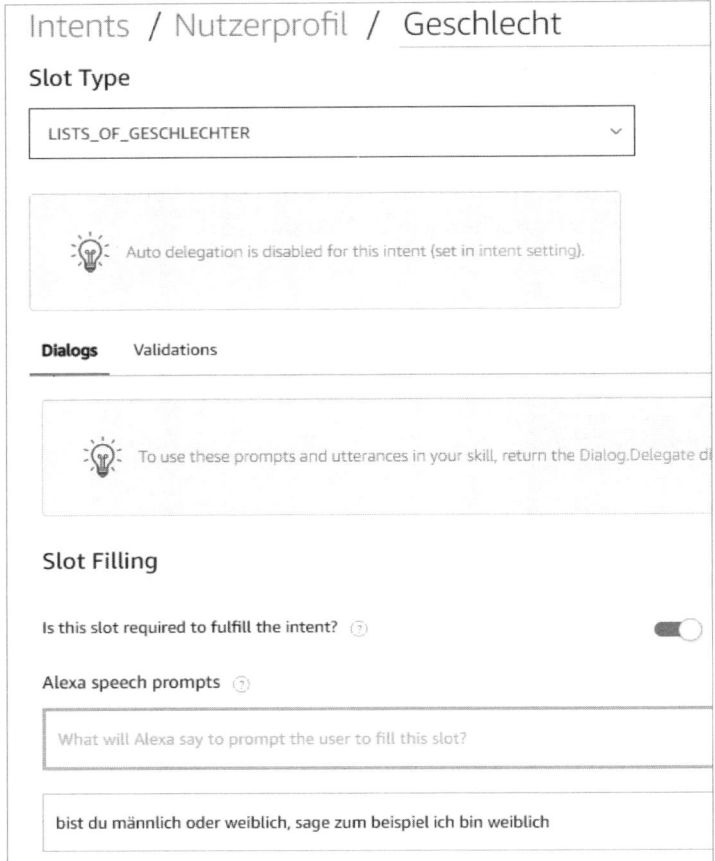

Abb. 5.4: Dialogeinstellung für den Slot Geschlecht

Wie Sie in Abbildung 5.4 sehen, ist bei dem erforderlichen Slot Geschlecht der Punkt IS THIS SLOT REQUIRED TO FULLFILL THE INTENT? aktiviert.

Wenn Sie diesen Punkt aktivieren, werden weitere Felder sichtbar.

Unter ALEXA SPEECH PROMPTS können Sie nun die Frage hinterlegen, die Alexa dem Nutzer stellen soll, damit dieser eine Antwort für den erforderlichen Slot geben kann.

Hinweis

Sie können hier auch verschiedene Fragevariationen hinterlegen, indem Sie einfach mehrere Fragesätze zum gleichen Slot-Thema einfügen. Das sorgt für Abwechslung bei wiederholter Nutzung.

Wenn Sie weiter auf Ihrem Bildschirm nach unten scrollen, sehen Sie eine Ansicht wie in Abbildung 5.5.

Äußerungen des Benutzers ⑦

What might a user say in response to the above prompt(s)?

ich bin eine {Aktivitaetslevel} aktive {Geschlecht}

ich bin ein {Aktivitaetslevel} aktiver {Geschlecht}

ich habe einen {Geschlecht} körper

ich in eine {Geschlecht}

ich bin ein {Geschlecht}

ich bin {Geschlecht}

{Geschlecht}

Steckplatzbestätigung

Benötigt dieser Slot eine Bestätigung? ⑦

Abb. 5.5: Weitere Dialogeinstellung für den Slot-Wert Geschlecht

Ein Nutzer kann also als Antwort einfach nur »Mann« oder »Frau« sagen oder in ganzen Sätzen antworten und diese Frage überbeantworten.

5.4 Nutzerantworten auf Plausibilität prüfen

Rechnen Sie mit allen Antwortmöglichkeiten, die ein Nutzer an dieser Stelle sagen könnte. Viele machen sich einen Spaß daraus, Skills an ihre Grenzen zu treiben. Sie sollten also auf jeden Fall auch die Antworten der Nutzer auf Plausibilität prüfen und den Nutzer bei unlogischen Antworten darauf hinweisen.

Sie können für jeden erforderlichen Slot auch sogenannte **Validations** hinterlegen.

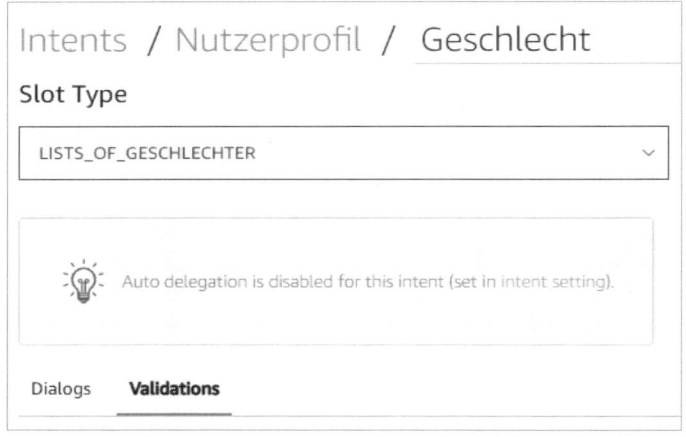

Abb. 5.6: Klicken Sie auf VALIDATIONS.

Weiter unten in der Ansicht können Sie in einem Drop-down-Menü die Prüfregeln festlegen, die für diesen Slot angewendet werden sollen.

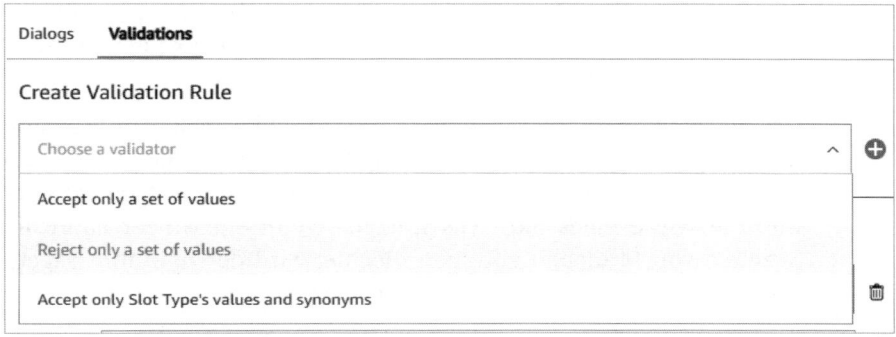

Abb. 5.7: Slot-Prüfregeln

In diesen Fall habe ich für die Prüfung der Nutzeraussagen zum Slot Geschlecht ACCEPT ONLY A SET OF VALUES ausgewählt. Dabei prüft Alexa, ob die Antwort eines Nutzers als gültig hinterlegt wurde.

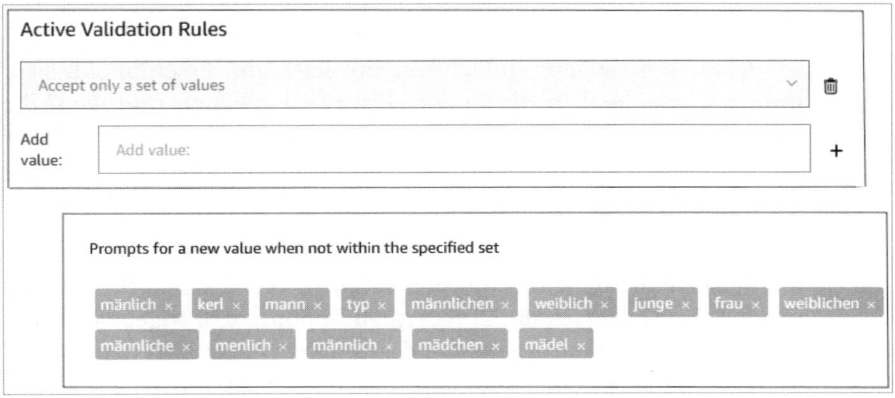

Active Validation Rules

Accept only a set of values

Add value: Add value:

Prompts for a new value when not within the specified set

männlich × kerl × mann × typ × männlichen × weiblich × junge × frau × weiblichen ×
männliche × menlich × männlich × mädchen × mädel ×

Abb. 5.8: Akzeptierte Slot-Werte

Die gültigen Antworten habe ich dann in dem Feld darunter hinterlegt.

Mit der Regel REJECT ONLY A SET OF VALUES hätten Sie genau das Gegenteil erreichen können, nämlich bestimmte Antworten eines Nutzers als fehlerhaft zu monieren. Oder mit der hier angewendeten

Regel ACCEPT ONLY SLOT TYPE'S VALUES AND SYNONYMS alle Antworten, die in einem Slot-Typ hinterlegt sind, pauschal als gültig zu werten. Das ist aber nicht in jedem Fall ratsam.

Ein Beispiel: In meinem »Ebbe oder Flut«-Skill sollen nur Städte akzeptiert werden, die Gezeiten haben. Der Slot-Typ »Städte« beinhaltet alle deutschen Städte. Diese Regel fällt also aus; ich kann nur bestimmte Werte eines Slot-Typs nutzen. Wenn ein Nutzer dann die Gezeiten von München abfragen möchte, wird der Skill ihm sagen, dass München nicht an der Küste liegt und keine Gezeiten hat.

5.4.1 Marketing by Funny Failing

Als Entwickler können Sie auch mehre Regeln zur Slot-Prüfung hinterlegen und je nach Antwort des Nutzers die falschen Antworten vom Skill differenziert kommentieren lassen.

Über die **Intent History** in der Alexa Developer Console werden die Äußerungen zu bestimmten Intents und Slot-Werten angezeigt. Gerade wenn Sie den User-Namen ermitteln möchten, sind einige Nutzer relativ kreativ oder einfach nur unverschämt. Es empfiehlt sich, immer wieder mal in die Intent History zu schauen und dann die Validation-Regeln im Dialogmanagement anzupassen. Ein pfiffiger Konter durch Alexa auf einen Versuch, sie auszutricksen, ist für viele Nutzer recht unterhaltsam und erhöht die Interaktionsrate mit Ihrem Skill!

Ein Beispiel: In meinem relativ populären »Was soll ich machen?«-Skill können die Nutzer einen User-Namen optional mit angeben. In der Intent History habe ich gesehen, dass einige Nutzer sich den Namen »Angela Merkel« oder »Adolf Hitler« gegeben haben. Beide Namen sind wohl eher frei erfunden und erfordern einen Konter auf solch einen Versuch, Alexa auszutricksen. Aber es wäre unangemessen, für beide Fälle den gleichen Konter zu nutzen. Im ersten Fall könnte man es als Scherz interpretieren. Im zweiten Fall bedarf es meiner Meinung nach eines erzieherischen Konters.

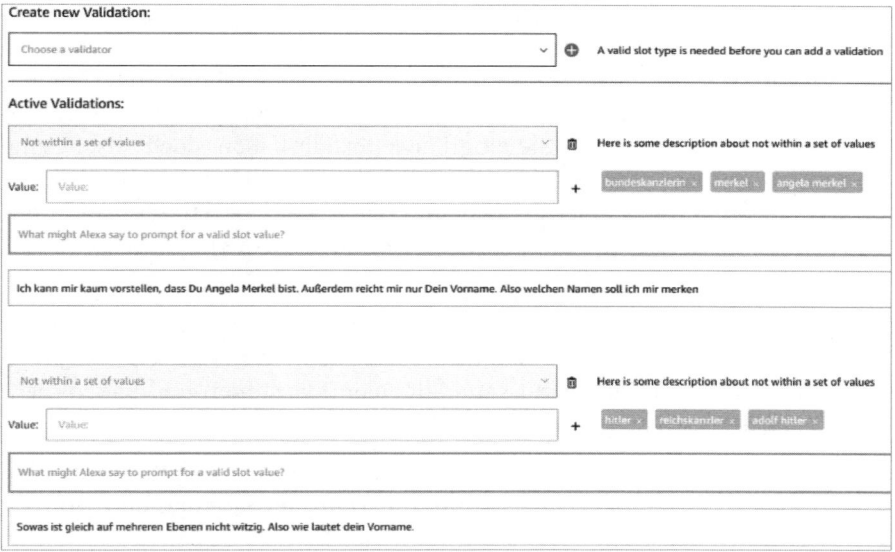

Abb. 5.9: Zwei unterschiedliche Validations-Regeln für User-Namen

Ich habe hier also zweimal die Regel **Not within a set of values** angewendet, die jeweiligen Nutzerantworten für einen User-Namen eingetragen und dann je nach Fall eine andere ablehnende Antwort hinterlegt, die Alexa dem Nutzer entgegnet.

Je differenzierter diese Ablehnungen bei falschen Antworten sind, umso mehr entsteht beim Nutzer der Eindruck, dass Alexa bzw. Ihr Skill clever ist. Dessen sind sich selbst viele gestandene Alexa-Entwickler nicht bewusst.

Man konzentriert sich oft viel mehr auf die erfolgreichen Antworten von Alexa und der Nutzer als auf die Misserfolge, dabei kann gerade das, wie in diesem Beispiel hier, das Salz in der Suppe sein. Selbst das Alexa-Zertifizierungsteam freut sich, wenn man auf dessen bewusst falsche Aussagen in einer Validationsantwort eingeht. Dieses Feedback habe ich auf einem der vielen Alexa-Live-Events bekommen.

5.5   Context Switching

Wir Menschen sind wahre Meister in der Handhabung von Themenwechseln. Sicherlich kennen Sie das auch. Sie sind in einem Gespräch mit jemandem, dem Sie eine Frage gestellt haben, doch anstatt eine Antwort zu liefern, stellt Ihr Gegenüber eine Gegenfrage. In so einem Fall fehlten der anderen Person einfach wichtige Hintergrundinformationen, um eine Entscheidung treffen zu können.

Es ist für uns völlig normal, unserem Gegenüber solche Hintergrundinformationen zu geben, bis alles Notwendige zur Entscheidungsfindung vorhanden ist. Das macht eben auch ein natürliches Gespräch aus. Wir Menschen sind keine digitalen Maschinen und haben nicht alle den gleichen »Update-Stand«.

Wenn so ein Fall bei der Benutzung Ihres Skills eintritt, müssen Sie folgende Schritte gehen, damit Ihr Skill die Situation mit Bravour meistern kann:

1. Legen Sie den Kontext der ursprünglichen Frage beiseite.
2. Gehen Sie auf den Kontext der neu gestellten Frage ein.
3. Beantworten Sie die neue Frage.
4. Stellen Sie den Kontext der ursprünglichen Frage wieder her.
5. Fragen Sie nach der Antwort auf die ursprüngliche Frage.

Das, was wir in einem Gespräch nebenbei mal eben abarbeiten, ist bei genauer Betrachtung für einen Skill doch schon etwas aufwendiger.

Damit Sie eine natürliche Dialogfähigkeit des Skills erstellen können, sollten Sie sich zunächst ein Dialogscript erstellen und den »**Happy Path**« aufschreiben. Das ist die einfachste Unterhaltung, die Ihre Nutzer erfolgreich mit dem Skill führen können. Davon ausgehend sollten Sie sich mögliche Stolperfallen im Dialog überlegen, die auftreten könnten und die Ihre Nutzer vom Happy Path wegführen. Beispielsweise weil der Nutzer keine Hintergrundinformationen hat und so Folgefragen auftreten könnten.

Damit der Kontextwechsel funktioniert, muss Ihr Skill den Überblick über alle gesammelten Informationen behalten.

Der Kalorienzähler-Skill, den ich vorhin erwähnt habe, ist so ein Skill, bei dem der Nutzer nachfragen und dann wieder zum ursprünglichen Dialog zurückkehren kann. Man kann sich hier die Kalorienwerte seiner Mahlzeiten berechnen lassen.

Grundsätzlich verfügt der Skill über eine Datenbank, in der schon vorberechnete Lebensmittel und Portionen vorhanden sind. Allerdings sind eben nicht alle Lebensmittel enthalten und nicht jeder Nutzer isst auch die Standardportionen oder möchte es genauer wissen.

Folgender Beispieldialog wäre daher möglich:

Nutzer: Alexa, sage Kalorienzähler, dass ich mein Essen berechnen möchte.

Alexa: Was hast du gegessen?

Nutzer: Eine Suppe.

Alexa: Wie viele Kalorien haben einhundert Milliliter Suppe?

Nutzer: Das weiß ich nicht.

Alexa: Okay, dann frage mich einfach danach. Sage einfach: Wie viele Kalorien hat, und nenne mir dann dein Lebensmittel oder Getränk.

Nutzer: Wie viele Kalorien hat eine Suppe?

Alexa: 100 Milliliter Suppe haben 20 Kcal. Soll ich diese Portion deinem Ernährungsprotokoll hinzufügen?

Nutzer: Mit wie viel berechnest du einen Teller?

Alexa: Ein Teller Suppe wird hier mit 300 Milliliter berechnet.

Nutzer: Alexa, berechne 300 Milliliter Suppe.

Alexa: Deine Portion Suppe hat 60 kcal. Soll ich diese Portion deinem Ernährungsprotokolle hinzufügen?

Nutzer: Ja.

In diesem Beispiel kennt der Nutzer den Brennwert und seine Portion nicht und weicht daher vom eigentlichen Frageschema ab. Der Skill nennt ihm die geforderten Hintergrundinfos und der Nutzer kann so sein Ziel erreichen.

Um das zu erreichen, habe ich im Skill einen Intent angelegt, der sich »NeuesLebensmittelBerechnen« nennt. In diesem Intent werden die Slots Food, Kalorien, Portion und optional Mass abgefragt. Er wird immer dann ausgelöst, wenn der Nutzer zum Beispiel diese Äußerung tätigt:

»Lege neues Lebensmittel an« oder »Berechne mein Essen.«

Wenn er den Brennwert nicht kennt, kann er nachfragen. Dafür gibt es den Intent »LebensmittelBerechnen« mit den Slots Food und optional Mass. Dieser wird ausgelöst, wenn der Nutzer nach diesem Schema etwas fragt:

»Wie viele Kalorien hat {Food}?«

Der »LebensmittelBerechnen«-Intent gibt dem Nutzer also Hintergrundinformationen darüber, wie hoch der Brennwert eines Lebensmittels auf 100 Gramm ist. Er fragt auch anschließend, ob er die Standardportion zur Berechnung nehmen soll.

Der Nutzer weiß aber nicht, wie groß seine Portion war, und kann sich nur daran erinnern, dass er einen Teller Suppe gegessen hat. Er fragt also, wie viel Milliliter der Skill für einen Teller Suppe berechnet.

Hier kommt jetzt ein weiterer Intent ins Spiel, der »Masseinheit-Intent« mit dem Slot Mass. Dieser gibt nur die Informationen weiter, mit wie viel Gramm oder Milliliter ein bestimmtes Gefäß oder Geschirr berechnet wird. Er wird im Dialog bei dieser Äußerung ausgelöst:

»Mit wie viel Milliliter berechnest du einen {Mass}?«

Der Nutzer weiß jetzt also, wie viel Milliliter er für seine Berechnung angeben muss, und kann Alexa jetzt auch diese Information für die Berechnung des exakten Brennwerts geben.

Im folgenden Abschnitt zeige ich Ihnen, wie ich das in Node.js umgesetzt habe.

5.6 Erinnern und Wiederherstellen des Kontexts mit Sitzungsattributen

Das Alexa Skills Kit (ASK-SDK) enthält viele Funktionen. Eine Funktion heißt »Sitzungsattribute«. Diese haben Sie schon in Kapitel 2 kurz kennengelernt. Sie können diese Attribute verwenden, um wichtige Informationen zu speichern, die Ihr Skill nicht vergessen darf.

Der Kalorienzähler-Skill aus unserem Beispiel verwendet genau wie ein menschlicher Gesprächspartner fünf Schritte, um den Kontext zu wechseln:

1. Sitzungsattribute abrufen

2. Überprüfung der Sitzungsattribute auf zuvor erfasste Slot-Werte

3. Stellt die Slots wieder her, wenn die Werte verfügbar sind

4. Legt alle neu erfassten Sitzungsattribute fest

5. Speichert / Synchronisiert

Lassen Sie uns einen Blick darauf werfen, wie diese 5 Schritte in Code übersetzt werden.

Schritt 1: Sitzungsattribute abrufen

Damit Ihr Skill die Sitzungsattribute verarbeiten kann, nutzen Sie den **AttributesManager** des SDK. Er enthält die Funktion getSession-Attributes, die die Sitzungsattribute aus der JSON-Antwort Ihres Skill-Codes liest. Sie müssen später auf diese Attribute zugreifen können, damit sie in einer Variablen mit dem Namen sessionAttributes abgespeichert werden kann.

```
const sessionAttributes = handlerInput.attributesManager.
getSessionAttributes();
```

Diesen Code-Schnipsel fügen Sie also im `handle`-Abschnitt Ihres Handlers zum Intent ein. Jetzt muss der Skill die zuvor erfassten Slot-Werte überprüfen.

Schritt 2: Überprüfen

Anhand der `sessionAttributes` prüfen Sie, ob der Skill die Slots des aktuellen Intents gespeichert hat. Falls sie nicht vorhanden sind, ist es das erste Mal, dass der Benutzer diese Absicht während dieser Interaktion (Sitzung) durchführt.

Falls der Skill aber schon einige Slots gesammelt hat, muss er einige Slots wiederherstellen. In diesem Fall setzt Alexa entweder den zuvor unterbrochenen Dialogfluss fort oder kehrt von einem Kontextwechsel zurück. Damit Ihr Skill den letztgenannten Fall überprüfen kann, würde die if-Anweisung folgendermaßen aussehen:

```
If (sessionAttributes[currentIntent.name]) {
// Slots zur Wiederherstellung!
}
```

Nachdem der Skill etwas gefunden hat, das wiederhergestellt werden kann, kann er es natürlich auch wiederherstellen.

Schritt 3: Wiederherstellen

Damit Ihr Skill die Slots wiederherstellen kann, muss er die belegten Slots identifizieren. Auf diese Weise kann er feststellen, wo das Gespräch wieder aufgenommen werden muss. Er soll nicht erneut nach Informationen fragen, die zuvor vom Nutzer gegeben wurden.

Damit das funktioniert, muss er alle Slots durchschleifen, die der Intent hat, um die `sessionAttributes` zu finden. Anschließend werden diese zu den `currentIntent`-Slot-Werten hinzugefügt. Der Code dazu sieht folgendermaßen aus:

```
const savedSlots = sessionAttributes[currentIntent.name].
slots;
foreach(let key in savedSlots){
  if (!currentIntent.slots[key].value && savedSlots[key].
value)
  {
    currentIntent.slots[key] = savedSlots[key];
  }
}
```

Die if-Anweisung stellt sicher, dass der Skill nur Slot-Werte wiederherstellt, wenn er:

1. einen gespeicherten Slot-Wert als `sessionAttributes` hat
2. der Slot von `currentIntent` keinen Wert hat

Der Skill tut dies, damit der Nutzer seine Wahl überschreiben kann. Wenn er zum Beispiel nach der Größe seiner Portion gefragt wird und dann seine Meinung ändert, kann er das mit diesem Skill-Code tun.

Jetzt sind die Slot-Werte wiederhergestellt und müssen nur noch so eingestellt werden, dass sie mit denen von `currentIntent` übereinstimmen.

Schritt 4: Einstellen

Dies ist ein sehr wichtiger Schritt. Sie möchten nicht, dass Alexa die Slots vergisst, besonders nicht nach all der harten Arbeit, die sie geleistet haben. Deswegen aktualisiert der Skill-Code die `session-Attributes` so, dass sie den aktuellen Intent darstellen, den Sie gerade in Ihrer Schleife aktualisiert haben.

```
sessionAttributes[currentIntent.name] = currentIntent;
attributesManager.setSessionAttributes(sessionAttributes);
```

Fahren Sie nun mit dem letzten Schritt fort:

Schritt 5: Synchronisieren / Speichern

Sie sind noch nicht ganz fertig. Sie müssen dem Alexa-Service mitteilen, dass Sie die Slot-Werte von `currentIntent` geändert haben. Dazu müssen Sie Ihren modifizierten `currentIntent` mit dem `Dialog.Delegate` senden, das Sie an den Alexa-Service zurückgeben wollen, damit die Dialogverwaltung automatisch nach den fehlenden erforderlichen Slots fragt. Das ASK-SDK macht es Ihnen einfach. Sie müssen lediglich `currentIntent` an die Funktion `addDelegate-Directive()` übergeben.

```
return handlerInput.responseBuilder
    .addDelegateDirective(currentIntent);
```

5.6.1 Der gesamte Code im Überblick

Jetzt, wo Sie Stück für Stück den Code kennengelernt haben, schauen Sie sich hier an, wie er insgesamt aussieht:

```
const DialogManagementStateInterceptor = {
    process(handlerInput) {

        const currentIntent = handlerInput.requestEnvelope.
request.intent;

        if (handlerInput.requestEnvelope.request.type ===
"IntentRequest"
            && handlerInput.requestEnvelope.request.
dialogState !== "COMPLETED") {

            const attributesManager = handlerInput.
attributesManager;
            const sessionAttributes = attributesManager.
getSessionAttributes();
```

```
// Falls es keine Sitzungsattribute gibt, hatten
//wir noch keinen Dialog zuvor.

if (sessionAttributes[currentIntent.name]) {
    let savedSlots =
sessionAttributes[currentIntent.name].slots;

    for (let key in savedSlots) {
        // Wir lassen die Werte der aktuellen
Absicht die Session-Attribute überschreiben.
        // Auf diese Weise kann der Benutzer
zuvor angegebene Werte überschreiben.
        // Dies schließt alles ein, was wir
zuvor in seinem Profil gespeichert haben.
        if (!currentIntentSlots[key].value &&
savedSlots[key].value) {
            currentIntent.slots[key] =
savedSlots[key];
        }
    }
}
    sessionAttributes[currentIntent.name] =
currentIntent;
    attributesManager.
setSessionAttributes(sessionAttributes);
    }
}
};
```

Dieser Code trägt wesentlich dazu bei, dass Ihre Nutzer nicht gezwungen werden, sich zu wiederholen, falls die Unterhaltung den Kontext wechselt.

Haben Sie bemerkt, dass der Code in einen DialogManagement-StateInterceptor eingebunden ist? Interceptors werden entweder vor jeder Anforderung (request interceptor) oder direkt nach jeder Antwort (response interceptor) ausgeführt. Das **if-Statement** prüft, ob es sich bei der Anforderung (request) um eine Intent-Anforderung (`IntentRequest`) handelt, bei der der `dialogState` nicht abgeschlossen ist (`!== "COMPLETED"`). Das ermöglicht Ihrem Code den Kontextwechsel für jeden Intent, in dem Dialoge geführt werden und in dem es erforderliche Slots gibt, die zu befüllen sind.

5.7 Der Interceptor und seine Bedeutung für das Context Switching

Das Wiederherstellen eines Kontextes und das Erinnern des zuvor Gesagten sind sehr wichtig, um den Faden in einem Alexa-Dialog nicht zu verlieren. Dafür benötigt es einen Interceptor. Dieser wird immer vor oder nach einem Intent-Handler ausgeführt und stellt quasi die Voraussetzungen für die Ausführung eines Intent-Handlers bereit oder aktualisiert diese Randbedingungen im Nachhinein.

Ein »RequestInterceptor« wird immer verarbeitet, bevor ein Request-Handler etwas verarbeitet. Der Response-Interceptor wird dabei immer direkt nach einem Intent-Handler ausgeführt. Das kann zum Beispiel der Fall sein, wenn Sie etwas Gesagtes oder Berechnetes nicht nur für eine Sitzung speichern möchten, sondern dauerhaft in einer Datenbank. Ein Interceptor kommt also immer dann zum Einsatz, wenn etwas immer vor oder nach einer Skill-Antwort verarbeitet werden soll.

Sie müssen einen Interceptor genauso registrieren wie einen Intent-Handler, andernfalls wird dieser Code nicht von Ihrem Skill ausgeführt werden. Das macht einen Interceptor auch für das Debugging von Skills sehr nützlich, wie Sie ab Abschnitt 2.5 lesen konnten.

In dem hier gezeigten Dialogmanagement-Beispiel soll immer vor der Request-Handler-Verarbeitung geprüft werden, ob es zu einem Intent schon zuvor ausgefüllte Slot-Werte gibt. Es ist also ein sogenannter RequestInterceptor, denn die Slot-Werte bestimmen das anschließende Verhalten des Intent-Handlers.

Den DialogManagementStateInterceptor registrieren Sie mit add-RequestInterceptors() in Ihrem Skill. Das sieht dann in etwa so aus:

```
const skillBuilder = Alexa.SkillBuilders.standard();

exports.handler = skillBuilder
.addRequestHandlers(
// ... handlers
)
.addRequestInterceptors(
    DialogManagementStateInterceptor
)
.addResponseInterceptors(
// ... interceptors
)
.addErrorHandlers(ErrorHandler)
.withTableName('Kalorienzaehler')
.withAutoCreateTable(true)
.withDynamoDbClient()
.lambda();
```

Jetzt haben Sie das nötige Rüstzeug, um ein manuelles Dialogmanagement mit Kontextwechsel für Ihren Skill zu erstellen.

Kapitel 6

Einen Skill mit dem AWS-Cloud-Service erstellen

In Kapitel 1 habe ich erklärt, wie Sie einen Skill direkt über die Amazon Alexa Skill Console erstellen und hosten. Im weiteren Verlauf werde ich Ihnen zeigen, wie Sie einen Skill lokal auf Ihrem Rechner programmieren und eine eigene AWS-Cloud-Infrastruktur aufsetzen, um Ihren Skill zu betreiben. Ich empfehle diese Vorgehensweise immer dann, wenn Sie mehr mit Ihrem Skill anstellen möchten, als ein paar flotte Sprüche auszugeben. Zum Beispiel, wenn Sie ein Spiel programmieren und Spielstände abspeichern möchten. Alle Themen, bei denen der Skill sich »erinnern« muss, realisiere ich als Alexa-Hosted-Skill. Auch wenn Sie im Team einen Skill entwickeln möchten, wird dies in einer lokalen Entwicklungsumgebung leichter sein.

Wenn Sie also lieber direkt auf Ihrem Rechner einen Skill programmieren möchten, sollten ein paar Grundvoraussetzungen erfüllt sein. Zuerst muss Node.js auch lokal auf Ihrem Rechner installiert sein, wenn Sie Ihren Skill wie in diesem Buch in der Programmiersprache JavaScript erstellen möchten. Der Code soll asynchron in der Cloud verarbeitet werden, daher ist Node.js als serverseitiges JavaScript die richtige Wahl. Des Weiteren empfehle ich Ihnen, das ASK-CLI (Alexa Skills Kit Command Line Interface) einzurichten.

Außerdem sollte eine IDE (Integrated Development Environment) installiert sein, welche Sie nutzen, bleibt Ihnen überlassen. Schon ein einfacher Code-Editor, wie Notepad++ ist völlig ausreichend. Ich empfehle allerdings MS Visual Studio Code, da es hierfür eine ASK-CLI-Erweiterung gibt und viele Amazon-Online-Programmierworkshops genau mit dieser IDE arbeiten.

Bevor Sie mit der Programmierung beginnen können, gibt es also noch ein paar Schritte, die Sie erledigen müssen.

6.1 Einen AWS-Account einrichten

Sie benötigen auf jeden Fall einen eigenen AWS-Account, in dem Sie Ihre Kreditkartennummer hinterlegen müssen. Ich weiß, dass an dieser Stelle für viele hier schon Schluss ist, weil sie Sicherheitsbedenken haben. Wenn es Sie beruhigt, legen Sie sich eine Prepaid-Kreditkarte zu und laden sie mit einem minimalen Betrag auf. Diese Kreditkarten können dann nur innerhalb des aufgeladenen Guthabens genutzt werden. Aber keine Sorge: Für die Beispiele in diesem Buch nutzen wir das Guthaben nicht, also wird von der Kreditkarte auch nichts abgebucht.

Unter `https://aws.amazon.com/de/` bekommen Sie einen Überblick über alle AWS-Dienstleistungen.

Abb. 6.1: Die AWS-Startseite

Klicken Sie oben links auf den orange Button, auf dem BEI DER KON-
SOLE ANMELDEN steht. Danach gelangen Sie in die Anmeldemaske der
AWS Console.

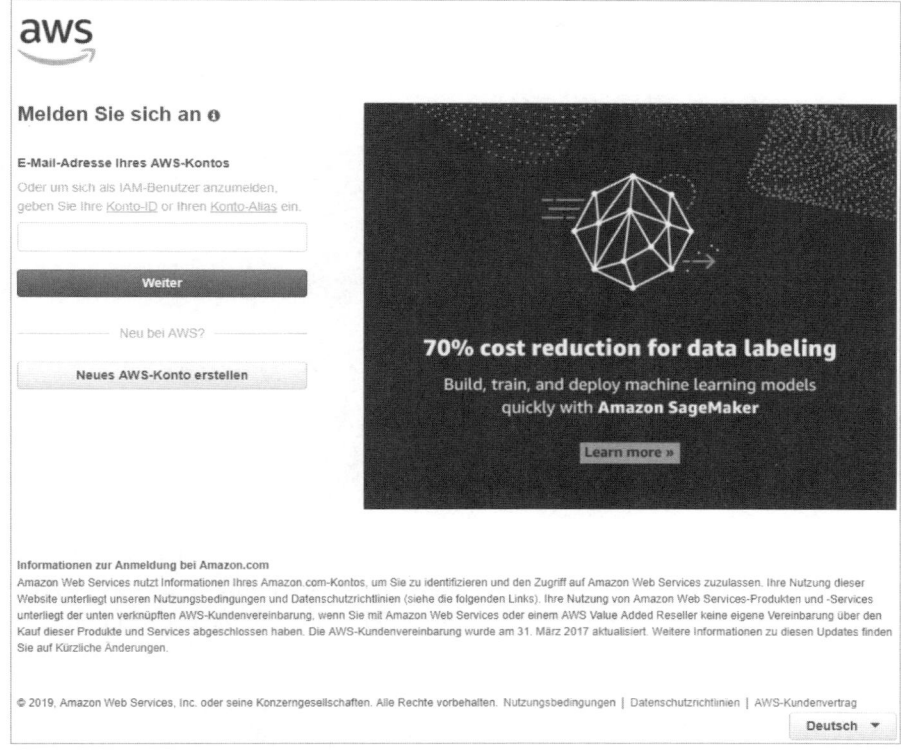

Abb. 6.2: Die Anmeldemaske der AWS-Konsole

Wenn Sie noch keinen AWS-Account haben, klicken Sie auf den grauen
Button NEUES AWS-KONTO ERSTELLEN. Nun öffnet sich ein Formular
zur Erstellung eines neuen AWS-Accounts.

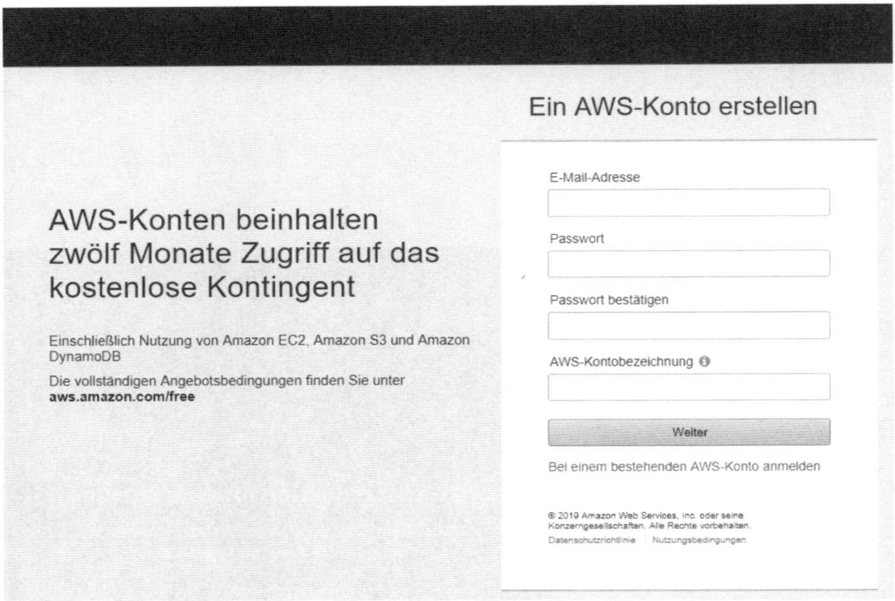

Ein AWS-Konto erstellen

AWS-Konten beinhalten zwölf Monate Zugriff auf das kostenlose Kontingent

Einschließlich Nutzung von Amazon EC2, Amazon S3 und Amazon DynamoDB

Die vollständigen Angebotsbedingungen finden Sie unter
aws.amazon.com/free

E-Mail-Adresse

Passwort

Passwort bestätigen

AWS-Kontobezeichnung ℹ

Weiter

Bei einem bestehenden AWS-Konto anmelden

® 2019 Amazon Web Services, Inc. oder seine Konzerngesellschaften. Alle Rechte vorbehalten.
Datenschutzrichtlinie | Nutzungsbedingungen

Abb. 6.3: AWS-Konto erstellen

Sie hinterlegen hier Ihre E-Mail-Adresse, vergeben ein Passwort und legen einen AWS-Accountnamen fest. Diesen können Sie auch später noch überarbeiten, wenn Sie angemeldet sind. Danach klicken Sie auf WEITER.

Füllen Sie alle Felder gewissenhaft aus und setzen Sie unten den Haken, mit dem Sie bestätigen, dass Sie den AWS-Kundenvertrag gelesen haben. Danach können Sie auf den Button KONTO ERSTELLEN UND FORTFAHREN klicken.

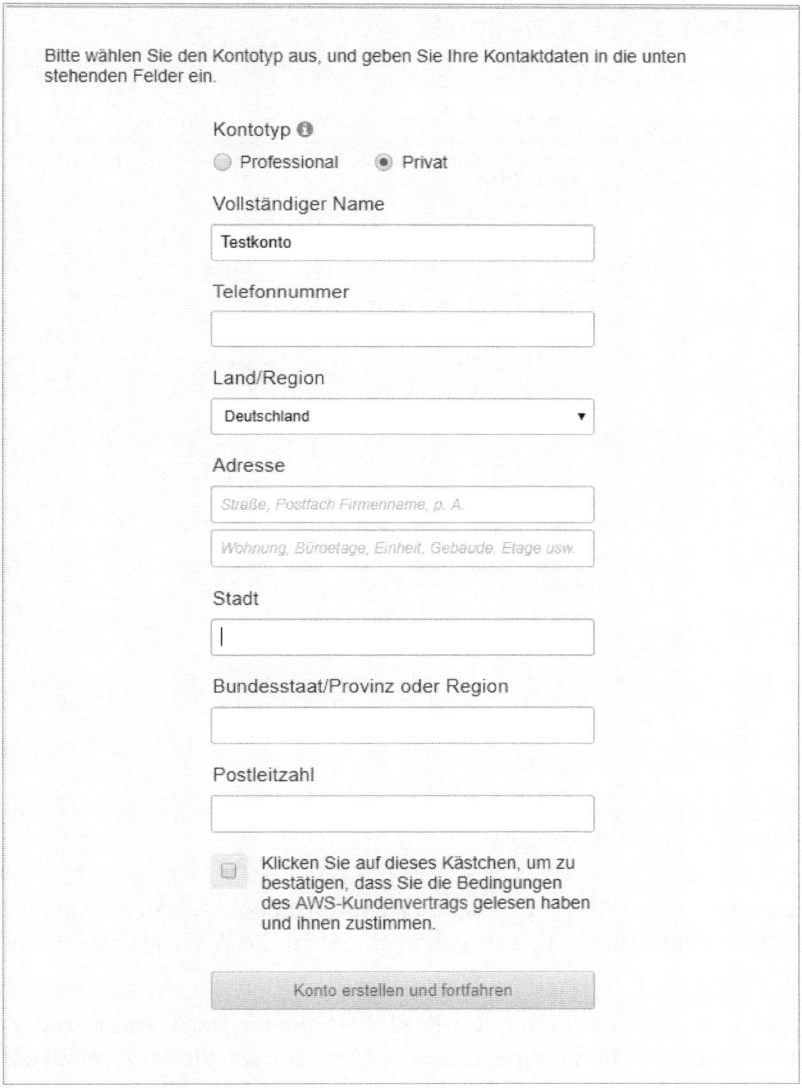

Bitte wählen Sie den Kontotyp aus, und geben Sie Ihre Kontaktdaten in die unten stehenden Felder ein.

Kontotyp ❶

○ Professional   ● Privat

Vollständiger Name

Testkonto

Telefonnummer

Land/Region

Deutschland   ▼

Adresse

Straße, Postfach Firmenname, p. A.

Wohnung, Büroetage, Einheit, Gebäude, Etage usw.

Stadt

Bundesstaat/Provinz oder Region

Postleitzahl

☐ Klicken Sie auf dieses Kästchen, um zu bestätigen, dass Sie die Bedingungen des AWS-Kundenvertrags gelesen haben und ihnen zustimmen.

Konto erstellen und fortfahren

Abb. 6.4: AWS-Anmeldeformular 1

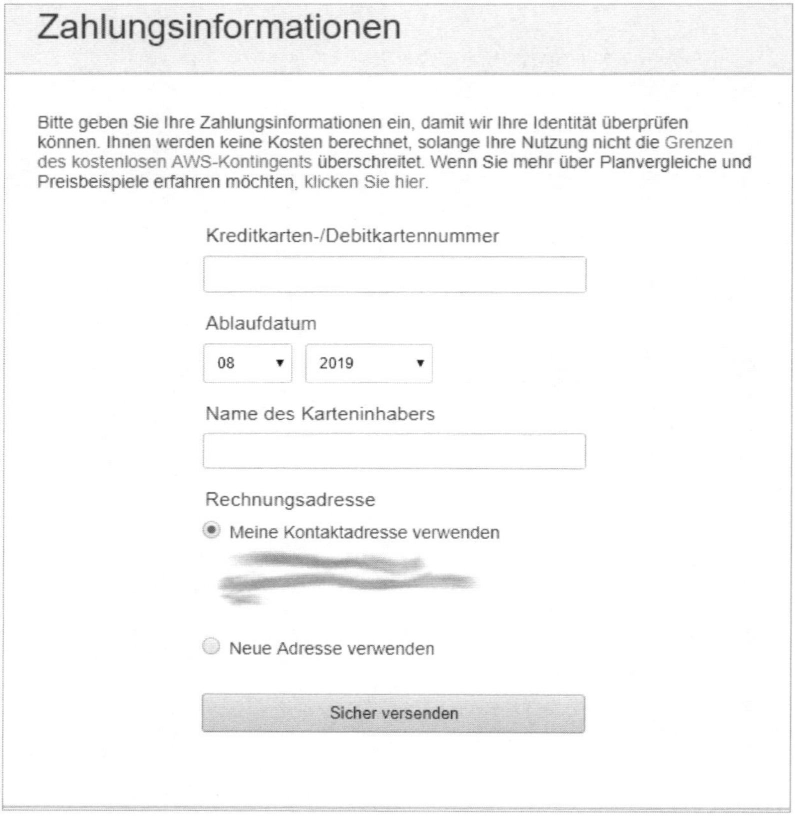

Zahlungsinformationen

Bitte geben Sie Ihre Zahlungsinformationen ein, damit wir Ihre Identität überprüfen können. Ihnen werden keine Kosten berechnet, solange Ihre Nutzung nicht die Grenzen des kostenlosen AWS-Kontingents überschreitet. Wenn Sie mehr über Planvergleiche und Preisbeispiele erfahren möchten, klicken Sie hier.

Kreditkarten-/Debitkartennummer

Ablaufdatum

08 ▼   2019 ▼

Name des Karteninhabers

Rechnungsadresse
◉ Meine Kontaktadresse verwenden

◯ Neue Adresse verwenden

Sicher versenden

Abb. 6.5: AWS-Anmeldeformular 2

Jetzt hinterlegen Sie Ihre Kreditkarteninformationen und klicken auf SICHER VERSENDEN. Danach gelangen Sie in die AWS Management-konsole.

Leider ist das Hinterlegen der Kreditkartendaten zwingend erforder-lich. Aber wie schon eingangs geschrieben, nutzen Sie im Zweifelsfall eine Prepaid-Kreditkarte, die nur mit einem geringen Betrag aufgela-den ist. Der Betrag wird Ihnen auch nicht verloren gehen, denn wenn Sie sich für das »AWS Promotional Credits für Alexa«-Programm anmelden (unter https://developer.amazon.com/en-US/alexa/

`alexa-skills-kit/build/alexa-aws-credits`) werden alle AWS-Kosten bis zu 100 Dollar im Monat übernommen. Dieser Betrag reicht locker aus, um gleich mehrere Skills im Monat zu betreiben.

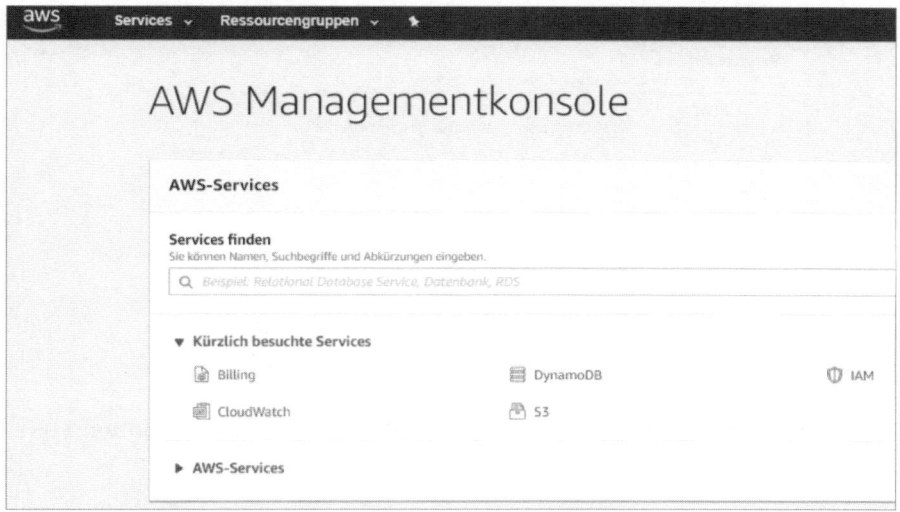

Abb. 6.6: Die AWS MANAGEMENTKONSOLE

In der AWS Managementkonsole können Sie sämtliche AWS-Dienste überblicken und einrichten. Für die Entwicklung eines Alexa Skills werden Sie im weiteren Verlauf folgende Dienste kennenlernen: **AWS Lambda** für die Ausführung des Programmcodes, **AWS CloudWatch** zur Erstellung von Logfiles, die Sie für die Fehlerbehebung im Programmcode benötigen, **AWS S3** als einfacher Cloudspeicher für Grafiken und **AWS Dynamo DB** als Datenbank für ein »Skill-Gedächtnis«.

6.2 AWS-Lambda-Funktion einrichten und erstellen

Die AWS-Lambda-Funktion ist der Container, in dem Ihr Programmcode ausgeführt wird. Über die Sucheingabe können Sie Lambda eingeben und auf BESTÄTIGEN klicken, danach landen Sie in die Anmeldung für AWS Lambda.

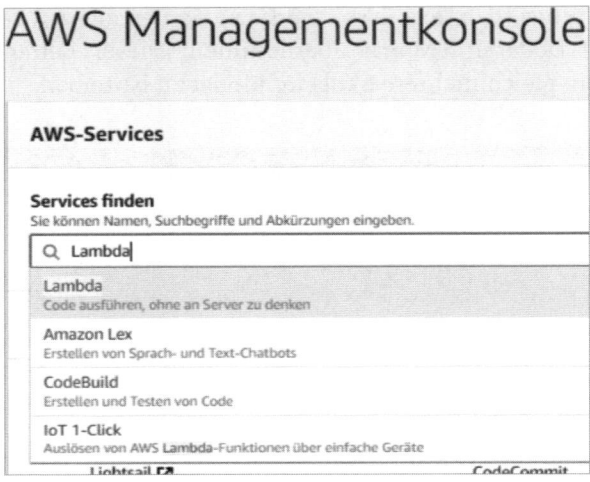

Abb. 6.7: Sucheingabe in der AWS Managementkonsole

Klicken Sie auf der Startseite von AWS Lambda auf den Button FUNK-
TIONEN VERWALTEN.

Abb. 6.8: AWS-Lambda-Startseite

Jetzt gelangen Sie auf eine Übersichtsseite all Ihrer erstellten Funktionen. Wenn Sie sich gerade erst bei AWS angemeldet haben, werden
Sie dort keine Einträge finden.

Klicken Sie oben rechts auf FUNKTION ERSTELLEN.

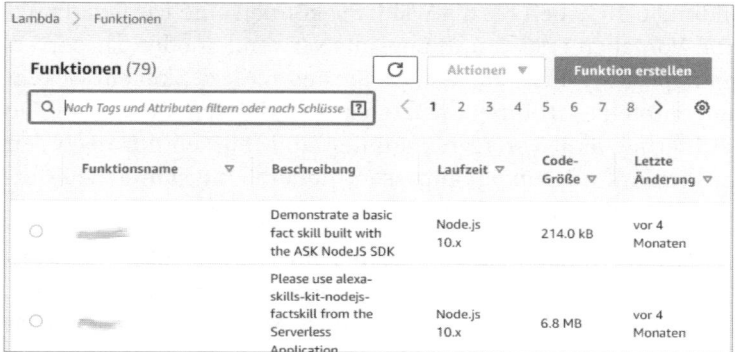

Abb. 6.9: AWS-Funktionsübersicht

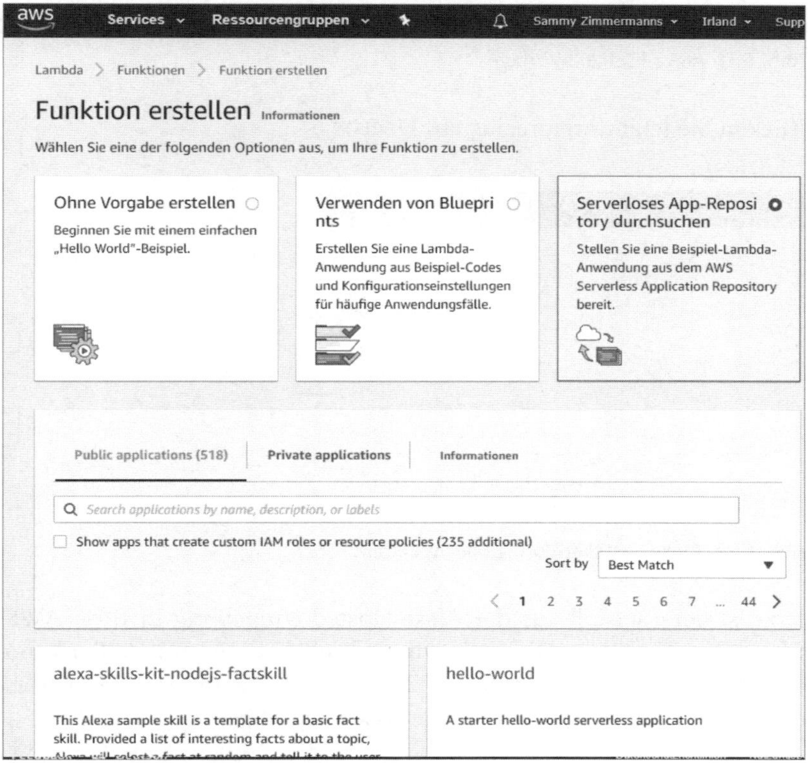

aws   Services ⌄   Ressourcengruppen ⌄   ★   🔔   Sammy Zimmermanns ⌄   Irland ⌄   Supp

Lambda ⟩ Funktionen ⟩ Funktion erstellen

Funktion erstellen Informationen

Wählen Sie eine der folgenden Optionen aus, um Ihre Funktion zu erstellen.

Ohne Vorgabe erstellen ○	Verwenden von Bluepri ○ nts	Serverloses App-Reposi ◉ tory durchsuchen
Beginnen Sie mit einem einfachen „Hello World"-Beispiel.	Erstellen Sie eine Lambda-Anwendung aus Beispiel-Codes und Konfigurationseinstellungen für häufige Anwendungsfälle.	Stellen Sie eine Beispiel-Lambda-Anwendung aus dem AWS Serverless Application Repository bereit.

Public applications (518) | Private applications   Informationen

🔍 Search applications by name, description, or labels

☐ Show apps that create custom IAM roles or resource policies (235 additional)

Sort by   Best Match   ▼

⟨ 1 2 3 4 5 6 7 ... 44 ⟩

alexa-skills-kit-nodejs-factskill	hello-world
This Alexa sample skill is a template for a basic fact skill. Provided a list of interesting facts about a topic,	A starter hello-world serverless application

Abb. 6.10: AWS-Funktion erstellen

In Abbildung 6.10 haben Sie die Wahl: Sie können eine Lambda-Funktion ohne Vorgaben erstellen, Blueprints verwenden oder das serverlose App-Repository durchsuchen. Da Sie einen Alexa Skill entwickeln möchten, empfehle ich Ihnen, Letzteres auszuwählen. So können Sie schon auf fertige Skill-Vorlagen zugreifen und müssen nur noch den Code an Ihre Anforderungen anpassen. Zudem sind sämtliche erforderlichen Berechtigungen bereits gesetzt.

Für den Anfang wählen Sie am besten die Vorlage *alexa-skills-kit-nodejs-factskill*. Das ist eine einfache Vorlage für einen Skill. Es sollte die gleiche Vorlage sein, die Sie schon in Kapitel 1 kennengelernt haben, als ich den Alexa-Hosted-Skill vorgestellt habe.

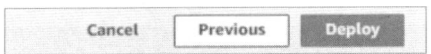

Abb. 6.11: Alexa-Factskill-Vorlage

Klicken Sie jetzt unten rechts auf DEPLOY.

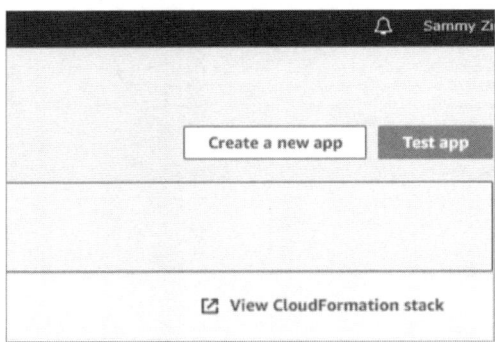

Abb. 6.12: Alexa-Factskill-Vorlage fertig erstellt

Jetzt ist der Factskill aus der Alexa-Hosted-Umgebung in Ihrer AWS Cloud fertig angelegt. Der Code wurde direkt in eine Lambda-Funktion überführt, außerdem wurde ein Trigger zur Ausführung des Codes erstellt und die Berechtigung in der AWS Cloud gesetzt.

Klicken Sie jetzt oben rechts auf TEST APP.

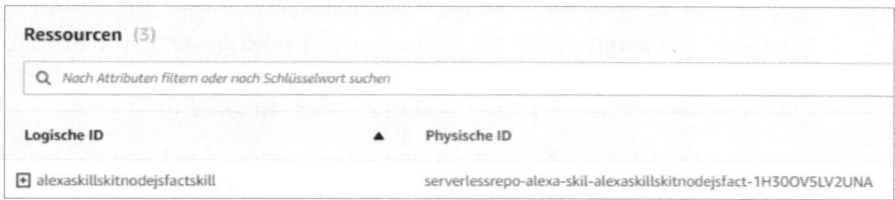

Abb. 6.13: Factskill-Übersicht

Klicken Sie jetzt noch einmal unten auf den Link ALEXASKILLSKIT-NODEJSFACTSKILL. Danach gelangen Sie direkt in die fertig erstellte Lambda-Funktion.

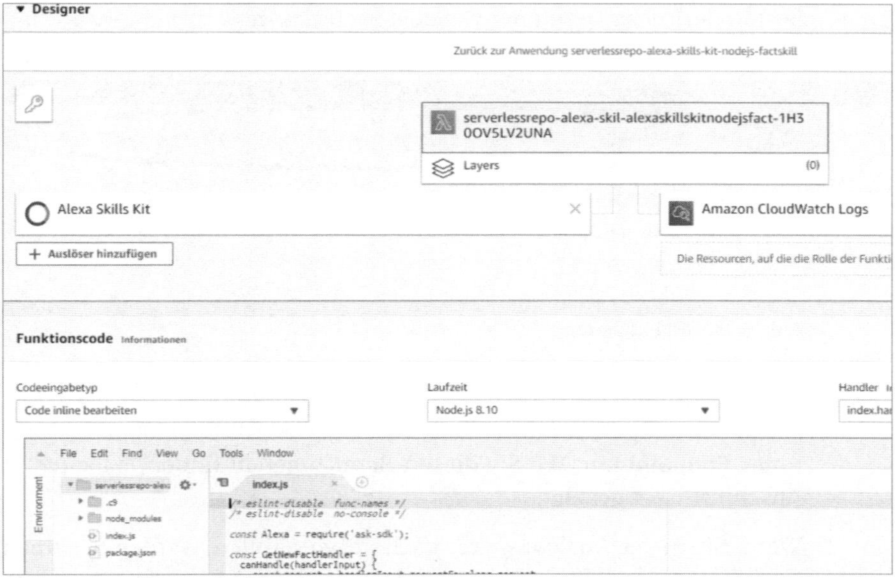

Abb. 6.14: Die Factskill-Lambda-Funktion

Jetzt sind Sie in der Ansicht der fertig erstellten Lambda-Funktion zur Factskill-Vorlage. Sie sehen jetzt das »Design« dieser Vorlage. In der

Mitte oben befindet sich der Lambda-Container, wo der Code ausgeführt wird. Damit dieser aber ausgeführt werden kann, muss ein Trigger erstellt werden. Die Vorlage dafür hat hier automatisch das **Alexa Skills Kit als Trigger** zur Ausführung des Codes gesetzt. Im Prinzip wäre auch ein anderer Trigger denkbar, zum Beispiel ein IOT-Gerät oder ein bestimmter Datenbankeintrag oder ein Datum.

Der Code der Lambda-Funktion produziert neben der Sprachantwort an Alexa noch weitere Ausgaben, wie zum Beispiel Logfiles, die Sie mit `console.log()` erstellen. Diese werden rechts im Schema an den Dienst **Amazon CloudWatch Logs** gesendet. Wenn Sie einen Skill mit einem »Gedächtnis« erstellen möchten, würden Sie auf der rechten Seite noch Dynamo DB als Empfänger bestimmen.

Übrigens, ein Alexa-Gerät müssen Sie nicht rechts als Empfänger hinterlegen. Dafür müssen Sie aber die **ARN (Amazon Ressource Number)** in der Alexa Developer Console hinterlegen.

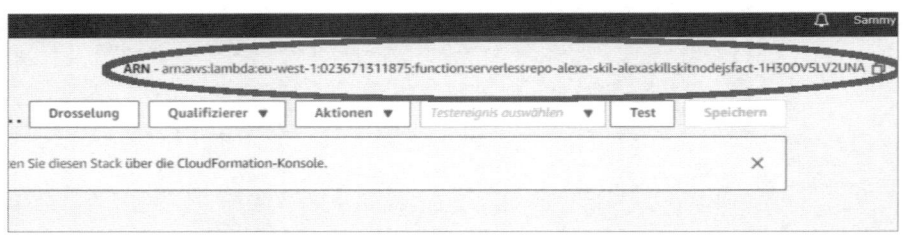

Abb. 6.15: ARN kopieren

Die ARN finden Sie oben rechts. Diese kopieren Sie in die Zwischenablage und fügen sie anschließend in der Alexa Developer Console unter **Endpoint** ein. Wo Sie diesen Bereich genau finden, habe ich in Abschnitt 1.2.4 gezeigt.

Wenn Sie in der Ansicht weiter nach unten scrollen, werden Sie einen einfachen Code-Editor finden, in dem der Vorlagen-Code schon hinterlegt ist. Im Prinzip können Sie hier in dieser Oberfläche loslegen und Ihren Programmcode erstellen.

Abb. 6.16: Der Code-Editor in der Lambda-Funktion

Als ich mit der Alexa-Programmierung angefangen habe, habe ich meine ersten Skills genau hier in solch einer Oberfläche programmiert. Für einfache Spracheingabe- und -ausgabe-Skills reicht dieser Editor auch aus. Sobald Sie aber weitere Node.js-Module nachinstallieren und der Code mehrere Megabyte groß wird, ist dieser Webeditor nicht mehr nutzbar und Sie müssen auf einen Offline-Code-Editor ausweichen. Wie Sie den **MS-Visual-Studio-Code als Offline-Code-Editor** einrichten, werde ich im weiteren Verlauf zeigen.

6.3 Node.js lokal installieren

Bevor Sie einen Offline-Code-Editor für Ihren Alexa Skill nutzen, sollten Sie Node.js auf Ihrem Rechner installieren.

Sie finden das Node.js-Softwarepaket zum Download im Internet unter `https://nodejs.org/de/`.

Schritt 1: Node.js herunterladen

Damit Sie Node.js auf Ihrem PC installieren können, müssen Sie nur den Windows-Installer herunterladen. Die Website erkennt, welcher Installer für Ihren Rechner der richtige ist. Neben der aktuellen Version 12.7.0 steht auch die LTS-Version (Long Term Support) 10.16.1 zur Verfügung.

Abb. 6.17: Node.js-Download

Die neueste Version stellt Ihnen die neuesten Features zur Verfügung. Die LTS-Version stellt die stabile Softwareversion für den Produktiv-Einsatz bereit.

Schritt 2: Node.js installieren

Nach dem Doppelklick öffnet sich ein neues Fenster und Sie suchen auch den Speicherort für den Download aus. Dann klicken Sie auf den heruntergeladenen Installer und Sie bekommen das Installations-Setup von Node.js angezeigt.

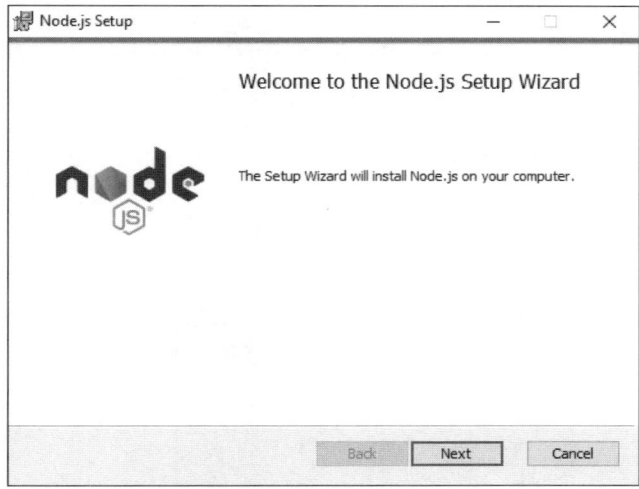

Abb. 6.18: Das Installations-Set-up von Node.js

Vor der Installation müssen Sie den Lizenzbestimmungen zustimmen. Danach bestimmen Sie den Speicherort, an dem Node.js installiert wird. Ich empfehle, die Voreinstellungen beizubehalten.

Installieren Sie nun Node.js mit dem npm-Paket-Manager.

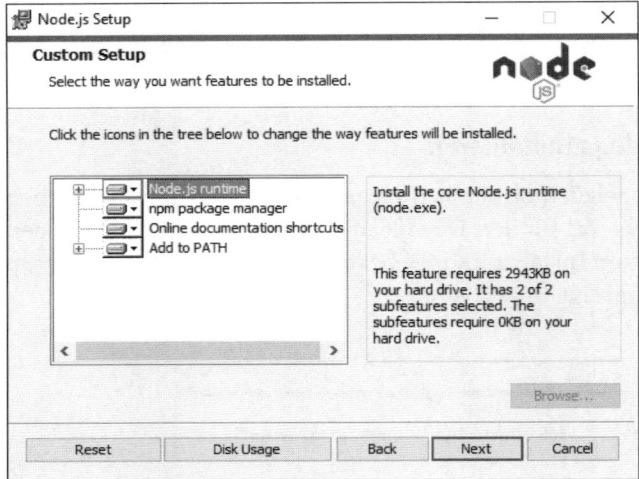

Abb. 6.19: Verändern Sie hier nichts.

Starten Sie anschließend die Installation mit einem Klick auf INSTALL.

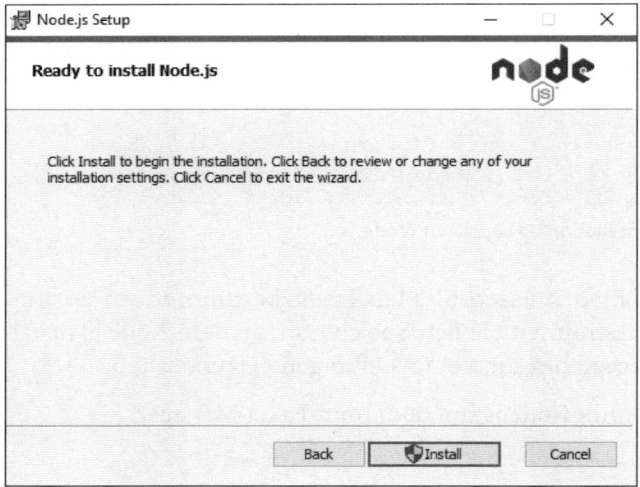

Abb. 6.20: Für die Installation benötigen Sie Administratorrechte.

Nach wenigen Sekunden ist die Installation abgeschlossen. Schließen Sie den Installationsprozess ab, indem Sie auf den FINISH-Button klicken. Node.js ist jetzt lokal auf Ihrem Rechner installiert.

Schritt 3: Installation testen

Testen Sie die Installation. Sie können Node.js starten, indem Sie einfachen JavaScript-Code in Ihrer Console ausführen. Es gibt zwei Laufzeitmodi: Entweder Sie nutzen den interaktiven Modus oder Sie führen einen zuvor angelegten JavaScript-Code aus einer Datei aus.

Damit Sie Node.js im interaktiven Modus nutzen können, klicken Sie mit der rechten Maustaste auf den Windows-Start-Button und wählen AUSFÜHREN aus. Oder drücken Sie ⊞+r und geben cmd ein.

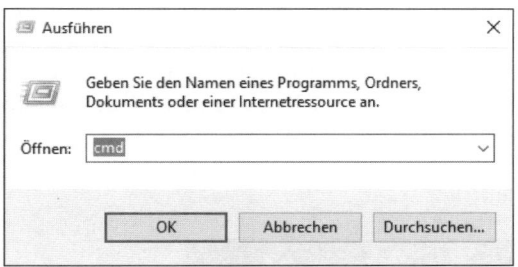

Abb. 6.21: Geben Sie cmd ein.

Anschließend öffnet sich die Kommandozeile.

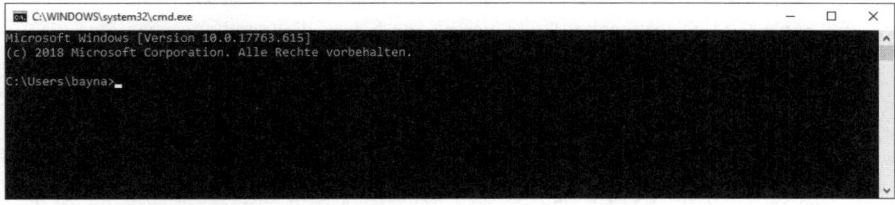

Abb. 6.22: Die Windows-Kommandozeile

Geben Sie nun den Befehl node ein.

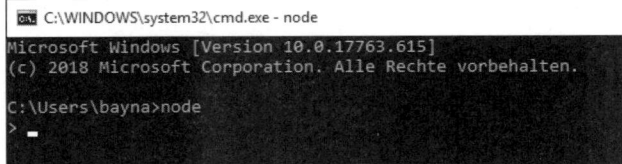

Abb. 6.23: Sie bekommen jetzt im Kopf des Terminalfensters den
Zusatz node angezeigt. Nun ist Node.js gestartet.

Sie befinden sich im interaktiven Command-Prompt von Node.js.
Nutzen Sie die **Funktion console.log()**, um Node.js zu überprüfen. Sie
nimmt Werte entgegen und gibt sie auf dem Terminal aus. Geben Sie
zum Beispiel Folgendes ein:

```
Console.log('hello world');
```

Geben Sie dies in den Node.js-Prompt ein und drücken Sie die Einga-
betaste. Die Node.js-Funktion sollte die Zeichenfolge (String) »hello
world« im Terminal ausgeben.

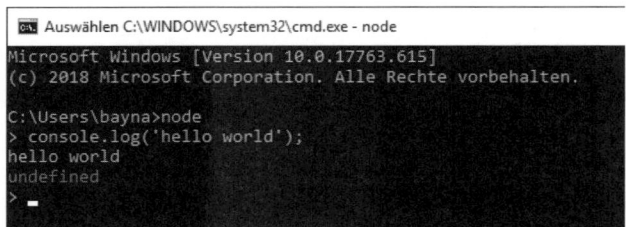

Abb. 6.24: Die Ausgabe »hello world« zeigt, dass die Installation von Node.js
erfolgreich war.

Sie können also »hello world« im Terminalfenster sehen. Alternativ
hätten Sie statt eines Strings auch eine einfache Rechenaufgabe mit
der Funktion `Console.log()` erstellen und das Ergebnis ausgeben
können.

Beispiel:

```
Console.log(20+ 380 * 20);
```

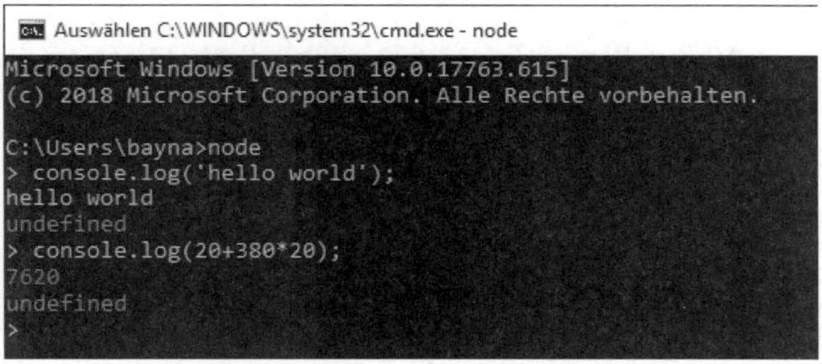

Abb. 6.25: Rechenaufgabetest für Node.js

Um die genaue Version von Node.js auf Ihrem Rechner herauszufinden, geben Sie im Terminalfenster Folgendes ein:

```
Process.versions
```

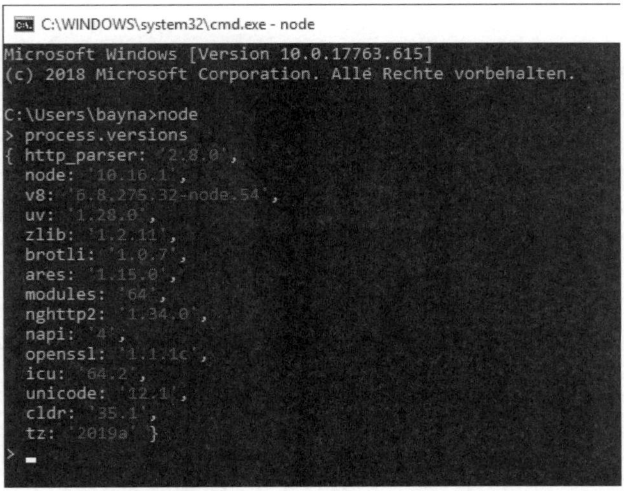

Abb. 6.26: Der Befehl process.versions zeigt die installierte Node.js-Version an.

Wenn Sie **Node.js beenden** und zurück zur normalen Windows-Eingabeaufforderung wechseln möchten, nutzen Sie die Tastenkombination ⌈STRG⌋+⌈C⌋ und folgen den Anweisungen auf dem Terminalfenster.

Sie können pro System standardmäßig nur eine JavaScript-Laufzeitumgebung installieren. Die ältere Node.js-Version wird von der neueren überschrieben. Wenn Sie mehrere unterschiedliche Versionen gleichzeitig betreiben möchten, ist die Installation eines Versionsmanagers wie nvm (Node Version Manager) erforderlich. Für unsere Zwecke reicht jedoch eine Version vollkommen aus.

6.4   ASK-CLI Command Line Interface einrichten

Jetzt, wo Sie schon mal erfolgreich Node.js auf Ihrem Rechner installiert haben, müssen Sie noch das **ASK-CLI** einrichten, um von Ihrem Rechner aus einen Alexa Skill per Kommandozeile installieren und testen zu können.

Aber kommen wir zunächst zu den Begriffen ASK und CLI. ASK steht hier für **Alexa Skills Kit** und CLI für **Command Line Interface**. Amazon stellt also eine Befehlszeilenschnittstelle zur Verfügung. Das CLI haben Sie schon zuvor bei der Installation von Node.js kurz kennengelernt.

Bevor ich mit dem Programmieren angefangen habe, hatte ich immer großen Respekt vor dem Terminalfenster. Die Menschen, die damit umgehen konnten, waren für mich die »Cracks«. So schlimm und »nerdig«, wie man vermuten könnte, ist es aber gar nicht. Ich fragte mich immer, warum Menschen sich freiwillig einem so veralteten Interface wie dem Terminal hingeben können, das ganz ohne Bilder und Klicks auskommt. Und irgendwie ist es doch schon ironisch, dass ein fortschrittliches und intuitives Sprachinterface wie Alexa am besten per CLI eingerichtet werden kann. Aber wer nicht per CLI arbeiten möchte, muss ein paar Schritte mehr in ganz anderen Oberflächen abarbeiten, während man per CLI mit nur einer Befehlszeile alles einrichten kann, was notwendig ist.

Nun aber genug der einleitenden Worte, fangen wir an. Das ASK CLI ist also ein Tool, mit dem Sie **Alexa Skills** und die zugehörigen Ressourcen, wie **AWS-Lambda-Funktionen** verwalten können. Sie haben damit Zugriff auf die **Skill-Management-API**, mit der Sie Ihre Skills über Befehlszeilen verwalten können.

Schritt 1: Schaffen Sie die Voraussetzungen für die Nutzung von ASK-CLI

Um ASK-CLI nutzen zu können, benötigen Sie Folgendes:

1. Ein Amazon-Entwicklerkonto. Die Anmeldung ist kostenlos.
2. Node.js und npm müssen installiert sein. Sie benötigen für das ASK CLI mindestens die Version 6 oder höher von Node.js. Nutzen Sie also die aktuelle Version oder die LTS-Version.
3. Git, zum Klonen von Skills aus Vorlagen in Git-Repositories.

> ### Hinweis
>
> Wenn Sie Git für Windows von `https://git-scm.com/download/win` installieren, müssen Sie während der Installation die Option SYMBOLISCHE LINKS aktivieren.

Abb. 6.27: SYMBOLIC LINKS muss in der Installationsroutine von Git angehakt sein.

Schritt 2: Richten Sie einen AWS-IAM-Benutzer ein

Für die Nutzung der AWS Lambda als Host für die Backend-Logik Ihres Skills benötigen Sie AWS-Anmeldeinformationen, wie in Abschnitt 6.1 erläutert. Diese richten Sie auf Ihrem Computer ein, auf dem Sie auch das ASK CLI installieren möchten.

1. Melden Sie sich zuerst bei der AWS Managementkonsole unter `https://console.aws.amazon.com/console/home` an. Wenn Sie noch kein AWS-Konto haben, erstellen Sie es zunächst hier: `https://portal.aws.amazon.com/billing/signup#/start`.

2. Öffnen Sie die IAM Console unter `https://console.aws.amazon.com/iam/home?#/home`. AWS IAM (Identity & Access Management) ist der Service, mit dem Sie AWS-Anmeldeinformationen verwalten.

3. Klicken Sie am linken Rand auf RICHTLINIEN und dann auf RICHTLINIE ERSTELLEN.

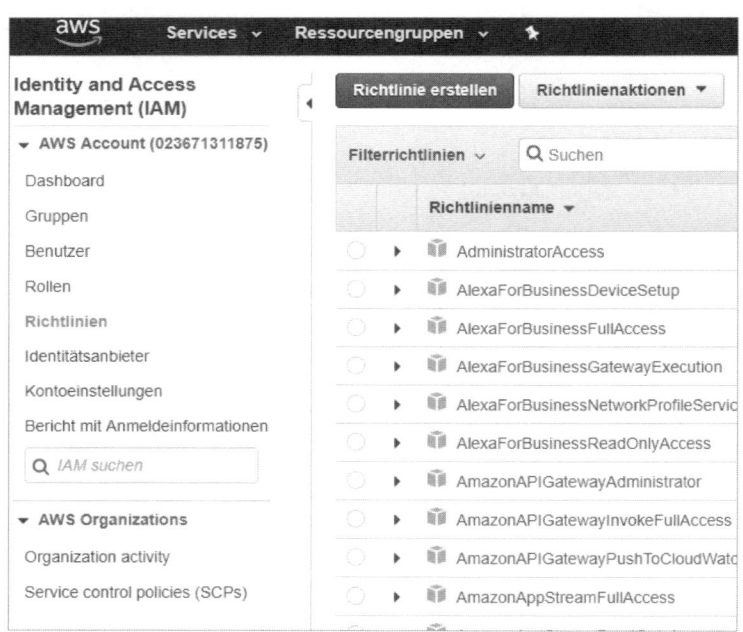

4. Im Reiter RICHTLINIE ERSTELLEN führen Sie folgende Schritte aus:

   a. Klicken Sie auf die Registerkarte JSON und löschen Sie den Inhalt des Richtlinienfelds.

   b. Kopieren Sie die folgende Richtlinie und fügen Sie sie in das Richtlinienfeld ein:

```
{
  "Version": "2012-10-17",
  "Statement": {
    "Effect": "Allow",
    "Action": [
      "iam:CreateRole",
      "iam:GetRole",
      "iam:AttachRolePolicy",
      "iam:PassRole",
      "lambda:AddPermission",
      "lambda:CreateFunction",
      "lambda:GetFunction",
      "lambda:UpdateFunctionCode",
      "lambda:ListFunctions",
      "logs:FilterLogEvents",
      "logs:getLogEvents",
      "logs:describeLogStreams"
    ],
    "Resource": "*"
  }
}
```

   c. Klicken Sie auf die Registerkarte JSON und löschen den Inhalt des Richtlinienfeldes. Nun kopieren Sie die Richtlinie in das Feld.

Die Richtlinie im JSON-Reiter:

d. Klicken Sie unten rechts auf RICHTLINIE ÜBERPRÜFEN.

5. Führen Sie auf der RICHTLINIEN ÜBERPRÜFEN-Seite folgende Schritte aus:

a. Geben Sie unter NAME einen Namen für die Richtlinie ein. Zum Beispiel ASK-CLI.

b. (Optional) Geben Sie unter BESCHREIBUNG eine Beschreibung ein. Zum Beispiel Ermoeglicht die Berechtigungen fuer ASK CLI.

c. Klicken Sie auf RICHTLINIE ERSTELLEN.

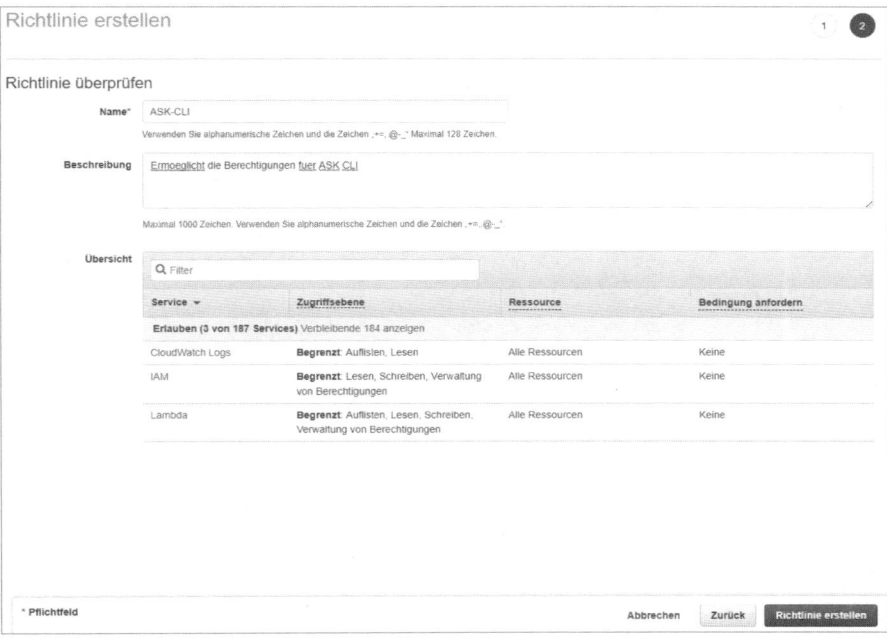

6. Klicken Sie auf BENUTZER und dann auf BENUTZER HINZUFÜGEN.

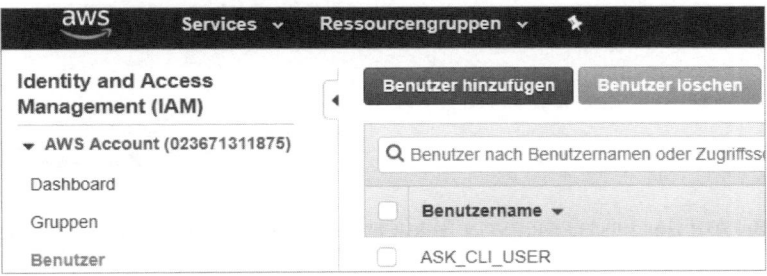

7. Auf der Benutzerdetails-Seite gehen Sie wie folgt vor:

    a. Im BENUTZERNAME-Feld einen Namen für den Benutzer einge-
    ben. Zum Beispiel ASK-CLI.

b. Für die ZUGANGSART wählen Sie das PROGRAMMATISCHER ZU-GRIFF-Kontrollkästchen.

c. Klicken Sie auf WEITER: BERECHTIGUNGEN.

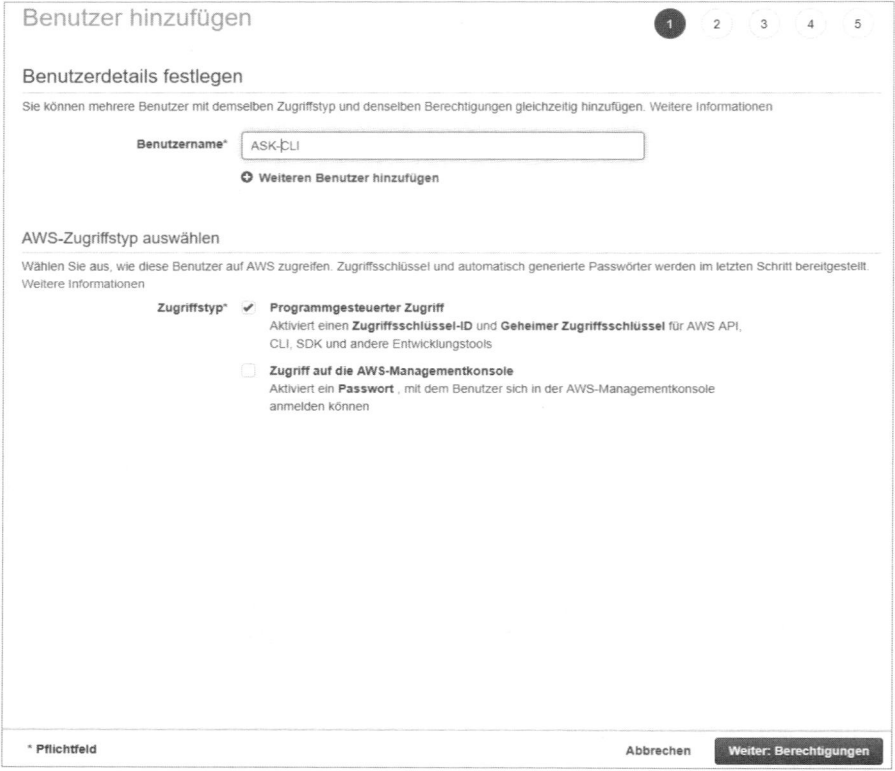

8. Auf der FESTLEGEN VON BERECHTIGUNGEN-Seite gehen Sie wie folgt vor:

a. Stellen Sie sicher, dass BENUTZER ZUR GRUPPE HINZUFÜGEN ausgewählt ist.

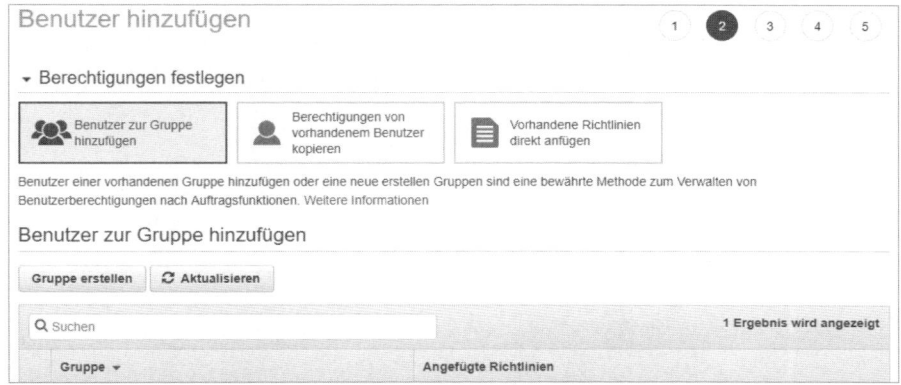

b. Klicken Sie auf GRUPPE ERSTELLEN. Führen Sie dann im Fenster GRUPPE ERSTELLEN die folgenden Schritte aus:

– Im GRUPPENNAME-Feld einen Namen für die Gruppe eintragen. Zum Beispiel ASK-CLI.

– Klicken Sie auf RICHTLINIEN FILTERN und aktivieren Sie das Kontrollkästchen VOM KUNDE VERWALTET.

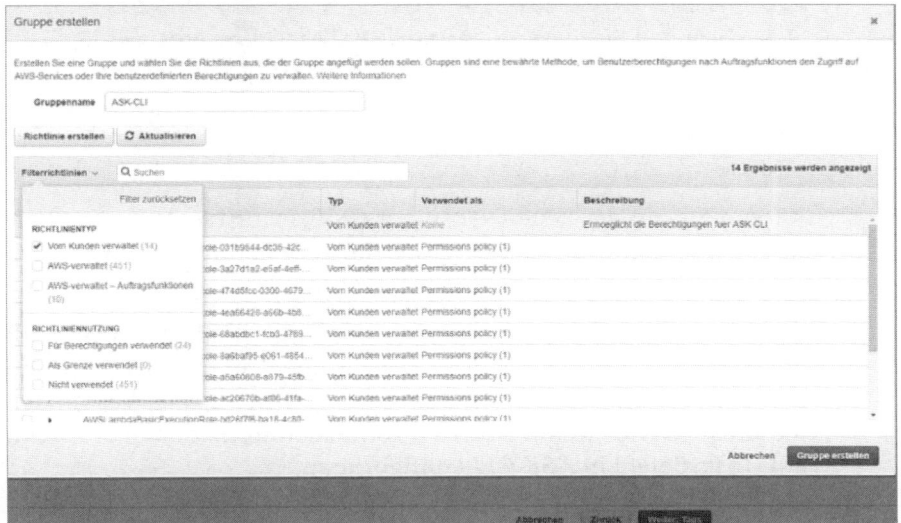

– Aktivieren Sie das Kontrollkästchen neben dem Namen der Richtlinie, die Sie zuvor erstellt haben (Schritt 5). Wenn Sie diese Schritte genau befolgt haben, lautet der Richtlinienname *ASK-CLI*.

c. Klicken Sie auf Weiter: Tags.

9. Klicken Sie auf Weiter: Überprüfen.

10. Klicken Sie auf Benutzer erstellen.

Wichtig

Überspringen Sie diesen Schritt nicht. Dies ist Ihre einzige Möglichkeit, den geheimen Zugriffschlüssel des Benutzers zu speichern. Wenn Sie jetzt nicht speichern, müssen Sie diesen Zugriffschlüssel löschen und dann einen neuen erstellen.

Klicken Sie auf der Seite Erfolg auf CSV herunterladen, um eine Kopie des Zugriffsschlüssels des Benutzers herunterzuladen. Speichern Sie die Datei an einem sicheren Ort.

Die Datei, die Sie im letzten Schritt heruntergeladen haben, heißt `credentials.csv`. Diese Datei enthält die *Zugriffsschlüssel-ID* und den *geheimen Zugriffsschlüssel* des AWS-IAM-Benutzers. Verwenden Sie diese Werte, wenn Sie AWS-Anmeldeinformationen mit dem `ask init`-Befehl in ASK CLI konfigurieren.

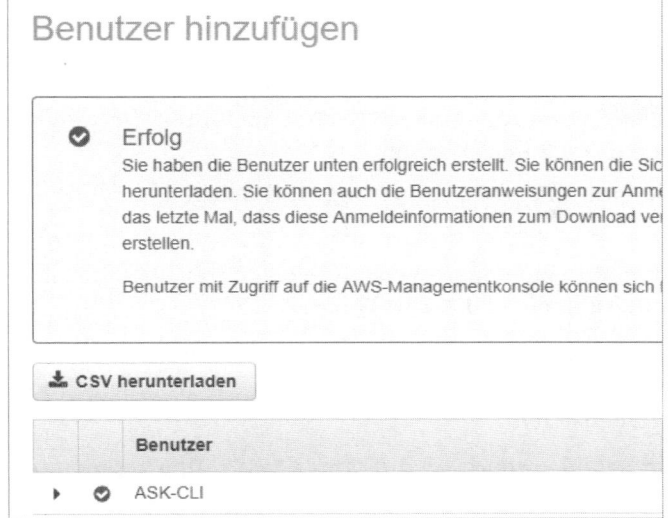

Schritt 3: Installieren und initialisieren Sie ASK CLI

Nutzen Sie npm, um ASK CLI zu installieren.

> **Hinweis**
>
> Bevor Sie ASK CLI in Windows installieren, müssen Sie das Windows-Build-Tool-Paket für Node.js installieren, siehe:
>
> `https://www.npmjs.com/package/windows-build-tools`

Stellen Sie vor der Installation sicher, dass Sie die erforderliche Node.js-Version installiert haben. Wenn Sie alle Schritte aus dem Buch ausgeführt haben, ist dies der Fall. Um das Windows-Build-Tool zu installieren, öffnen Sie zunächst die PowerShell mit Administratorrechten. In Windows 10 geben Sie dazu einfach `Powershell` in das Cortana-Suchfeld ein. Klicken Sie mit der rechten Maustaste auf WINDOWS POWERSHELL, und wählen Sie ALS ADMINISTRATOR AUSFÜHREN aus. Geben Sie nun Folgendes ein: `npm install -g -production windows-build-tools`.

So installieren Sie ASK CLI:

■ Für die Installation müssen Sie sich möglicherweise als Administrator oder Superuser anmelden. Öffnen Sie die Windows-Power-Shell mit der Option ALS ADMINISTRATOR ausführen. Verwenden Sie unter Linux oder macOS sudo.

■ Öffnen Sie eine Eingabeaufforderung und geben Sie Folgendes ein: npm install -g ask-cli.

Wenn Sie später auf eine neuere Version updaten möchten, installieren Sie die neue Version auf dieselbe Weise.

Bei der ersten Nutzung von ASK CLI müssen Sie den Befehl ask init eingeben, um ASK CLI mit Ihren Amazon- und AWS-Anmeldeinformationen zu initialisieren.

Der ask init-Befehl fordert Sie auf, Ihr ASK-Profil zu benennen und das zu verwendende AWS-Profil auszuwählen. Anschließend öffnet sich ein Browserfenster, damit Sie sich dort mit Ihrem Amazon-Entwicklerkonto anmelden können. Mit dem Befehl ask init --no-browser funktioniert das auch ohne Browser. Nach der erfolgreichen Initialisierung können Sie mit ASK CLI Ihre Skills erstellen und verwalten.

Schritt 4: Nutzen Sie ASK-CLI-Befehle, um Ihre Skills zu verwalten

Die folgenden Befehle bieten grundlegende Funktionen zum Verwalten von Skills. Informationen zu allen in ASK CLI verfügbaren Befehlen finden Sie in der ASK-CLI-Referenz von Amazon unter:

https://developer.amazon.com/docs/smapi/ask-cli-command-reference.html

```
ask new
```

Mit diesem Befehl können Sie ein neues Skill-Projekt aus einer Vorlage erstellen. Der neu erstellte Skill-Projektordner enthält alle erforderlichen Dateien, um einen Skill bereitzustellen.

```
ask deploy
```

Wenn Sie diesen Befehl in einem Skill-Projektorder auf Ihrem Rechner nutzen, wird Ihr Skill für Ihr Entwicklerkonto online hochgeladen, vorausgesetzt, Sie haben Ihre AWS-Anmeldeinformationen eingerichtet und Ihren Skill für die Nutzung der AWS Lambda konfiguriert.

```
ask clone
```

Mit diesem Befehl können Sie ein vorhandenes Skill-Projekt, das Sie online erstellt haben, lokal herunterladen. Der Befehl lädt also alle Dateien des Skills herunter, inklusive Skill-Manifest, Interaktionsmodell und Programmcode, wenn dieser in einer AWS Lambda gespeichert war. Nach dem Klonen können Sie lokal Änderungen am Skill vornehmen und ihn dann mit dem Befehl `ask deploy` problemlos wieder hochladen.

Schritt 5: Testen Sie Ihre Skills

Mit `ask deploy` können Sie Ihren Skill automatisch hochladen und aktivieren, sodass Sie sofort mit dem Testen auf Ihrem Gerät oder mit dem Befehl `ask simulate` mit dem Testen durch Texteingaben am PC beginnen können. Näheres zu `ask simulate` finden Sie unter:

```
https://developer.amazon.com/docs/smapi/ask-cli-command-
reference.html#simulate-command
```

Sie können natürlich auch den Alexa-Simulator auf der Testseite online in der Alexa Skill Console für Ihren Test nutzen.

Wenn Sie einen lokalen Skill nach längerer Zeit nicht mit `ask deploy` hochgeladen haben, kann es mitunter vorkommen, dass sich die lokale Version Ihres Skills von der Online-Version unterscheidet. Mit dem Befehl `ask diff` können Sie die lokale Version mit der Remote-Version Ihres Projekts vergleichen. Nähere Informationen hierzu finden Sie unter:

```
https://developer.amazon.com/docs/smapi/ask-cli-command-
reference.html#diff-command
```

6.5 Alexa Skill in MS Visual Studio Code programmieren

Für die Alexa-Skill-Entwicklung nutze ich als IDE MS Visual Studio Code (kurz VS Code) mit dem ASK Toolkit. VS Code können Sie hier kostenfrei herunterladen:

https://code.visualstudio.com/

Ich empfehle die Version ab 1.22.0 und höher. Zum Zeitpunkt der Erstellung dieses Buches wird die Version 1.36 zum Download angeboten.

Für diese IDE gibt es das ASK-Toolkit. Damit können Sie direkt aus der Entwicklungsumgebung alle Funktionen des ASK CLI nutzen. Sie müssen also nicht die Anwendungen wechseln, nur um Ihren Skill zu verwalten, sondern können direkt aus dem Entwicklungsprogramm MS Visual Studio Code Änderungen zu Ihrem Skill online hochladen.

Das spart Zeit! Damit Sie das ASK-Toolkit nutzen können, sollten Sie einige Dinge schon installiert haben:

1. Git, damit Sie Alexa-Vorlagen nutzen können

2. Die aktuellste Version von VS Code

3. ASK CLI sollte fertig auf Ihrem Rechner eingerichtet sein

Wenn Sie sich Schritt für Schritt in diesem Buch durcharbeiten, haben Sie natürlich schon alle Voraussetzungen für die Installation des ASK-Toolkits erfüllt.

Nutzen Sie folgende Optionen, um das ASK-Toolkit zu installieren:

- Installieren Sie das Toolkit, indem Sie den VS-Code-Marktplatz besuchen.

- Wählen Sie in VS Code im Menü ANZEIGEN die Option EXTEN-SIONS aus, um die Ansicht EXTENSIONS zu öffnen. Geben Sie im Suchfeld das Toolkit Alexa Skills Kit (ASK) ein.

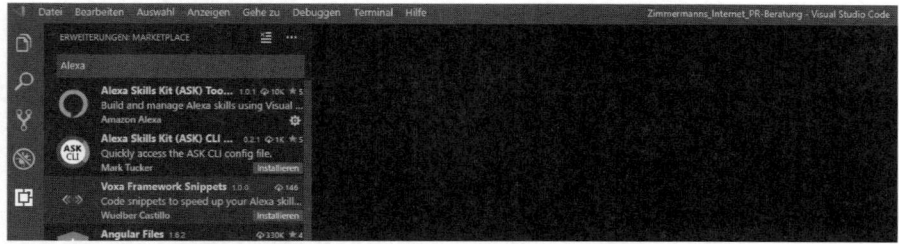

Abb. 6.28: Alexa-Skills-Kit-Toolkit

■ Klicken Sie nach der Installation des Toolkits auf Neu laden bzw. starten Sie VS Code neu.

6.5.1 Schnellstart für das ASK-Toolkit in VS Code

Schritt 1: Erstellen Sie einen neuen Skill oder klonen Sie einen vorhandenen Skill

> **Hinweis**
>
> Um Dateien und Ordner für Ihr Skill-Projekt zu erstellen, muss in VS Code ein Arbeitsbereichsordner geöffnet sein. Nähere Informationen zu VS-Code-Arbeitsbereichen finden Sie in der VS-Code-Dokumentation unter:
>
> `https://code.visualstudio.com/docs/editor/multi-root-workspaces`

1. Um die Befehlspalette zu öffnen, wählen Sie im Menü Anzeigen die Option Befehlspalette aus. Alternativ können Sie unter Windows und Linux die Tastenkombination `STRG`+`UMSCHALT`+`p` und unter Mac die Tastenkombination `UMSCHALT`+`COMMAND`+`p` nutzen.

2. Geben Sie in das Textfeld ASK ein, um die verfügbaren Befehle im ASK-Toolkit anzuzeigen.

3. Wenn Sie einen neuen Skill aus einer Vorlage erstellen möchten, klicken Sie ASK: Create a skill from a template an und wählen

Sie dann Ihre bevorzugte Programmiersprache und anschließend eine Vorlage aus der Liste aus.

Abb. 6.29: AKS-Toolkit-Befehlsliste in VS Code

Alternativ kann ein vorhandener Skill mit `ASK: Clone a skill` lokal abgespeichert werden. Das in VS Code integrierte Terminal zeigt dann eine Liste von Skills an, die Sie klonen können.

Je nachdem, welche Skill-Vorlage Sie verwenden oder welchen Skill Sie geklont haben, erstellt das ASK-Toolkit folgende Ordnerstruktur:

- `.ask` – Ordner, der die Konfigurationsdatei für Ihren Skill enthält
- `models` – Ordner, der JSON-Dateien enthält, die die Sprachmodelle beschreiben
- `lambda` – Ordner, der optional ist und die Programmierlogik Ihres Skills enthält
- `skill.json` – Hook-Skripte
- die Skill-Manifest-Datei
- `hooks` – Ordner, der die Hook-Skripte zur Revisionerzeugung enthält

Schritt 2: Fügen Sie ein Code-Snippet hinzu

Das Toolkit bietet eine Code-Snippet-Generierung für häufig verwendete Skill-Komponenten an. Wenn Sie in einer Modelldatei, zum Beispiel `model/en_US.json`, direkt `askModel` eingeben, können Sie im Kontextmenü einen Intent auswählen, um ein Code-Snippet für Ihr Sprachmodell zu generieren. Wenn Sie einen neuen leeren Intent für Ihr Sprachmodell anlegen möchten, geben Sie in der Datei zuerst `askModel` ein.

```
{} en-US.json ●                               Please choose a profile. (You can set up a default profile in user's se
models ▸ {} en-US.json ▸ {} interactionMoc   default
  1    {                                      Associated AWS profile: default
  2        "interactionModel": {
  3            "languageModel": {
  4                "invocationName": "hello world",
  5                "intents": [
  6                    {
  7                        "name": "AMAZON.CancelIntent",
  8                        "samples": []
  9                    },
 10    |             askModel
 11                    {          □ askModelActivateAction   Built-in Intent: Activat... ⓘ
 12                       "na    □ askModelAddAction
 13                       "sa    □ askModelCancelIntent
 14                    },        □ askModelChooseAction
 15                    {         □ askModelCloseAction
 16                       "na    □ askModelCreateAction
 17                       "sa    □ askModelCustomIntent
 18                    },        □ askModelDeactivateAction
 19                    {         □ askModelDeleteAction
 20                       "na    □ askModelDislikeAction
 21                       "sl    □ askModelExitAction
 22                       "sa    □ askModelFallbackIntent
 23                           "hello",
 24                           "how are you",
 25                           "say hi world",
 26                           "say hi",
 27                           "hi",
 28                           "say hello world",
 29                           "say hello"
 30                       ]
 31                    },
 32                    {
 33                       "name": "AMAZON.NavigateHomeIntent",
 34                       "samples": []
 35                    }
 36                ],
 37                "types": []
```

Abb. 6.30: Das Kontextmenü erscheint nach der `askModel`-Befehlseingabe.

Wählen Sie dann `askModelCustomIntent` aus. Das bewirkt, dass an dieser Stelle der Eintrag für einen neuen Intent im Sprachmodell angelegt wird.

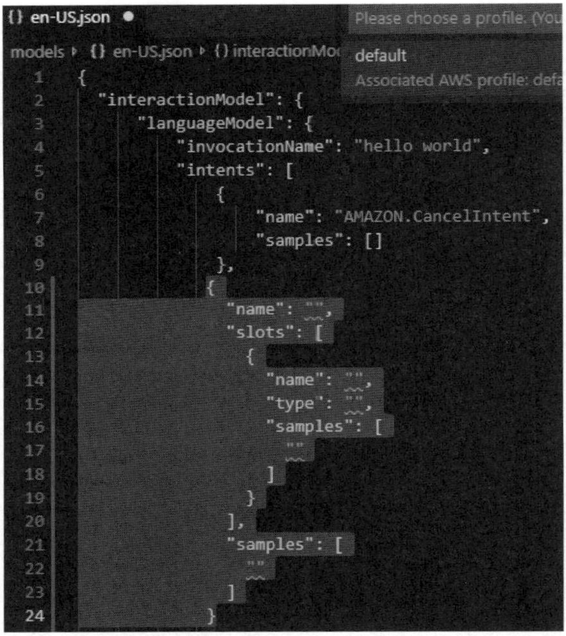

Abb. 6.31: Der Befehl `askModelCustomIntent` hat einen leeren Intent erstellt.

Wie Sie in Abbildung 6.31 sehen, wurde eine leere Intent-Vorlage für Ihr Sprachmodell erstellt. Jetzt müssen Sie Ihrem Intent nur noch unter NAME einen Namen geben sowie die Äußerungen unter SAMPLES und gegebenenfalls Slots unter SLOTS definieren.

Sie müssen dann einen neuen Handler für den neuen Intent in der Logik anlegen. Geben Sie zum Beispiel in der `index.js`-Datei `ask` ein und wählen Sie dann im Kontextmenü ASKSDKINTENTHANDLER aus.

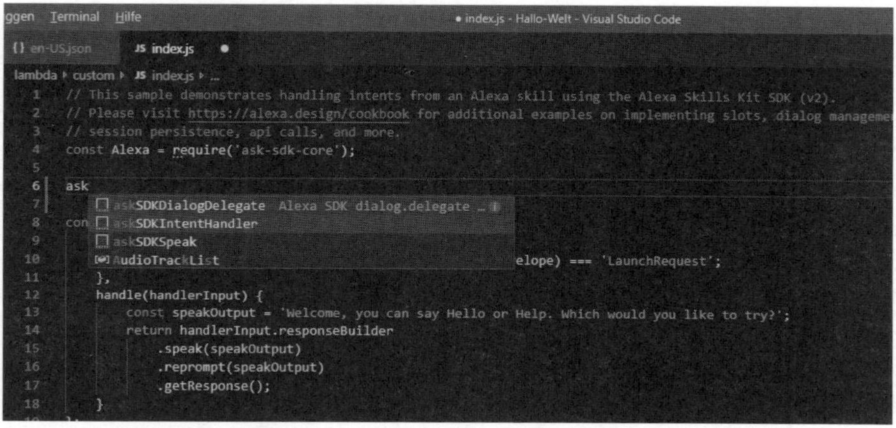

Abb. 6.32: Das Kontextmenü erscheint, wenn Sie ask in der index.js eingeben.

Nach der Auswahl von ASKSDKINTENTHANDLER im Kontextmenü erstellt das ASK-Toolkit die Code-Vorlage für einen Intent in Ihrer Skill-Code-Datei.

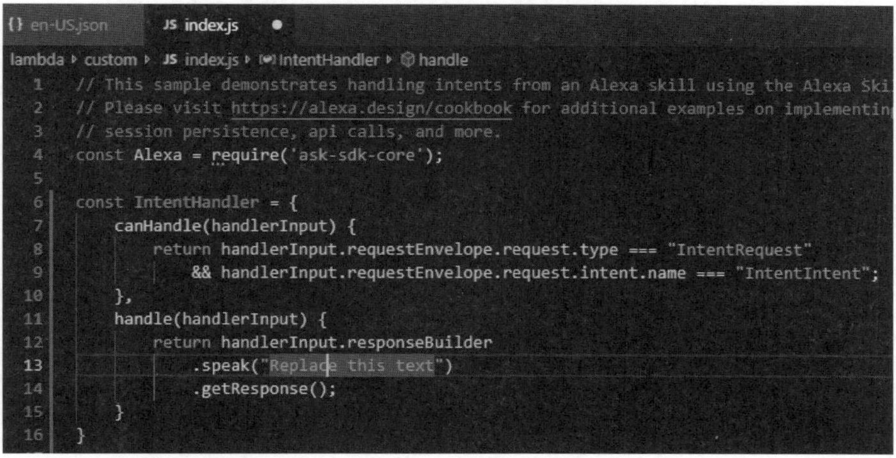

Abb. 6.33: Intent-Handler-Vorlage wurde vom ASK-Toolkit erstellt.

Jetzt müssen Sie noch diesen Intent-Handler an Ihren zuvor erstellten Intent aus dem Sprachmodell anpassen. Sie könnten zum Beispiel den Handler in Zeile 6 der Abbildung 6.33 in `TestHandler` umbenennen. In Zeile 9 der Abbildung muss der gleiche Intent-Name eingetragen werden, den Sie in Ihrem Sprachmodell angelegt haben. In Zeile 13 könnten Sie dann einen eigenen Text eingeben, den Alexa sagen soll, wenn dieser Intent ausgelöst wird.

Schritt 3: Laden Sie Ihren Skill hoch

Hinweis

Der Upload auf AWS Lambda funktioniert nur, wenn Sie Ihre AWS-Anmeldeinformationen mit ASK CLI konfiguriert haben. Sofern Sie sich Schritt für Schritt an diesem Buch orientiert haben, haben Sie das bereits erledigt.

Sie können das komplette Skill-Paket in einem Schritt hochladen. Geben Sie in der Befehlspalette einfach `ASK: Deploy` ein.

Wenn Sie nur eine bestimmte Ressource hochladen möchten, klicken Sie in der Explorer-Strukturansicht mit der rechten Maustaste auf die Ressource. Wenn Sie beispielsweise mit der rechten Maustaste auf die `skill.json`-Datei klicken, gibt es die Option DEPLOY THE SKILL MANIFESTS.

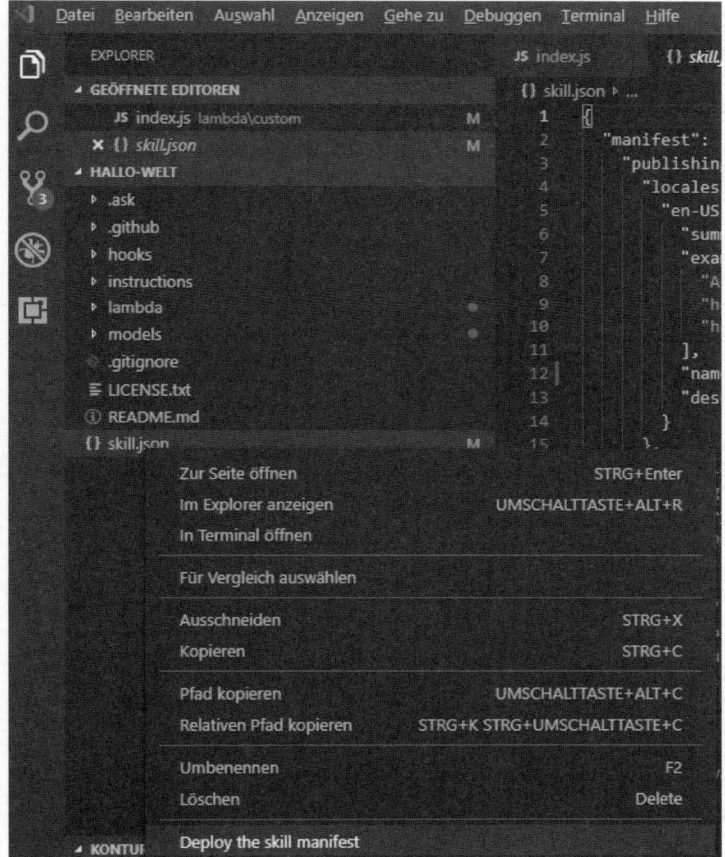

Abb. 6.34: So laden Sie nur ein Skill-Manifest hoch.

Wenn Sie mit der rechten Maustaste auf den lambda-Ordner klicken, gibt es die Option DEPLOY TO AWS LAMBDA.

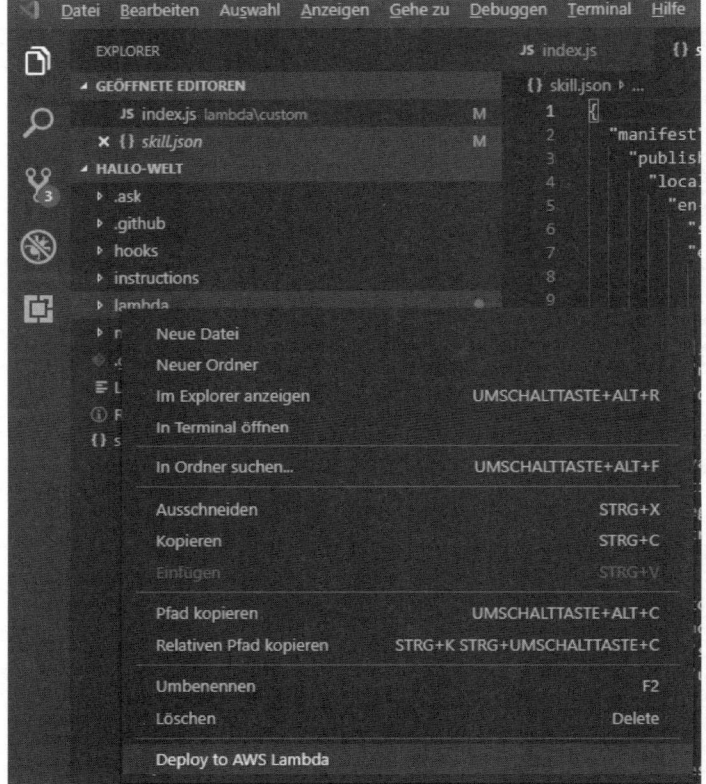

Abb. 6.35: So wird nur der JavaScript-Code für AWS Lambda hochgeladen.

Alternativ können Sie die Schaltfläche DEPLOY in der Statusleiste verwenden, um abhängig von den Einstellungen für die Erweiterung eine bestimmte Ressource oder einen gesamten Skill hochzuladen.

Abb. 6.36: Den gesamten Skill hochladen

Schritt 4: Testen Sie den Skill

Nachdem Sie Ihren Skill hochgeladen haben, können Sie ihn auf Ihrem Alexa-fähigen Gerät testen. Sie können auch den Alexa-Simulator verwenden, der sich in der Alexa Developer Console online auf der Testseite befindet. Um die Entwicklerkonsole zu öffnen, wählen Sie in der Befehlspalette ASK: OPEN THE ALEXA DEVELOPER CONSOLE IN THE BROWSER.

Kapitel 7

Externe Informationen im Skill nutzen

Bisher haben Sie gelernt, wie Sie im Code fest hinterlegte Daten verarbeiten und ausgeben können. In diesem Kapitel möchte ich Ihnen zeigen, wie Sie externe Daten mit Ihrem Skill abrufen und ausgeben können und wie Sie die Antworten der Nutzer in eine externe Datenbank eingeben.

7.1 Alexa Customer & Settings API nutzen

Amazon bietet die Möglichkeit, das Kundenprofil seiner Nutzer über eine Customer API abzufragen. Diese API bietet Zugriff auf den Namen, die E-Mail-Adresse, die Telefonnummer, die Privatadresse des Nutzers und von mobilen Geräten die GPS-Daten. Des Weiteren können Sie die bevorzugte Zeitzone und die bevorzugten Maßeinheiten sowie Temperatureinheiten des Nutzers über die Settings API in Erfahrung bringen.

Sie haben also die Möglichkeit, Ihren Skill zu personalisieren, und können hier auf valide Daten zugreifen. Natürlich nur unter der Voraussetzung, dass Ihr Skill-Nutzer dem auch zustimmt und dass der Zugriff auf die Daten auch plausibel und notwendig ist. Letzteres wird nämlich vom Amazon-Zertifizierungsteam überprüft.

Doch bevor Sie Ihren Skill mit diesen Nutzerinformationen versorgen können, müssen Sie seine Berechtigungen in der Alexa Skill Developer Console einstellen.

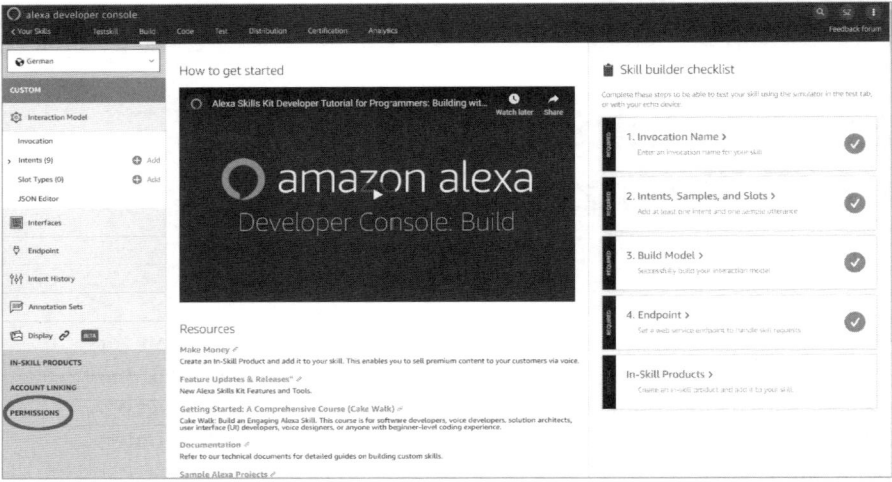

Abb. 7.1: Registerkarte PERMISSIONS

Im PERMISSIONS-Bereich werden einige Optionen angezeigt, die Sie aktivieren können. Im folgenden Beispiel werden wir den vollständigen Namen und die E-Mail-Adresse des Nutzers abfragen (Abbildung 7.2).

Hinweis

Wenn mindestens eine dieser Optionen ausgewählt ist, muss der Nutzer zustimmen, diese Informationen an Ihren Skill weiterzugeben. Amazon sendet dem Nutzer dazu eine Eingabeaufforderung an die Alexa-Companion-App. Sobald der Nutzer den Skill-Zugriff legitimiert hat, können Sie diese Daten im Skill nutzen.

Ihr Skill benötigt dann für die Zertifizierung eine Datenschutzerklärung und eine AGB-Seite, die Sie als Link in der Skill-Store-Beschreibung hinterlegen müssen.

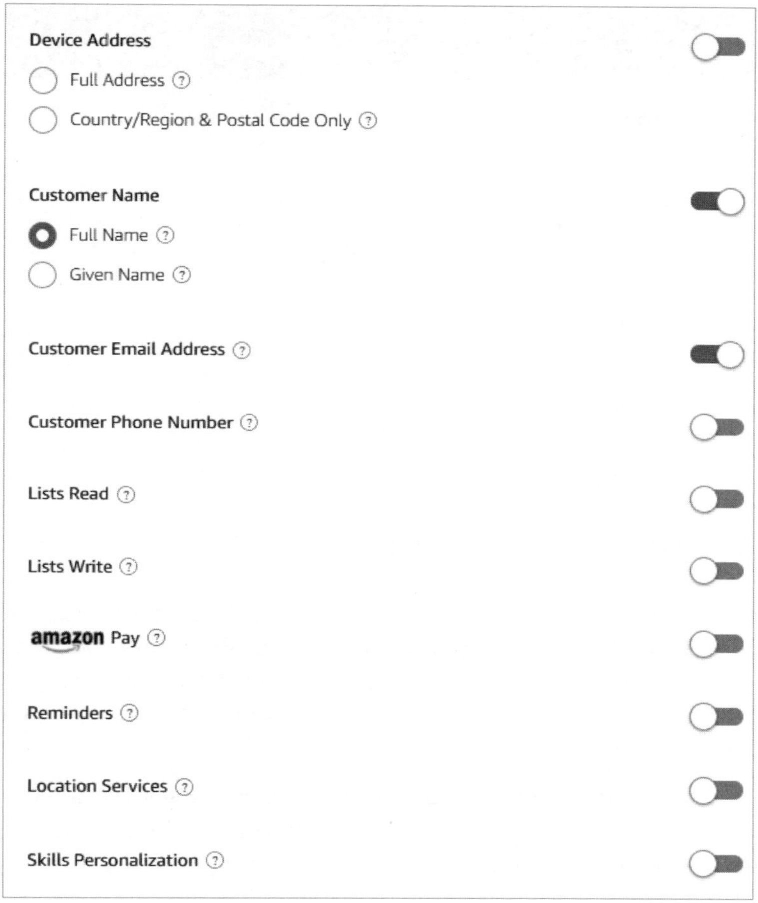

Abb. 7.2: Zugriffsrechte des Skills einstellen

Als Nächstes legen Sie in der Alexa-Skill-Developer-Console den E-Mail-Intent an.

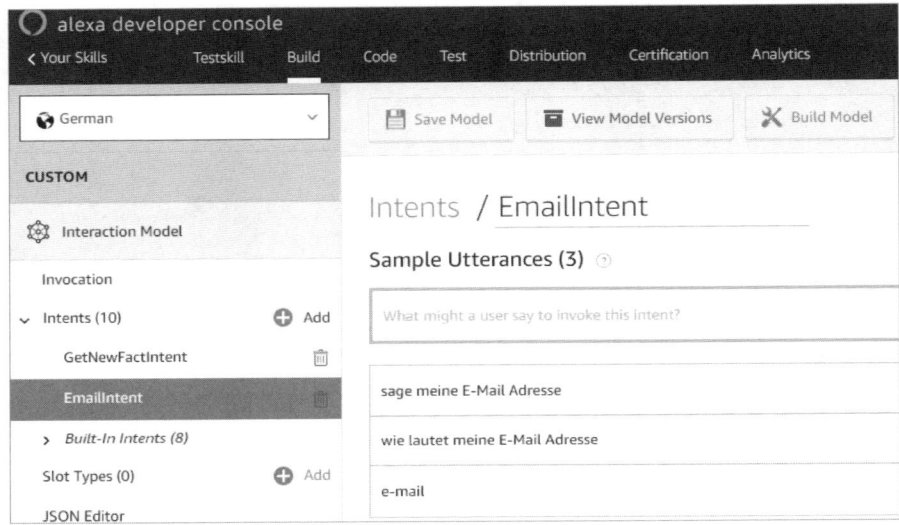

Abb. 7.3: E-Mail-Intent in der Alexa-Skill-Developer-Console

Nachdem der Intent für die E-Mail-Abfrage angelegt ist, müssen Sie nur noch einen `EmailIntentHandler` in Ihrem Programmcode hinterlegen. In dem Beispiel hier ist der Skill ein **Alexa-Hosted-Skill**. Den Code können Sie online eingeben, indem Sie oben in der Navigationsleiste auf CODE klicken.

Der Beispiel-Code für den Testskill aus den vorangegangenen Kapiteln muss jetzt ein wenig angepasst werden. Am Anfang ändern Sie das ASK-SDK-Core in ASK-SDK.

```
const Alexa = require('ask-sdk');
const i18n = require('i18next');
const https = require('https');
```

Damit das ASK-SDK auch wirklich genutzt werden kann, müssen Sie bei einem Alexa-Hosted-Skill im `package.json` eine Abhängigkeit eintragen.

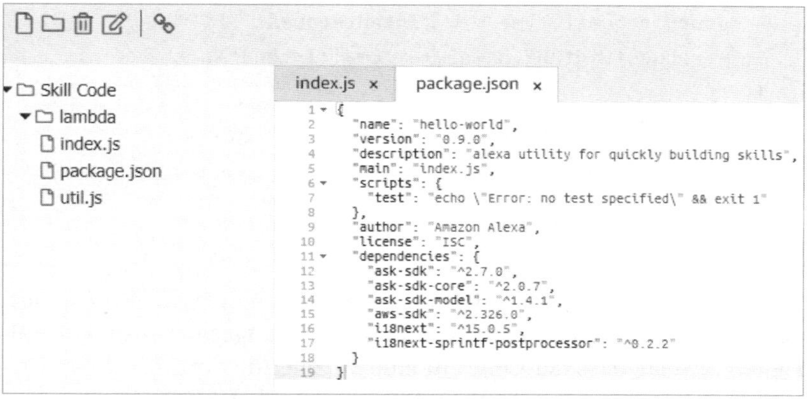

Abb. 7.4: package.json im Alexa-Developer-Console-Editor

Vergewissern Sie sich, dass dieser Eintrag in Ihrer package.json eingetragen ist:

```
"ask-sdk": "^2.7.0",
```

Hinweis

Über die package.json können Sie weitere Node.js-Module laden, wenn Sie Ihren Skill um bestimmte Funktionalitäten erweitern wollen, die das ASK-SDK nicht unterstützt. Nachdem Sie oben rechts auf DEPLOY geklickt haben, werden die fehlenden Module nachgeladen.

Das Grundgerüst für den **EmailIntentHandler** sieht so aus:

```
const EmailIntentHandler = {
  canHandle(handlerInput) {
    const attributes = handlerInput.attributesManager.
getSessionAttributes();
    const { request } = handlerInput.requestEnvelope;
```

```
    return request.type === 'IntentRequest' &&
      (request.intent.name === 'EmailIntent');
  },
  async handle(handlerInput) {


    },
};
```

Wenn Sie den Code oben aufmerksam gelesen haben, wird Ihnen aufgefallen sein, dass dem `handle` ein `async` vorangesetzt wird. Hiermit
stellen Sie klar, dass der Code auf eine externe Antwort von einem Service warten muss, bevor er ausgeführt werden kann.

Eine Zeile unter `async handle` fügen Sie diesen Code hinzu:

```
const { requestEnvelope, serviceClientFactory,
responseBuilder } = handlerInput;
const PERMISSIONS = [
                    'alexa::profile:email:read',
                    'alexa::profile:name:read',
                    ];
const consentToken = requestEnvelope.context.System.user.
permissions && requestEnvelope.context.System.user.
permissions.consentToken;
```

Damit rufen Sie die Alexa Customer Profile API ab, legen fest, welche
Informationen aus der Customer Profile API abgefragt werden sollen,
und definieren ein `consentToken`. Dieses benötigen Sie im weiteren
Verlauf, um zu prüfen, ob der Nutzer auch seine Zustimmung gegeben hat.

Den Code für die Zustimmungsprüfung und Skill-Antwort fügen Sie
direkt darunter ein. Über eine if-Anweisung geben Sie die Bedingung
an, wann der Skill den Nutzer darauf hinweisen soll, dass er die zusätzlichen Berechtigungen für den vollständigen Namen und seine
E-Mail-Adresse braucht.

In diesem Beispiel ist das immer dann der Fall, wenn `consentToken` nicht mit in der Skill-Antwort gesendet wird. Der Skill nennt dem Nutzer dann den weiteren Ablauf, was er zu tun hat und warum er der Berechtigung zustimmen soll. Mit `.withAskForPermissions-ConsentCard(PERMISSIONS)` wird dem Nutzer eine Berechtigungs-antwortkarte in der Alexa App angezeigt. Welchen Berechtigungen er zustimmen soll, wurde mit `PERMISSIONS` weiter oben im Code definiert.

```
if (!consentToken) {
        return responseBuilder
            .speak('Bitte aktiviere die Berechtigungen in
der Amazon Alexa App. Der Skill benötigt für das Senden
einer E-Mail die Berechtigungen deines Namens für die
korrekte Anrede und deine E-Mail-Adresse.')
            .withAskForPermissionsConsentCard(PERMISSIONS)
            .getResponse();
    }
```

Wenn der Nutzer den Zugriff auf seine Daten erlaubt hat, geht es mit folgendem Code weiter. Der Skill fragt jetzt die Alexa Customer Profile API, welche E-Mail-Adresse und welcher Name im Alexa-Gerät hinterlegt ist.

```
    try {
        const { deviceId } =
requestEnvelope.context.System.device;
        const UpsServiceClient =
serviceClientFactory.getUpsServiceClient();
        var email = await UpsServiceClient.
getProfileEmail();
        console.log('E-MAIL ADRESSE = ' + email);
        var name = await UpsServiceClient.
getProfileName();
        console.log('VOLLSTAENDIGER NAME = ' + name);
```

Jetzt kann es natürlich vorkommen, dass ein Nutzer noch gar keine E-Mail-Adresse in seinem Gerät hinterlegt hat. Auch hier können Sie eine if-else-Anweisung nutzen, um diesen Fall zu klären. Falls der Fall nicht eintritt, bekommt der Nutzer seine gewünschte Antwort.

```javascript
if ( email === null || email === undefined) {

    let Textmessage = 'Es sieht so aus, als
hättest du deine E-Mail-Adresse nicht richtig hinterlegt.
Du kannst deine E-Mail-Adresse in der Begleit-App eintragen.
Wähle dort Kommunikation aus und gehe dann in dein Profil. '
    return handlerInput.responseBuilder

        .speak(Textmessage)
        .withSimpleCard("E-Mail
nicht hinterlegt", Textmessage)
        .getResponse();
    } else {

    var Textmessage =`Hallo ${name}, Deine E-Mail-
Adresse lautet, ${email}. `;
    var SmallImage = 'https://testbucketfactskill.
s3-eu-west-1.amazonaws.com/weltraumwissen-testskill720x480.
jpg';
    var LargeImage = 'https://testbucketfactskill.
s3-eu-west-1.amazonaws.com/weltraumwissen-testskill1200x800.
jpg';

    return handlerInput.responseBuilder
    .speak(Textmessage)
    //.reprompt('Hast du noch weitere Fragen?')
    .withStandardCard("Testskill", Textmessage,
SmallImage, LargeImage)
    .getResponse();

    }
```

Ab hier werden eventuelle Fehlerrückmeldungen der API berücksichtigt.

```
} catch (error) {
    console.log(error.name);
    console.log('error message:
${error.message}');
    console.log('error stack: ${error.stack}');
    console.log('error status code:
${error.statusCode}');
    console.log("error response: " +
JSON.stringify(error.response));

    if (error.name === 'ServiceError' &&
error.statusCode === undefined) {
        let Textmessage = 'Es sieht so aus, als
hättest du deine E-Mail-Adresse nicht richtig hinterlegt.
Du kannst deine E-Mail-Adresse in der Begleit-App eintragen.
Wähle dort Kommunikation aus und gehe dann in dein Profil. '
        return responseBuilder

        .speak(Textmessage)
        .withSimpleCard("E-Mail-Adresse nicht
hinterlegt", Textmessage)
        .getResponse();
    }
    if (error.name !== 'ServiceError') {
        console.log(error.name);
        console.log(`error message:
${error.message}`);
        console.log(`error stack: ${error.stack}`);
        console.log(`error status code:
${error.statusCode}`);
```

```
                console.log("error response: " +
JSON.stringify(error.response));

            return handlerInput.responseBuilder
            .speak('Oh Mann. Es sieht so aus, als wäre
etwas schiefgelaufen.')
            .getResponse();

        }
        throw error;
    }
```

Der komplette `EmailIntentHandler` sollte dann so ausschauen:

```
1   const EmailIntentHandler = {
2     canHandle(handlerInput) {
3       const attributes =
    handlerInput.attributesManager.getSessionAttributes();
4       const { request } = handlerInput.requestEnvelope;
5
6       return request.type === 'IntentRequest' &&
7         (request.intent.name === 'EmailIntent');
8     },
9     async handle(handlerInput) {
10
11      const attributesManager = handlerInput.
    attributesManager;
12      const attributes       = attributesManager.
    getSessionAttributes();
13      const requestAttributes = attributesManager.
    getRequestAttributes();
14
15      const { requestEnvelope, serviceClientFactory,
    responseBuilder } = handlerInput;
```

```
16
17      const PERMISSIONS = [
18                          'alexa::profile:email:read',
19                          'alexa::profile:name:read',
20                      ];
21
22      const consentToken = requestEnvelope.context.System.
user.permissions
23              && requestEnvelope.context.System.user.
permissions.consentToken;
24
25          if (!consentToken) {
26              return responseBuilder
27                  .speak('Bitte aktiviere die Berechtigungen in
der Amazon Alexa App. Der Skill benötigt für das Senden
einer E-Mail die Berechtigungen deines Namens für die
korrekte Anrede und deine E-Mail-Adresse. ')
28                  .withAskForPermissionsConsentCard(PERMISSIONS)
29                  .getResponse();
30          }
31          try {
32              const { deviceId } = requestEnvelope.context.
System.device;
33              const UpsServiceClient = serviceClientFactory.
getUpsServiceClient();
34              var email = await
UpsServiceClient.getProfileEmail();
35              console.log('E-MAIL ADRESSE = ' + email);
36              var name = await
UpsServiceClient.getProfileName();
37              console.log('VOLLSTAENDIGER NAME = ' + name);
38
39
40              if ( email === null || email === undefined) {
```

```
41
42          let Textmessage = 'Es sieht so aus, als
   hättest du deine E-Mail-Adresse nicht richtig hinterlegt.
   Du kannst deine E-Mail-Adresse in der Begleit-App eintragen.
   Wähle dort Kommunikation aus und gehe dann in dein Profil. '
43          return handlerInput.responseBuilder
44
45                         .speak(Textmessage)
46                         .withSimpleCard("E-Mail
   nicht hinterlegt", Textmessage)
47                         .getResponse();
48       } else {
49
50          var Textmessage =`Hallo ${name},  deine
   E-Mail-Adresse lautet, S{email}. `;
51          var SmallImage = 'https://
   testbucketfactskill.s3-eu-west-1.amazonaws.com/
   weltraumwissen-testskill720x480.jpg';
52          var LargeImage = 'https://
   testbucketfactskill.s3-eu-west-1.amazonaws.com/
   weltraumwissen-testskill1200x800.jpg';
53
54          return handlerInput.responseBuilder
55          .speak(Textmessage)
56          //.reprompt('Hast du noch weitere Fragen?')
57          .withStandardCard("Testskill", Textmessage,
   SmallImage, LargeImage)
58          .getResponse();
59
60       }
61
62    } catch (error) {
63          console.log(error.name);
64          console.log(`error message:
   ${error.message}`);
```

```
65                console.log(`error stack: ${error.stack}`);
66                console.log(`error status code:
     ${error.statusCode}`);
67                console.log("error response: " +
     JSON.stringify(error.response));
68
69            if (error.name === 'ServiceError' &&
     error.statusCode === undefined) {
70                let Textmessage = 'Es sieht so aus, als
     hättest du deine E-Mail-Adresse nicht richtig hinterlegt.
     Du kannst deine E-Mail-Adresse in der Begleit-App eintragen.
     Wähle dort Kommunikation aus und gehe dann in dein Profil. '
71                return responseBuilder
72
73                    .speak(Textmessage)
74                    .withSimpleCard("E-Mail-Adresse nicht
     hinterlegt", Textmessage)
75                    .getResponse();
76            }
77            if (error.name !== 'ServiceError') {
78                console.log(error.name);
79                console.log(`error message:
     ${error.message}`);
80                console.log(`error stack: ${error.stack}`);
81                console.log(`error status code:
     ${error.statusCode}`);
82                console.log("error response: " +
     JSON.stringify(error.response));
83
84            return handlerInput.responseBuilder
85                .speak('Oh Mann. Es sieht so aus, als wäre
     etwas schiefgelaufen.')
86                .getResponse();
87
```

```
88              }
89              throw error;
90          }
91
92      },
93  };
```

Nachdem Sie diesen Code Ihrem Skill-Code hinzugefügt haben, müssen Sie den neuen Handler im SkillBuilder als Request-Handler registrieren, damit er ausgeführt wird. Neben der Registrierung des neuen Request-Handlers hat sich auch der SkillBuilder ein wenig geändert. Ändern Sie `Alexa.SkillBuilders.custom();` zu `Alexa.SkillBuilders.standard();`. Das sollte dann wie folgt aussehen:

```
const skillBuilder = Alexa.SkillBuilders.standard();

exports.handler = skillBuilder
  .addRequestHandlers(
    GetNewFactHandler,
    WiederholungsHandler,
    EmailIntentHandler,
    HelpHandler,
    ExitHandler,
    FallbackHandler,
    SessionEndedRequestHandler,
  )
  .addRequestInterceptors(LocalizationInterceptor)
  .addErrorHandlers(ErrorHandler)
  .lambda();
```

Die Alexa Customer Profile API ist ein mächtiges Werkzeug zur Personalisierung Ihres Skills. Gleichzeitig wächst auch Ihre Verantwortung für den Datenschutz Ihrer Nutzer.

In diesem Beispiel wurden nur zwei zusätzliche Berechtigungen angefordert, Sie können aber natürlich auch viel mehr Berechtigungen anfordern, sofern sie Sinn ergeben und für den Nutzer nützlich sind. Ich habe Ihnen hier eine Übersicht der **permission values** erstellt, die Sie mit `.withAskForPermissionsConsentCard()` abfragen können.

Berechtigungswerte im Überblick

Vollständiger Name	`alexa::profile:name:read`
Vorname	`alexa::profile:given_name:read`
E-Mail-Adresse	`alexa::profile:email:read`
Telefonnummer	`alexa::profile:mobile_number:read`
Postadresse	`read::alexa:device:all:address`
GPS-Daten	`alexa::devices:all:geolocation:read`
Erinnerungen	`alexa::alerts:reminders:skill:readwrite`

Allein die Fähigkeit, persönliche Daten des Nutzers abzufragen und für die Skill-Antworten zu nutzen, hebt Ihren Sill auf ein ganz anderes Qualitätsniveau.

Sie könnten mithilfe eines externen E-Mail-Versandservice-Skills Antworten auch per E-Mail senden. In meinem »Ebbe oder Flut«-Skill kann der Nutzer sich die Gezeitendaten auch per E-Mail zusenden lassen. Oder wenn Sie den Wohnort des Nutzers kennen, könnten Sie diese Daten nutzen, um ortsbezogene Infos zu geben. Wenn Sie die Telefonnummer des Nutzers kennen, könnten Sie ihm einen Rückruf anbieten. Die GPS-Daten eines Handys nutze ich in meinem Kalorienzähler-Skill, um zurückgelegte Strecken und Schritte zu messen. Das neue Alexa-Auto, das aktuell bei uns noch nicht auf dem Markt ist, nutzt diese Daten zur Navigation. Mit der Erinnerungsberechtigung könnten Sie dem Nutzer Erinnerungen zu einem bestimmten Zeitpunkt anbieten.

Kurz, Ihrer Fantasie sind keine Grenzen gesetzt, was Sie mit diesen Daten anfangen, solange Sie geltendes Datenschutzrecht einhalten.

7.2 API Get Request

Wenn Sie schon ein wenig mehr Erfahrung in der Webprogrammierung haben, sind APIs für Sie alltäglich. Viele Dienste im Internet bieten eine API (Application Programming Interface) an. Vom Wetterdienst über Geolokalisierungsdienste, Twitter-Feeds und viele, viele weitere. Falls Ihnen die Ideen für APIs ausgehen, schauen Sie doch mal unter `https://www.programmableweb.com/` nach. Dort finden Sie APIs zu jedem erdenklichen Thema.

Wenn Sie Ihren Skill programmieren, kann es also sein, dass Sie Ihre Skill-Antworten mit Daten aus einer externen Wissensdatenbank anreichern möchten. Diese können Sie mit »HTTP-Requests« an deren API erreichen.

HTTP-Requests sind eine Kernfunktionalität von Node.js und es gibt verschiedene Wege, wie Sie einen HTTP-Request in Node.js durchführen können.

Aber bevor Sie externe Daten abfragen, sollten Sie als Erstes eine externe Datenquelle erstellen. Das erspart Ihnen zunächst das Recherchieren nach möglichen externen Datenquellen. In dem Beispiel hier nutze ich Google Sheets als eigene externe Datenquelle.

7.2.1 Google Sheets als Content-Backend nutzen

Wenn Sie einen Skill inhaltlich kontinuierlich weiterentwickeln möchten, sollten Sie den Content von der Programmierlogik trennen. So können Sie auch die Inhaltspflege an Texter weitergeben, die nicht programmieren können. Ein weiterer Vorteil ist, dass Sie so im Team arbeiten und Ihren Skill mit relativ wenig Aufwand aktualisieren und erweitern können.

Auch wenn sich Google und Amazon gerade spinnefeind sind, nutze ich als Entwickler immer das Beste aus beiden Welten. So verwalte ich meine Inhalte gerne in einer *Google Tabelle* und nutze diese als Content-Backend für meine Skills. Wie auch Sie dies umsetzen können, werden Sie in diesem Abschnitt erfahren.

Schritt 1: Google Tabelle anlegen

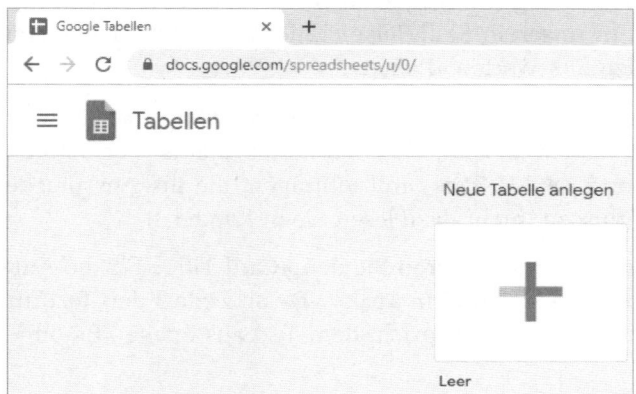

Abb. 7.5: Google Tabelle anlegen

Gehen Sie auf https://docs.google.com/spreadsheets/u/0/ und klicken Sie auf das Pluszeichen, um eine neue Tabelle anzulegen.

Schritt 2: Content-Backend als Tabelle erstellen

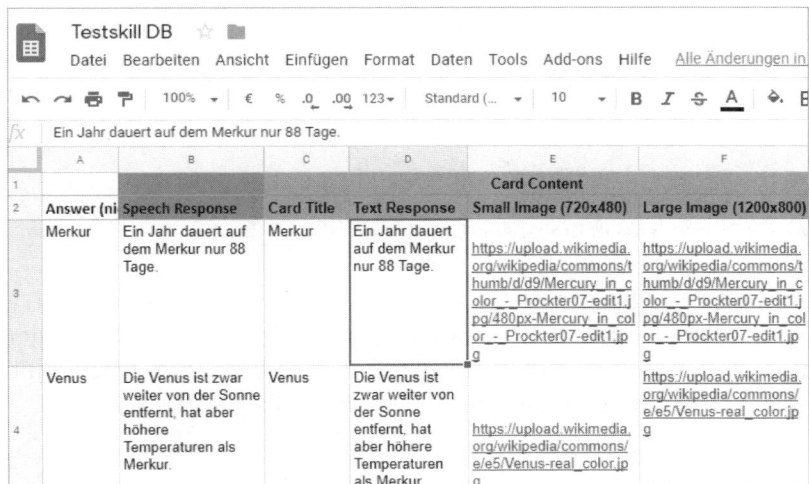

Abb. 7.6: Google Tabelle erstellen

Befüllen Sie die Tabelle nach folgendem Schema: In die Spalte »A« ab Zeile 3 fügen Sie alle Begriffe ein, die über die Tabelle im Skill abrufbar sein sollen. In unserem Skill-Beispiel hier im Buch entsprechen diese Begriffe den Slot-Werten »Planet«.

In der nächsten Spalte »B« ab Zeile 3 tragen Sie die Sprachantwort zum jeweiligen Slot-Wert ein. Hier können Sie auch sogenannte »Speechcons« und »SSML-Tags« mit eintragen, die die Aussprache von Alexa beeinflussen (mehr dazu lesen Sie in Kapitel 3).

In Spalte »C« ab Zeile 3 definieren Sie den »Card Title« für die Antwortkarte in der Alexa App und in Spalte »D« ab Zeile 3 den Text für die Antwortkarte. Letzteres entspricht dem Text aus Spalte »B« ohne die SSML-Tags.

In den Spalten »E« und »F« tragen Sie die Bild-URLs für die Antwortkarten ein. Erst das kleinere und dann das größere Bild, weil die Echo-Geräte unterschiedliche Bildschirmgrößen haben. Wichtig ist auch hier, dass die Bild-URLs per HTTPS verschlüsselt werden.

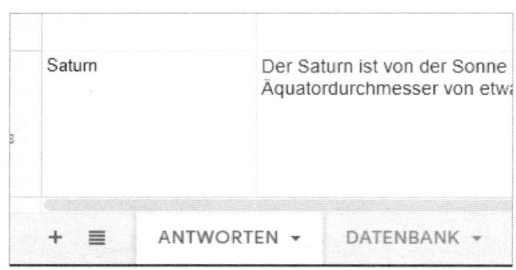

Abb. 7.7: Tabellenblatt umbenennen

Anschließend benennen Sie das Tabellenblatt Ihrer Tabelle in ANT-WORTEN um. Dieser Schritt ist wichtig, da Sie die Tabellenblätter später je nach Thema im Skill nutzen können und der Tabellenblattname später auch ein Bestandteil der JSON API Endpoint URL sein wird.

Schritt 3: Tabelle im Web veröffentlichen

Wenn Sie Ihre Tabelle mit den Skill-Antworten zu den jeweiligen Slot-Werten erstellt haben, müssen Sie sie im Web veröffentlichen, damit sie auch extern abrufbar ist.

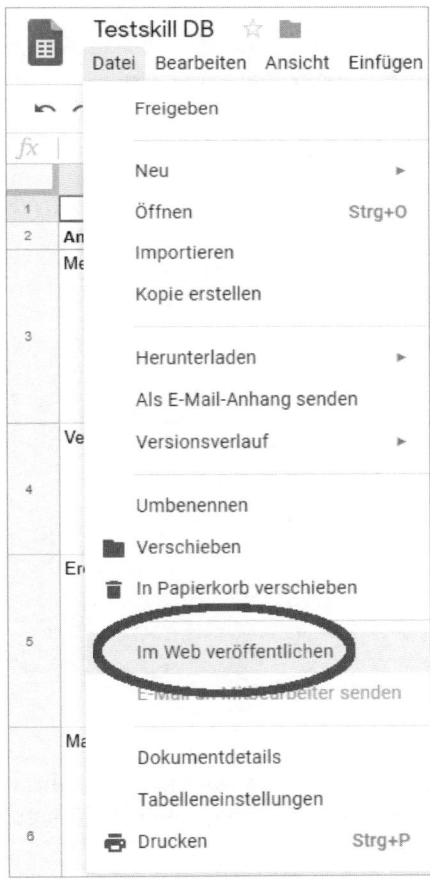

Abb. 7.8: Tabelle im Web veröffentlichen

Danach sehen Sie in Ihrem Browser ein Pop-up. Klicken Sie hier auf die grüne Schaltfläche VERÖFFENTLICHEN.

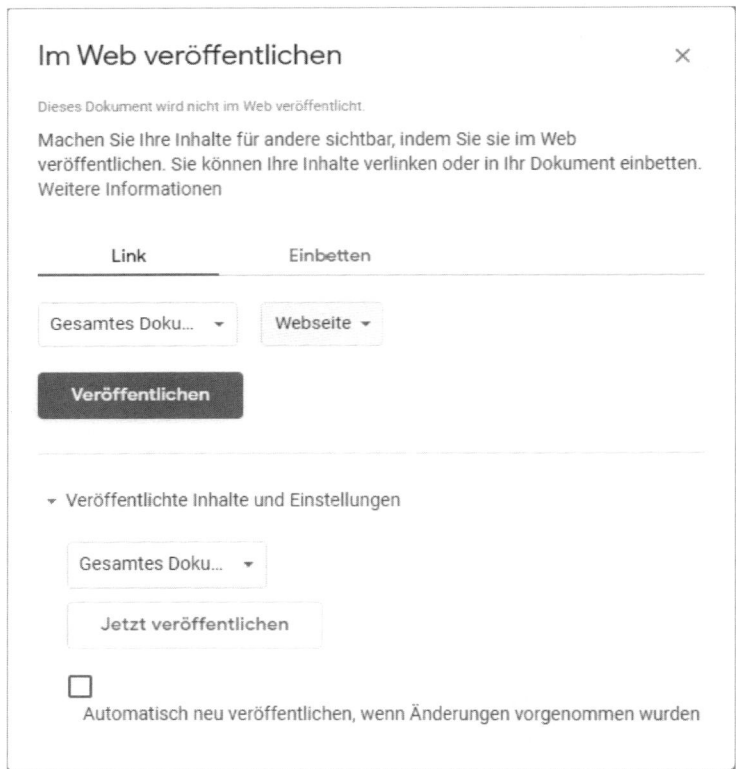

Abb. 7.9: Tabelle im Web veröffentlichen

Im nächsten Pop-up sehen Sie die öffentlich abrufbare URL Ihrer Google Tabelle. Jetzt müssen Sie aber noch die Freigabeeinstellungen für diese Tabelle ein wenig modifizieren.

Abb. 7.10: Freigabeeinstellungen bearbeiten

Klicken Sie im Browser oben rechts in Ihrer Tabelle auf den grünen
Button FREIGEBEN.

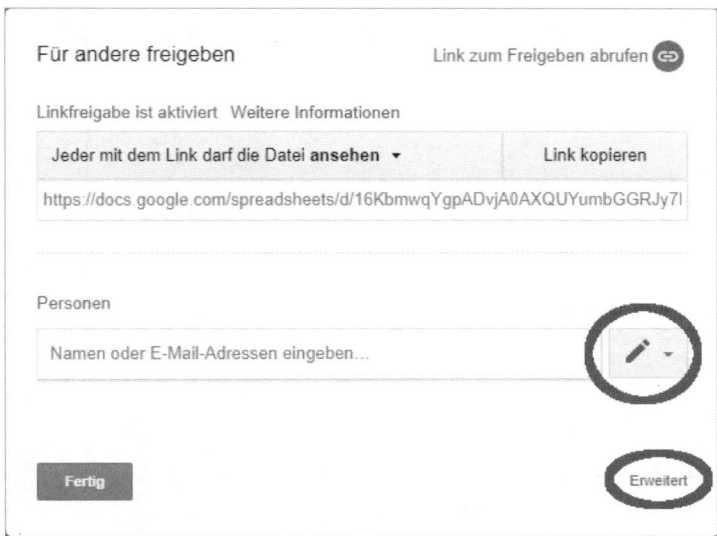

Abb. 7.11: Freigabeeinstellungen bearbeiten

Sie sehen ein Pop-up in der Mitte. Hier müssen Sie an zwei Stellen
etwas verändern. Zuerst klicken Sie auf das Stift-Symbol und verändern die Einstellung von BEARBEITEN auf ANSEHEN. Danach klicken Sie
auf ERWEITERT.

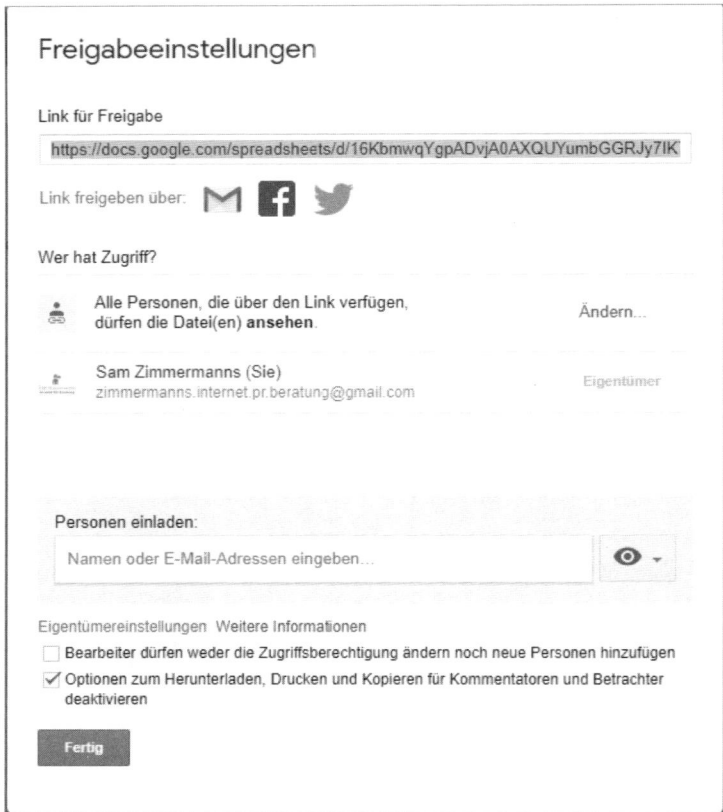

Abb. 7.12: Freigabeeinstellungen bearbeiten

Setzen Sie nun noch den Haken bei OPTIONEN ZUM HERUNTERLADEN, DRUCKEN UND KOPIEREN FÜR KOMMENTATOREN UND BETRACHTER DE-AKTIVIEREN, damit der Inhalt der Tabelle von niemandem außer Ihnen verändert werden kann. Danach klicken Sie auf die blaue Schaltfläche FERTIG.

Sie können jetzt die Tabelle im Browser aufrufen und sich die Tabellen-ID notieren. Diese benötigen Sie später für die Endpoint-URL für die JSON Rest-API.

Abb. 7.13: Google-Tabellen-ID

Die Google-Tabellen-ID wird immer auch im Webbrowser in der URL-Zeile dargestellt. Ich habe meine Tabellen-ID blau markiert.

Schritt 4: Google Sheets API aktivieren

Nachdem Sie Ihre Tabelle als Content-Backend erstellt und veröffentlicht haben, ist sie jetzt für jeden im Netz sichtbar, der ihre URL kennt. Ihr Skill kann aber mit der Darstellung der Inhalte noch nichts anfangen. Dafür müssen Sie den Content über die Google Sheet API im JSON-Format darstellen, sodass Ihr Skill den Content lesen und verarbeiten kann. Gehen Sie dafür in die Google API Console unter https://console.developers.google.com/.

Klicken Sie hier links auf den Menüpunkt BIBLIOTHEK.

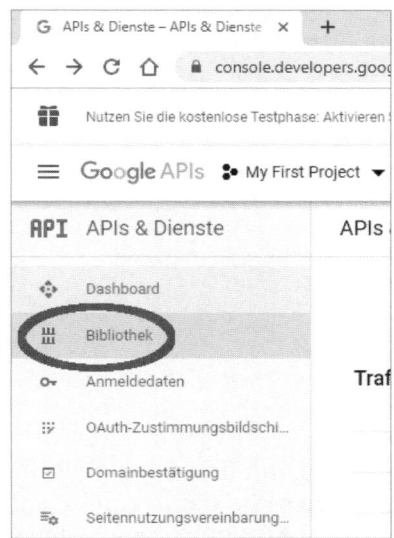

Abb. 7.14: Google API Console

Geben Sie im Suchschlitz der API-Bibliothek einfach `Sheets` ein. Danach klicken Sie auf das Suchergebnis.

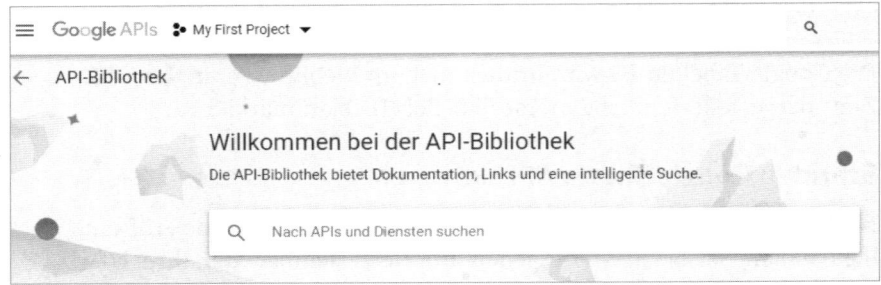

Abb. 7.15: API-Bibliothek

Anschließend klicken Sie auf die blaue Schaltfläche und aktivieren so die Google Sheets API.

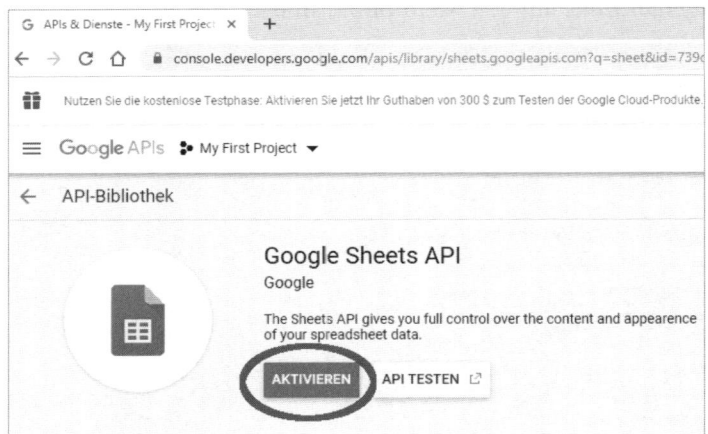

Abb. 7.16: Google Sheets API aktivieren

Jetzt benötigen Sie nur noch Ihren API-Key, um Ihre Google Tabelle im JSON-Format öffnen zu können. Gehen Sie dafür zurück auf `https://console.developers.google.com/` und klicken Sie links auf den Menüpunkt ANMELDEDATEN.

Abb. 7.17: Anmeldedaten erstellen

Hier klicken Sie oben auf der blauen Schaltfläche ANMELDEDATEN ER-STELLEN an und wählen im Drop-down-Menü API-SCHLÜSSEL aus.

Nun wird der API-Key erstellt. Diesen können Sie darunter im rechten Bereich ablesen. Den API-Key benötigen Sie gleich, um die Endpoint-URL aufrufen zu können.

Nachdem Sie die Google Sheets API aktiviert und den API-Key haben, können Sie im Browser testen, ob auch alles funktioniert. Die Endpoint-URL für eine Google Tabelle ist immer nach folgendem Schema aufgebaut:

```
https://sheets.googleapis.com/v4/spreadsheets/tabellen-id/values/tabellenblatt!A3:M1000?key=api-key
```

Sie können Ihre Endpoint-URL auch zum Test in Ihrem Browser öffnen. Sie sollten dann den Inhalt Ihrer Google Tabelle im JSON-Format sehen.

Für den Testskill ist die Endpoint-URL für die JSON REST-API folgende:

```
https://sheets.googleapis.com/v4/spreadsheets/
16KbmwqYgpADvjAOAXQUYumbGGRJy7IK7_rDTjwlE5Xw/
values/ANTWORTEN!A3:M1000?key=api-key
```

Den API-Key habe ich nicht mit drangehängt. Im Prinzip müssen Sie nur die Tabellen-ID und das »api-key« durch Ihre eigenen ersetzen.

Abb. 7.18: Google Tabelle als JSON REST-API im Webbrowser

Wenn Sie die Browsererweiterung »JSON Viewer« für den Google-Chrome-Browser installiert haben, sollten Sie eine etwas funktionalere Ansicht der JSON-Antwort erhalten.

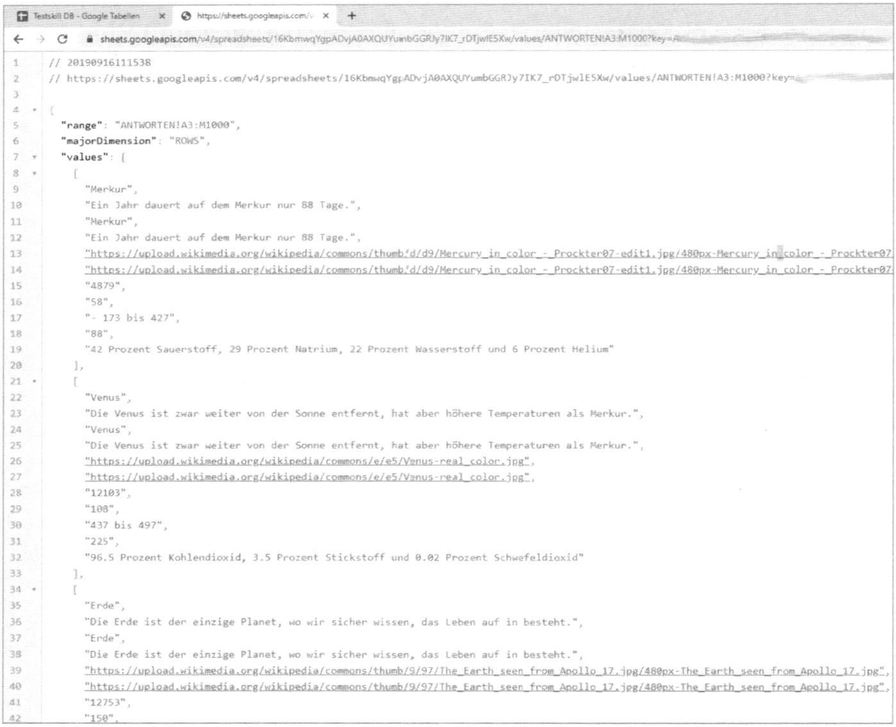

Abb. 7.19: Ansicht mit der Browsererweiterung JSON Viewer für Google Chrome

7.2.2 Dem Skill einen HTTP-Request hinzufügen

Unser Alexa-Hosted-Skill aus Kapitel 1 ist die Grundlage für dieses Beispiel. Dieser einfache Faktenskill, der uns nach dem Start nur zufällige Weltraumfakten genannt hat, soll drastisch um Funktionalitäten erweitert und die fest codierten Daten aus einer externen Datenbank abgerufen werden. Dafür habe ich mir eine kleine Wissensdatenbank in Google Sheets angelegt. Diese Google Tabelle werden wir als Content-Backend nutzen und den Code so vom Content trennen. Wie genau Sie das nachbauen können, verrate ich Ihnen anschließend.

Promises für asynchrone Abfragen nutzen

Bevor Sie Ihren Code aktualisieren, müssen Sie sich darüber im Klaren sein, dass es beim Anfordern von Daten von einer externen API zu einer leichten Verzögerung kommt, bis Sie eine Antwort erhalten. Node.js hat technisch gesehen nur einen Haupt-Code-Ausführungsthread. Wenn Sie also etwas tun, das lange dauert, kann gleichzeitig kein anderer Code ausgeführt werden.

Dies wirkt sich negativ auf die Leistung aus. Um dies zu verhindern, sind die meisten Dinge, die möglicherweise lange dauern können, asynchron geschrieben. Dadurch kann der danach definierte Code ausgeführt werden. Schauen Sie sich den folgenden Code an:

```
const response = httpAntwort(handlerInput);
console.log(JSON.stringify(response));
```

Die Funktion `httpAntwort(handlerInput)` ist asynchron, sodass die Ausführung nicht angehalten und nicht abgeschlossen wird, bevor die Datei `conosle.log` in der folgenden Zeile ausgeführt wird.

In Abschnitt 2.5 habe ich Ihnen gezeigt, wie Sie Ihren Skill debuggen können. Wenn Sie die Protokolle dort überprüfen, werden Sie an dieser Stelle ein `undefined` finden, und wenn Sie `response` in einer Sprachantwort definiert hätten, würde Alexa an dieser Stelle auch

»**undefined**« sagen. Dies würde Ihre Nutzer nur noch mehr verunsichern.

Wie kann Ihr Code also auf die Antwort warten, ohne dass der Hauptausführungsthread blockiert? Gar nicht. Sie übergeben ihn erst, wenn er fertig geladen ist. Im Grunde sagen Sie nur: »Hey `httpAntwort(handlerInput)`, wenn du fertig bist, das Zeug für uns zu laden, folge diesen Anweisungen, um es zu verarbeiten.«

Hierzu nutzen Sie am besten `async` und `await` in Ihrem Handler, in etwa so:

```
async handle(handlerInput) {
    ...
}
```

Mit dem Schlüsselwort `async` wird angegeben, dass die folgende Funktion ein Versprechen (Promise) zurückgibt.

Als »Versprechen« bezeichnet man in der JavaScript-Programmierung ein Objekt, das asynchrone Operationen kapselt. Asynchrone Operationen, wie die Anfrage einer externen Datenquelle hier, können so vor Abschluss der eigentlichen Operation verarbeitet werden. Diese Verfahrensweise stellt in der Webprogrammierung eine Alternative zur eher umständlicheren Callback-Methode dar. Dies ist hier erforderlich, weil die Übertragung der externen Daten eine gewisse Übertragungszeit beansprucht, auf die der Code sonst keine Rücksicht nehmen würde.

Jetzt möchte ich zu `await` kommen. Mit diesem Schlüsselwort wird die Funktionsausführung angehalten, bis die vorhergehende Zusage erfüllt ist. Dies bedeutet nicht, dass wir die Ausführung des Hauptthreads anhalten. Wir unterbrechen einfach die Ausführung unserer asynchronen Funktion. In unserem Fall pausieren wir das Handle, bis `httpAntwort` aufgelöst (**resolved**) oder abgelehnt (**reject**) wurde. Werfen Sie einen Blick darauf, wie Sie das Schlüsselwort `await` verwenden können.

```
const response = await  httpAntwort(handlerInput);
```

Jetzt, wo diese grundlegende Frage geklärt ist, schauen Sie sich die httpAntwort(handlerInput) genauer an und wie diese definiert ist. Um das **HTTP**-Modul von Node.js zu nutzen, müssen Sie am Anfang Ihres Codes http oder https definieren. In diesem Fall ist es https:

```
const https = require('https');
```

Für die httpAntwort(handlerInput)-Funktion definieren Sie also ein Versprechen (**Promises**).

In diesem Code bestimmen Sie dann den Erfolg oder Misserfolg der https-Requests-Anfrage, indem Sie entweder resolve oder reject aufrufen. Wenn Sie das »Promise« erstellen, wird der Code erst ausgeführt, wenn Sie die then-Methode aufrufen.

Die then-Methode benötigt einen Codeblock, der bei Erfolg ausgeführt wird. Alle Variablen, die aufgelöst (resolve) werden, werden dann (then) für die weitere Verarbeitung verfügbar sein. Für die Fehlerbehandlung nutzen Sie einen weiteren Codeblock, um diesen abzufangen (catch). Alle Variablen, die mit reject abgelehnt wurden, werden innerhalb von catch verfügbar sein.

Lassen Sie uns jetzt einen Blick darauf werfen, wie Sie ein Versprechen (Promise) erstellen können. Wir werden httpAntwort ein Versprechen zurückgeben lassen, das die Funktion https.get umgibt.

```
function httpAntwort(handlerInput) {
    return new Promise((resolve, reject) => {
        // http request
        ...
        if (error) {
            reject(error);
        } else {
```

```
        resolve(response)
    }
  });
}
```

Die Funktion erstellt ein neues Versprechen (new Promise). Zunächst wird geprüft, ob ein Fehler auftritt. Falls nicht, wird resolve ausgeführt und die Antwort übertragen.

Schauen Sie sich nun die Funktion httpAntwort an. Es werden zwei Parameter benötigt, **URL** und **Query**. Die URL ist die Adresse der API, die Sie erhalten möchten, und Query ist der Wert, nach dem Sie suchen. Sie verwendet die Funktion https.get. Sie benötigt eine URL und eine Arrow-Funktion. Sie müssen URL und Query zu einer URL kombinieren und sie an https.get übergeben. In unserem Testskill rufen wir eine Datenbank via HTTPS ab. Wir definieren URL und Query als Objekt schematisch, wie folgt:

```
var options = {
        host: 'sheets.googleapis.com', //Url
        port: 443,
        path: "/v4/spreadsheets/
16KbmwqYgpADvjA0AXQUYumbGGRJy7IK7_rDTjwlE5Xw/
values/ANTWORTEN!A3:Z5868?key=api-key", //Query
        method: 'GET',
    };
    console.log("PATH = https://" + options.host +
options.path);
```

Wenn Sie zum Beispiel diese URL und Query im Browser zusammen eingeben, sollten Sie eine Antwort im JSON-Format angezeigt bekommen:

```
https://sheets.googleapis.com/v4/spreadsheets/
16KbmwqYgpADvjA0AXQUYumbGGRJy7IK7_rDTjwlE5Xw/
values/ANTWORTEN!A3:Z5868?key=api-key
```

Tipp

Die Browsererweiterung für Google Chrome »JSON Viewer« stellt die JSON-Antwort im Browser übersichtlicher dar. Sie können sie hier finden:

```
https://chrome.google.com/webstore/detail/json-viewer/
gbmdgpbipfallnflgajpaliibnhdgobh
```

In der Arrow-Funktion abonnieren Sie Ereignisse, die als `data`, `end` und `error` bezeichnet werden.

Wenn Sie eine Anfrage stellen, erhalten Sie möglicherweise nicht alle Daten in einem Stück. Daher müssen Sie die Datenblöcke so lange anhängen, bis die Anfrage endet. Schauen Sie sich den folgenden Block an, um zu sehen, wie die Datenblöcke angehängt werden:

```
...
let returnData = '';

response.on('data', chunk => {
    returnData += chunk;
});
...
```

Wenn es einen Fehler (`error`) gibt, erhalten Sie ein Fehlerereignis. Für diesen Fall müssen Sie eine Ablehnung (`reject`) formulieren.

```
response.on('error', error => {
    reject(error);
});
```

Es gibt noch eine andere Stelle, an der man nach Fehlern suchen kann. Wenn Sie vom Server einen Statuscode erhalten, der einen Fehler anzeigt, sollten Sie auch hier ein `reject` aufrufen.

```
if (response.statusCode < 200 || response.statusCode >= 300)
{
    return reject(new Error('${response.statusCode}:
${response.req.getHeader('host')} ${response.req.path}'));
}
```

Wenn die Anfrage ohne Fehler abgeschlossen wird, erhalten Sie ein Endereignis (end). In diesem Fall werden Sie die Lösung (resolve) aufrufen wollen.

```
response.on('end', () => {
    resolve(returnData);
});
```

Die ganze Funktion sieht dann in etwa so aus:

```
function httpAntwort(handlerInput) {

    return new Promise(((resolve, reject) => {
        var options = {
            host: 'sheets.googleapis.com',
            port: 443,
            path: "/v4/spreadsheets/
16KbmwqYgpADvjAOAXQUYumbGGRJy7IK7_rDTjwlE5Xw/
values/ANTWORTEN!A3:Z5868?key=api-key",
            method: 'GET',
        };
        console.log("PATH = https://" + options.host +
options.path);

        const request = https.request(options, (response) => {
            response.setEncoding('utf8');

            let returnData = '';
```

```
        if (response.statusCode < 200 || response.statusCode
>= 300) {
                return reject(new Error('${response.
statusCode}: ${response.req.getHeader('host')}
${response.req.path}'));
        } else {

            response.on('data', (chunk) => {
              returnData += chunk;
            });

            response.on('end', () => {
              resolve(JSON.parse(returnData));
            });

            response.on('error', (error) => {
              reject(error);
            });


        }
      });

      request.end();
    }));
}
```

Ich habe jetzt im Code aus Kapitel 1 die Variable randomFact ersetzt, sodass nicht mehr die hinterlegten Fakten im Code abgefragt werden, sondern die Fakten aus unserer angelegten Google Tabelle.

Wenn Sie also im Testskill die Weltraumfakten extern abfragen möchten, sieht der benötigte Code dafür so aus:

```
const GetNewFactAPIHandler = {
  canHandle(handlerInput) {
```

```
    const attributes = handlerInput.attributesManager.
getSessionAttributes();
    //Lädt alle Sitzungsattribute für die Handlerprüfung.

    const request = handlerInput.requestEnvelope.request;

    return request.type === 'LaunchRequest'
      || (request.type === 'IntentRequest'
        && request.intent.name === 'GetNewFactIntent' ||
            request.intent.name === 'AMAZON.YesIntent' &&
attributes.skillstate === 'weltraumfakt'
          ); //Prüft, in welchem Fall der Handler
ausgeführt wird.
  },
  async handle(handlerInput) {

        const request = handlerInput.requestEnvelope.
request;
        const attributes = handlerInput.attributesManager.
getSessionAttributes(); //aktiviert den Attributemanager und
lädt alle verfügbaren Sitzungsattribute
        const requestAttributes = handlerInput.
attributesManager.getRequestAttributes();
    try {

        const response = await  httpAntwort(handlerInput);
        console.log(JSON.stringify(response));

        const answer = getAnswerData(response, null);
        const sprachausgabe = requestAttributes.t('GET_FACT_
MESSAGE') + getVoiceSpeechResponse(answer);
        const title = getCardTitle(answer);
        const text = getCardText(answer);
```

```
        const kleinesBild = getSmallCardImage(answer);
        const grossesBild = getLargeCardImage(answer);


        const frage = "Möchtest du noch einen Fakt?";
        const nachfrage = frage;


        attributes.speakOutput = sprachausgabe; //definiert
die Konstante "sprachausgabe" als zu speicherndes Attribut.
        attributes.skillstate = 'weltraumfakt'; //Erfasst
nur den Kontext.


        handlerInput.attributesManager.
setSessionAttributes(attributes); //Sagt dem
Attributemanager, das alle vorangegangenen Attribute im Code
als Sitzungsattribute gespeichert werden sollen.



                handlerInput.responseBuilder
                        .speak(sprachausgabe + frage)
                        .reprompt(nachfrage)
                        .withStandardCard(title, text,
kleinesBild, grossesBild)
                        // .getResponse();


    } catch(error) {

        handlerInput.responseBuilder
            .speak('Ich habe leider keine passenden Fakten
gefunden')
            .reprompt('Was möchtest du jetzt wissen')
        }


    return handlerInput.responseBuilder
        .getResponse();
```

```
    },

};

    function httpAntwort(handlerInput) {

      return new Promise(((resolve, reject) => {
        var options = {
            host: 'sheets.googleapis.com',
            port: 443,
            path: "/v4/spreadsheets/
16KbmwqYgpADvjA0AXQUYumbGGRJy7IK7_rDTjwlE5Xw/
values/ANTWORTEN!A3:Z5868?key=api-key",
            method: 'GET',
        };
        console.log("PATH = https://" + options.host +
options.path);

        const request = https.request(options, (response) => {
          response.setEncoding('utf8');

          let returnData = '';
          if (response.statusCode < 200 || response.statusCode
>= 300) {
                return reject(new
Error('${response.statusCode}:
${response.req.getHeader('host')} ${response.req.path}'));
          } else {

          response.on('data', (chunk) => {
            returnData += chunk;
          });
```

```
    response.on('end', () => {
      resolve(JSON.parse(returnData));
    });

    response.on('error', (error) => {
      reject(error);
    });

    }
  });

  request.end();
}));
}
```

Im `export.handler` unten müssen Sie nur noch den Request-Handler `GetNewFactHandler` durch `GetNewFactAPIHandler` ersetzen, dann sollten ab sofort alle Fakten von der Google Tabelle abgefragt werden.

Jetzt haben Sie das Rüstzeug, um mächtige Skills zu bauen. Sie können im Team an Ihrem Content für den Skill arbeiten und mit Google Tabellen JSON-Rest-APIs bauen.

Im nächsten Abschnitt möchte ich Ihnen den umgekehrten Weg zeigen, nämlich wie Sie bestimmte Skill-Antworten oder Nutzerantworten per Post-Request in Ihr System übertragen.

7.3   E-Mail-Versand mit API-Post-Request

Ein API-Post-Request ist immer dann ratsam, wenn Sie für Ihre Skill-Antwort Benutzereingaben in Ihrem oder einem anderen externen System benötigen, um eine adäquate Antwort zu geben.

In meinem Skill »Ebbe oder Flut« habe ich einen API-Post-Request umgesetzt, um es dem Nutzer zu ermöglichen, die Gezeiten-Daten an seine E-Mail-Adresse senden zu lassen. Dafür hole ich mir über die Amazon Customer Profil API den Namen und die E-Mail-Adresse des Nutzers und leite diese Daten per API-Post-Request an einen externen E-Mail-Dienstleister weiter, damit er eine E-Mail an die E-Mail-Adresse des Nutzers sendet.

Dies ist eine Funktion, bei deren Umsetzung Sie nicht um eine **IDE (integrated development environment)** herumkommen. Sie müssen neben dem ASK-SDK von Amazon noch ein weiteres Node.js-Modul verwenden und dieses geringfügig anpassen, damit es auch in Europa funktioniert.

Meine IDE der Wahl ist **MS Visual Studio Code**, die ich schon in Kapitel 6 vorgestellt habe. Wenn Sie die folgenden Schritte an Ihrem Rechner nachvollziehen möchten, gehen Sie am besten wie folgt vor:

1. Sie installieren MS Visual Studio Code (siehe Kapitel 6).

2. Erstellen Sie einen Skill in MS Visual Studio Code für die AWS Cloud (siehe Kapitel 6).

3. Installieren Sie das Node.js-Modul `mailgun-js` nach.

4. Passen Sie Mailgun für die Nutzung in Europa an.

5. Nutzen das Mailgun-Modul in einem Intent-Handler für den E-Mail-Versand

6. Veröffentlichen Sie den Skill in der AWS Cloud.

Wir steigen an dieser Stelle ab Schritt 3 ein. Die ersten beiden Schritte entnehmen Sie Kapitel 6.

7.3.1 Mailgun.js installieren

Mailgun ist ein US-E-Mail-Dienstleister, der es Ihnen ermöglicht, per API Request bis zu 10.000 E-Mails im Monat kostenlos zu versenden. Für unsere Zwecke sollte diese Anzahl an E-Mails reichen. Auf der Website `https://www.npmjs.com/package/mailgun-js` finden Sie alle notwendigen Informationen für die Nutzung. Sie installieren das Modul mit dem Konsolen-Befehl:

```
npm i mailgun-js
```

In MS Visual Studio Code öffnen Sie dafür zuerst ein Terminal-Fenster.

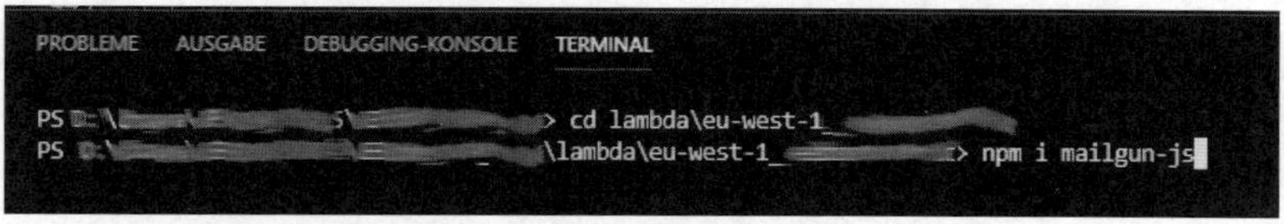

Abb. 7.20: Terminal-Fenster in MS Visual Studio Code

Sie wechseln nun in das Unterverzeichnis der Region Ihrer Lambda-Funktion, in der das Mailgun-Modul installiert werden soll.

Wenn Sie die Eingabe bestätigen, sollte das `mailgun-js`-Modul im Ordner `node_modules` als Unterordner auftauchen.

7.3.2 Mailgun für die Nutzung in Europa anpassen

Laut Mailgun-API-Dokumentation auf `https://documentation.mailgun.com/en/latest/api-intro.html#base-url` müssen Kunden aus Europa eine andere URL als API-Endpoint nutzen. Bevor ich das wusste, habe ich Stunden damit verbracht, Fehler zu suchen, weil mir der E-Mail-Versand nicht geglückt ist. Das war ein klassischer Fall von »read the fucking manual«. Ich hoffe, Ihnen kann ich jetzt Zeit und Mühe sparen.

Sie müssen also den API-Endpoint im `mailgun-js`-Modul anpassen. Keine Sorge, das geht leichter, als es klingt. Sie wechseln im MS Visual Studio Code links im Verzeichnisbaum in den Ordner `node_modules`. Dort sollte sich nun der Unterordner `mailgun-js` befinden. Wenn Sie dort hineinklicken, können Sie die Datei `mailgun.js` öffnen. Iin Zeile 26 können Sie den API-Endpoint auf den europäischen ändern.

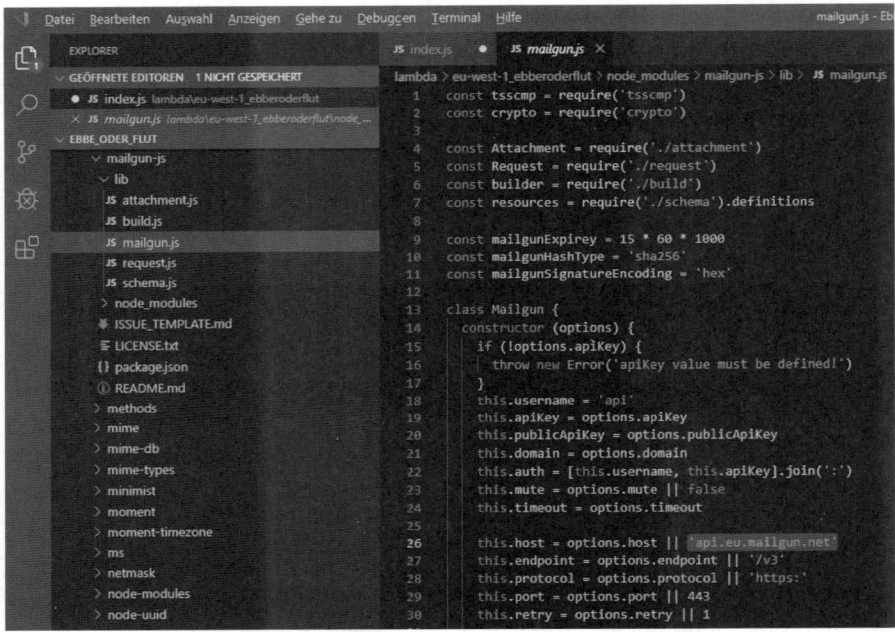

Abb. 7.21: `mailgun.js`-API-Endpoint anpassen

Sie ändern also die URL von `api.mailgun.net` zu `api.eu.mailgun.net`, das war's.

Danach speichern Sie noch Ihre Änderung und können nun als nicht US-Bürger den Mailgun-Dienst nutzen, wenn Sie sich bei Mailgun als Nutzer registriert haben. Dafür gehen Sie auf `https://www.mailgun.com` und klicken auf SIGN UP. Ich empfehle Ihnen, auch dort Ihre Kreditkartennummer zu hinterlegen, auch wenn Sie nicht mehr als die 10.000 kostenlosen E-Mails versenden möchten. Der Dienst möchte so die Spammer von den ehrlichen Kunden trennen.

> **Tipp**
>
> Nutzen Sie die Möglichkeit einer kostenlosen Prepaid-Kreditkarte Ihrer Bank, wenn Sie Ihre Kreditkartendaten bei Mailgun hinterlegen. Das minimiert Ihr Risiko.

7.3.3 Intent-Handler für den E-Mail-Versand

In meinem Skill-Szenario fragt der Skill »Ebbe oder Flut«, ob die Nutzer die Gezeitendaten auch per E-Mail zugesendet haben möchten. Wenn ein Nutzer auf diese Frage mit »ja« antwortet, wird mein E-Mail-Intent-Handler ausgelöst. Damit aber das Mailgun-Modul im E-Mail-Intent genutzt werden kann, müssen Sie es im Skill mit einbinden und am Anfang referenzieren. Das schaut in meinem Beispiel so aus wie in Abbildung 7.22.

```js
JS index.js

lambda > eu-west-1_ebberoderflut > JS index.js
  1  const Alexa = require('ask-sdk');
  2  const i18n = require('i18next');
  3  const sprintf = require('i18next-sprintf-postprocessor');
  4  var https = require('https');
  5  const momenttz = require('moment-timezone');
  6  const moment = require('moment');
  7
  8  var SmallImage = 'https://                          /ebbeoderflut720x480.png';
  9  var LargeImage = "https://c                          /ebbeoderflut1200x800.png";
 10  const speechConsberüßung = ['Moin', 'ahoi', 'a    , 'bis bald', 'hey', 'na?'];
 11  const speechConsverabschiedung = [ 'bis bald', 'gut reise'] ;
 12
 13  console.log('Starting function');
 14  var api_key = "                                    ";
 15  var domain = "                          ";
 16  var mailgun = require('mailgun-js')({apiKey: api_key, domain: domain});
 17  const PERMISSIONS = [
 18      'alexa::profile:email:read',
 19      'alexa::profile:name:read',
 20  ];
```

Abb. 7.22: Mailgun-Referenz im Skill

Da hier HTTPS-Abfragen getätigt werden, habe ich mit var https = require('https') das interne Node.js-Modul für HTTPS-Abfragen eingebunden.

Danach habe ich meinen Mailgun-api-key definiert mit var api_ key = "api-key" und die domain mit var domain = "domainname". Diese Variable definiert den E-Mail-Absender und muss auch auf der Mailgun-Webseite hinterlegt sein. Das Modul mailgun-js habe ich mit var mailgun = require('mailgun-js')({apiKey: api_key, domain: domain}) definiert. Es soll für die Verarbeitung den zuvor definierten api-key und die domain nutzen.

Zu guter Letzt habe ich die Alexa-Erlaubnis-Einstellungen als PER-MISSION-Array definiert, weil ich die hinterlegte E-Mail-Adresse des Nutzers als Empfangsadresse nutzen möchte.

Nachdem Sie dies alles erledigt haben, können Sie einen E-Mail-Intent-Handler definieren. Der grundlegende Aufbau eines Intent-Handlers bleibt gleich. Lediglich ein async fügen Sie vor dem handle an, da wir hier mit await auf die Antwort eines externen Systems warten müssen, damit der Code sinnvoll verarbeitet werden kann.

Sie fragen also zunächst die Amazon Customer Profile API ab, um an den Namen und die E-Mail-Adresse des Nutzers zu gelangen. Prüfen Sie zunächst, ob der Nutzer der Abfrage seiner Daten zustimmt:

```
const { requestEnvelope, serviceClientFactory,
responseBuilder } = handlerInput;

    const consentToken = requestEnvelope.context.System.
user.permissions
          && requestEnvelope.context.System.user.
permissions.consentToken;

        if (!consentToken) {
          return responseBuilder
            .speak('Bitte aktiviere die Berechtigungen in
der Amazon Alexa App. Der Skill benötigt für das Senden
einer E-Mail die Berechtigungen deines Namens für die
korrekte Anrede und deine E-Mail-Adresse. ')
            .withAskForPermissionsConsentCard(PERMISSIONS)
```

```
        .getResponse();
    }
```

Falls das der Fall ist, versuchen Sie, die Daten über die Customer Profile API anzufragen:

```
try {
        const { deviceId } = requestEnvelope.context.
System.device;
        const UpsServiceClient = serviceClientFactory.
getUpsServiceClient();
        const email = await UpsServiceClient.
getProfileEmail();
        console.log('E-MAIL ADRESSE = ' + email);
        const name = await UpsServiceClient.
getProfileName();
        console.log('VOLLSTAENDIGER NAME = ' + name);
```

Prüfen Sie auch, ob der Nutzer eine E-Mail-Adresse hinterlegt hat:

```
if ( email == null || email == undefined) {

        let Textmessage = 'Es sieht so aus, als
hättest du deine E-Mail-Adresse nicht richtig hinterlegt.
Du kannst deine E-Mail-Adresse in der Begleit-App eintragen.
Wähle dort Kommunikation aus und gehe dann in dein Profil. '
        return handlerInput.responseBuilder

                .speak(Textmessage)
                .withSimpleCard("E-Mail
nicht hinterlegt", Textmessage)
                .getResponse();
        } else {
```

In meinem Beispiel soll der Skill eine E-Mail an den Nutzer senden, wenn dieser zuvor nach den Gezeitendaten für einen bestimmten Ort gefragt hat. Ein E-Mail-Versand ergibt also erst dann Sinn, wenn dies der Fall war, daher prüfen Sie jetzt auch diesen Fall:

```
var ortsname = attributes['Ort'];

if(ortsname == null || ortsname == undefined){
            ortsname = "unbekannter Ort";
}



var emailtext = attributes['E-Mailtext'];

if(emailtext == null || emailtext == undefined){
emailtext = "Du hast noch keine Gezeitendaten für einen
bestimmten Ort abgefragt. Versuche: Alexa, ist Ebbe oder
Flut?";
}
```

Je nach Prüfergebnis wurden nun die Variablen `name`, `email`, `orts-name` und `emailtext` definiert. Diese benötigen Sie, damit Sie mit dem Mailgun-Modul eine sinnvolle E-Mail versenden können. Wenn Sie Mailgun für den E-Mail-Versand eines anderen Skills nutzen möchten, können Sie anstatt `ortsname` natürlich Ihre eigene notwendige Variable definieren.

Auf jeden Fall sollten Sie jetzt auch das E-Mail-Template definieren. In meinem Skill-Beispiel sieht das so aus:

```
  var data = {
            from:'Ebbe oder Flut Skill <info@
beispieldomain.de>',
            to: `${name}, ${email}`,
```

```
        subject: `Deine Ebbe- oder Flut-Information
für ${ortsname}`,
            text: emailtext
        };
```

Jetzt können Sie das Mailgun-Modul im Handler für den E-Mail-Versand aufrufen. Dafür müssen Sie nur folgenden Code einfügen:

```
mailgun.messages().send(data, function(error, body) {

        console.log("E-MAIL BODY = " +
JSON.stringify(body));
        });
```

Anschließend müssen Sie nur noch die Bestätigungsantwort für den Nutzer erstellen und ausgeben. Ich habe das wie folgt realisiert:

```
var Textmessage ='Ich habe diese Info an deine E-Mail-
Adresse gesendet. ';

        attributesManager.
setSessionAttributes(attributes);
        attributesManager.
setPersistentAttributes(attributes);
        attributesManager.savePersistentAttributes();

        return handlerInput.responseBuilder
        .speak(Textmessage)
        //.reprompt('Hast du noch weitere Fragen?')
        .withStandardCard("Ebbe oder Flut - E-Mail
versendet", Textmessage, SmallImage, LargeImage)
        .getResponse();


    }
```

Jetzt ist die Hauptarbeit erledigt. Wenn alles perfekt hinterlegt ist, sollte auch Ihr Skill in der Lage sein, E-Mails an seine Nutzer zu senden, wenn sie es wünschen. Aber in der Realität läuft nun mal oft nicht alles glatt, daher sollten Sie auf Fehler vorbereitet sein und diese abfangen, um sie auszuwerten und anschließend zu beseitigen.

Ich habe den obigen Code in einer try/catch-Klammer eingeklammert. Sie können also eventuellen Fehlern mit folgendem Code auf die Spur kommen:

```
} catch (error) {
            console.log(error.name);
            console.log(`error message:
${error.message}`);
            console.log(`error stack: ${error.stack}`);
            console.log(`error status code:
${error.statusCode}`);
            console.log("error response: " +
JSON.stringify(error.response));

        if (error.name === 'ServiceError' &&
error.statusCode === undefined) {
            let Textmessage = 'Es sieht so aus, als
hättest du deine E-Mail-Adresse nicht richtig hinterlegt.
Du kannst deine E-Mail-Adresse in der Begleit-App eintragen.
Wähle dort Kommunikation aus und gehe dann in dein Profil. '
            return responseBuilder

            .speak(Textmessage)
            .withSimpleCard("E-Mail-Adresse nicht
hinterlegt", Textmessage)
            .getResponse();
        }
        if (error.name !== 'ServiceError') {
            console.log(error.name);
```

```
                console.log(`error message:
${error.message}`);
                console.log(`error stack: ${error.stack}`);
                console.log(`error status code:
${error.statusCode}`);
                console.log("error response: " +
JSON.stringify(error.response));

            return handlerInput.responseBuilder
            .speak('Oh mann. Es sieht so aus, als wäre
etwas schiefgelaufen.')
            .getResponse();


        }
        throw error;
    }
}
```

Der handle-Teil Ihres E-Mail-Intent-Handlers ist jetzt fertig. Im Folgenden habe ich Ihnen noch einmal den vollständigen Code für diesen Intent-Handler zusammenhängend aufgeführt:

```
const EmailIntentHandler = {
  canHandle(handlerInput) {
    const attributes = handlerInput.attributesManager.
getSessionAttributes();
    const { request } = handlerInput.requestEnvelope;

    return request.type === 'IntentRequest' &&
      (request.intent.name === 'EmailIntent' ||
      request.intent.name === 'AMAZON.YesIntent');
  },
  async handle(handlerInput) {
```

```
    const attributesManager = handlerInput.
attributesManager;
    const attributes        = attributesManager.
getSessionAttributes();
    const requestAttributes = attributesManager.
getRequestAttributes();

    const { requestEnvelope, serviceClientFactory,
responseBuilder } = handlerInput;

    const consentToken = requestEnvelope.context.System.
user.permissions
        && requestEnvelope.context.System.user.
permissions.consentToken;

        if (!consentToken) {
            return responseBuilder
            .speak('Bitte aktiviere die Berechtigungen in
der Amazon Alexa App. Der Skill benötigt für das Senden
einer E-Mail die Berechtigungen deines Namens für die
korrekte Anrede und deine E-Mail-Adresse. ')
            .withAskForPermissionsConsentCard(PERMISSIONS)
            .getResponse();
        }
        try {
            const { deviceId } = requestEnvelope.context.
System.device;
            const UpsServiceClient = serviceClientFactory.
getUpsServiceClient();
            const email = await UpsServiceClient.
getProfileEmail();
            console.log('E-MAIL ADRESSE = ' +  email);
```

```
            const name = await UpsServiceClient.
getProfileName();
            console.log('VOLLSTAENDIGER NAME = ' +  name);



            if ( email == null ||  email == undefined) {

            let Textmessage = 'Es sieht so aus, als
hättest du deine E-Mail-Adresse nicht richtig hinterlegt.
Du kannst deine E-Mail-Adresse in der Begleit-App eintragen.
Wähle dort Kommunikation aus und gehe dann in dein Profil. '
            return handlerInput.responseBuilder

                        .speak(Textmessage)
                        .withSimpleCard("E-Mail
nicht hinterlegt", Textmessage)
                        .getResponse();
            } else {


            attributes['NAME']          = name;
            attributes['EMAIL']         = email;
            attributes['outputSpeech']  = Textmessage;
            attributes['skillState']    = "E-Mail";

            var ortsname = attributes['Ort'];

            if(ortsname == null || ortsname ==
undefined){
                ortsname = "unbekanter Ort";
            }
            var emailtext = attributes['E-Mailtext'];
```

```
                if(emailtext == null || emailtext ==
undefined){
                emailtext = "Du hast noch keine
Gezeitendaten für einen bestimmten Ort abgefragt. Versuche:
Alexa, ist Ebbe oder Flut?";
                }

            var data = {
                from:'Ebbe oder Flut Skill <info@
mg.internet-pr-beratung.de>',
                to: `${name}, ${email}`,
                subject: `Deine Ebbe- oder Flut-Information
für ${ortsname}`,
                text: emailtext
            };

            mailgun.messages().send(data, function(error,
body) {

            console.log("E-MAIL BODY = " +
JSON.stringify(body));
            });

        //  response    = await  GetUser();

            console.log("API ANTWORT = " +
JSON.stringify(response));

            var Textmessage ='Ich habe diese Info an deine
E-Mail-Adresse gesendet. ';

            attributesManager.
setSessionAttributes(attributes);
```

```
                attributesManager.
setPersistentAttributes(attributes);
                attributesManager.savePersistentAttributes();

                return handlerInput.responseBuilder
                .speak(Textmessage)
                //.reprompt('Hast du noch weitere Fragen?')
                .withStandardCard("Ebbe oder Flut - E-Mail
versendet", Textmessage, SmallImage, LargeImage)
                .getResponse();


        }

        } catch (error) {
                console.log(error.name);
                console.log(`error message:
${error.message}`);
                console.log(`error stack: ${error.stack}`);
                console.log(`error status code:
${error.statusCode}`);
                console.log("error response: " +
JSON.stringify(error.response));

                if (error.name === 'ServiceError' &&
error.statusCode === undefined) {
                let Textmessage = 'Es sieht so aus, als
hättest du deine E-Mail-Adresse nicht richtig hinterlegt.
Du kannst deine E-Mail-Adresse in der Begleit-App eintragen.
Wähle dort Kommunikation aus und gehe dann in dein Profil. '
                return responseBuilder

                .speak(Textmessage)
                .withSimpleCard("E-Mail-Adresse nicht
hinterlegt", Textmessage)
```

```
                    .getResponse();
            }
            if (error.name !== 'ServiceError') {
                console.log(error.name);
                console.log(`error message:
${error.message}`);
                console.log(`error stack: ${error.stack}`);
                console.log(`error status code:
${error.statusCode}`);
                console.log("error response: " +
JSON.stringify(error.response));

                return handlerInput.responseBuilder
                .speak('Oh Mann. Es sieht so aus, als wäre
etwas schiefgelaufen.')
                .getResponse();

            }
            throw error;
        }

    },
};
```

Vergessen Sie auch hier nicht, diesen Intent-Handler als Request-Handler im SkillBuilder unten zu registrieren, damit er auch vom Skill beachtet wird. Ich wiederhole das immer wieder, weil das wirklich oft vergessen wird.

7.3.4 Skill in der AWS Cloud und Alexa Developer Console veröffentlichen

Jetzt können Sie den Skill »deployen« und so in der AWS Cloud und Alexa Developer Console veröffentlichen. Bei meinem Skill-Beispiel sieht das wie in Abbildung 7.23 aus.

```
uggen   Terminal   Hilfe                              • index.js - Ebbe_oder_Flut - Visual Studio Code

JS index.js   •

lambda > eu-west-1_ebberoderflut > JS index.js
1685    const skillBuilder = Alexa.SkillBuilders.standard();
1686
1687    exports.handler = skillBuilder
1688      .withSkillId('                                    )
1689      .addRequestHandlers(
1690        LaunchRequestincompleteHandler,
1691        LaunchRequestHandler,
1692        EmailIntentHandler,
1693        OrteHandler,
1694        LöscheDatenHandler,
1695        SelectHandler,
1696        HelpHandler,
1697        ExitHandler,
1698        FallbackHandler,
1699        SessionEndedRequestHandler,
1700      )
1701      .addRequestInterceptors(
1702        LocalizationInterceptor,
1703        GetUserDataInterceptor,
1704        LogIncomingRequestInterceptor,
1705        DialogManagementStateInterceptor
1706      )
1707       .addResponseInterceptors(
1708        responseInterceptor,
1709        ResponseLog,
1710      )
1711      .addErrorHandlers(ErrorHandler)
1712      .withTableName('EbberOderFlut')
1713      .withAutoCreateTable(true)
1714      .withDynamoDbClient()
1715      .lambda();
1716
1717    ////helper funktionen

PROBLEME   AUSGABE   DEBUGGING-KONSOLE   TERMINAL

PS D:\bayna\ECHO_SKILLS\Ebbe_oder_Flut> ask deploy
```

Abb. 7.23: Skill deployen

Gehen Sie einfach in das Skill-Verzeichnis und übertragen Sie den kompletten Skill mit dem Befehl ask deploy im Terminal unten in die AWS Cloud. Danach legen Sie ihn in der Alexa Developer Console an.

Falls Sie das Skill-Sprachmodell vorher nicht in MS Visual Studio Code unter \models\de-DE.json um den EmailIntent ergänzt haben, können Sie diesen auch jetzt direkt in der Alexa Developer Console anlegen.

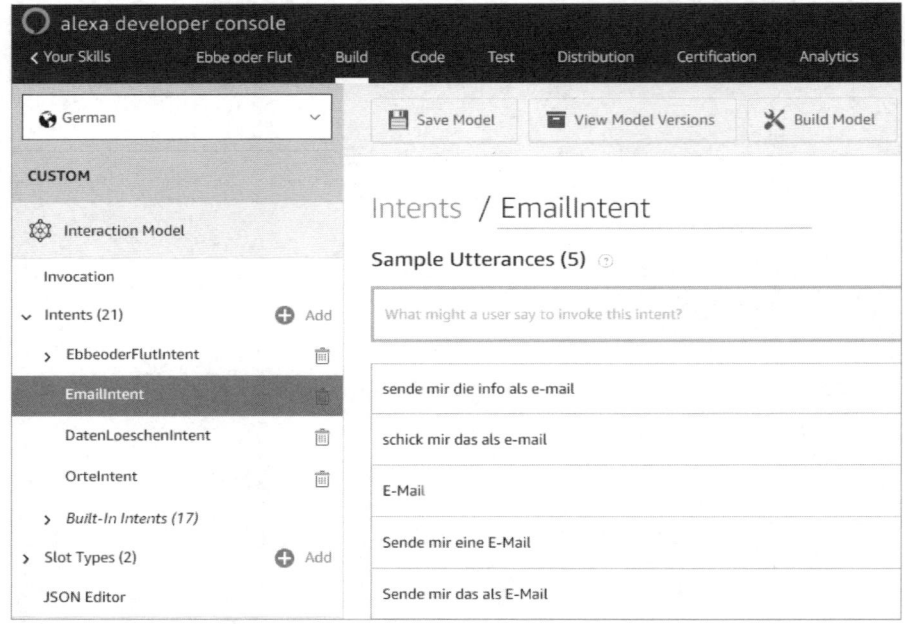

Abb. 7.24: Der E-Mail-Intent in der Alexa Developer Console

In diesem Fall gehen Sie also in die Alexa Developer Console, klicken neben Intents auf ADD und tragen dort EmailIntent als Intent-Namen ein. Danach einfach noch die Äußerungen eintragen, bei denen der Intent ausgelöst wird. Der EmailIntent-Handler sollte auch bei einer Ja-Antwort ausgelöst werden, daher sollten Sie ebenfalls ein **AMAZON.YesIntent** hinzufügen. Die Trigger für diesen Handler wurden oben im Code im canHandle-Bereich definiert.

Wenn Sie das in Ihrem Skill-Projekt genauso nachvollzogen haben, sollte Ihr Skill jetzt in der Lage sein, E-Mails auf Verlangen an seine Nutzer zu senden.

7.4   Der Post-Request in Node.js

Das Beispiel für den E-Mail-Versand ist nicht ganz optimal, um einen Post-Request in Node.js zu demonstrieren. Daher hier eine Kurzanleitung, wie dieser prinzipiell aufgebaut ist.

Zunächst muss eine Hilfsfunktion erstellt werden, die Sie in Ihrem Request-Handler nutzen können.

```
1   function PostUser(handlerInput, postData) {
2       return new Promise(((resolve, reject) => {
3
4       console.log("Das wird gesendet = " +
    JSON.stringify(postData));
5       var auth = 'Basic ' + Buffer.from('Ihr Login' + ':' +
    'Ihr Passwort').toString('base64');
6
7       var options = {
8           host: "www.beispieldomain.de",
9           port: 443,
10          path: '/beispielpath',
11          method: 'POST',
12          headers: {
13            'Content-Type': 'application/json',
14            //'Authorization': auth,
15            //'Content-Length': postData.length //Buffer.
    byteLength(postData.length)
16          },
17          body: postData
18      };
19      console.log("PATH = https://" + options.host +
    options.path);
20
21      const req = https.request(options, (res) => {
22        console.log('statusCode:', res.statusCode);
```

```
23        console.log('headers:', res.headers);
24
25
26          res.on('data', (d) => {
27            process.stdout.write(d);
28          });
29
30          res.on('error', (e) => {
31            console.error(e);
32          });
33        });
34        req.write(postData);
35        console.log("Write Data = " + JSON.stringify(postData));
36        req.end();
37      }));
38
39    }
```

In den meisten Fällen müssen sich Nutzer bei einer Post-Request-API anmelden und authentifizieren. Wie das aussehen kann, können Sie in Zeile 5 im Beispielcode oben nachvollziehen. In Zeile 8 definieren Sie die Domain, die im Post-Request aufgerufen werden soll, und in Zeile 9 den Port 443 für eine verschlüsselte Übertragung. In Zeile 10 definieren Sie den Pfad, der per Post-Request aufgerufen werden soll.

Hinweis

Bevor Sie einen Post-Request erstellen, müssen Sie sich eingehend mit der API-Dokumentation Ihres Anbieters befassen, damit Sie alle erforderlichen Angaben bekommen.

In Ihrem Request-Handler definieren Sie unter anderem die Variable postData als JSON-String. Wie Sie diese Variable genau definieren, hängt immer von dem System ab, das Sie von außen per Post-Request befüllen möchten. Der hier gezeigte Code ist also nur eine prinzipielle Darstellung.

```
var postData = JSON.stringify({

            "inquiry":{
              "apikey":"api-key",
              "product":{
                "id":beispiel-id
              },
              "language_code":address.countryCode.
toLowerCase(),
              "contact":{
                "address": address.addressLine1,
                "zip_code":address.postalCode,
                "city": address.city,
                "phone":'+'+mobile.countryCode +
mobile.phoneNumber,
                "first_name":firstname,
                "last_name":lastname,
                "email":email,
                "gender":true,
                "country_code":address.countryCode.
toLowerCase()
              }
              "note":"INFO FÜR BERATER\n\n Der User hat
über den Alexa-Skill-Kaufberater seine Daten eingegeben"
            }


        });
```

Hier sind also die zuvor abgefragten Nutzerdaten im JSON-Format übergeben worden, die wiederum als Variablen definiert worden sind.

Anschließend rufen Sie die Funktion `PostUser` auf, indem Sie Folgendes im Request-Handler hinzufügen:

```
let response = PostUser(handlerInput, postData);
```

Danach erstellen Sie für Ihren Request-Handler die Bestätigungsantwort für den Nutzer und geben diese aus.

Teil III

Veröffentlichung und Monetarisierung

In diesem Teil:

Kapitel 8

Alexa-Skill-Store-Eintrag erstellen

Jetzt, da Ihr Skill auf den ersten Blick funktioniert, könnten Sie ihn auch beim Alexa Skill Store einreichen, um ihn zu veröffentlichen.

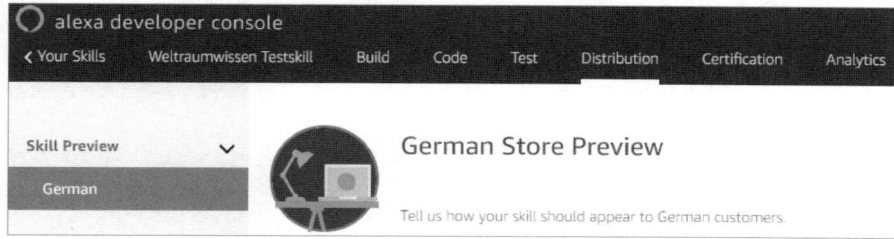

Abb. 8.1: Deutscher Skill-Store-Eintrag

Klicken Sie dafür oben in der Alexa Developer Console auf DISTRIBUTION.

Im ersten Feld geben Sie den Namen des Skills ein. Darunter kommt die Kurzbeschreibung mit maximal 160 Zeichen.

Direkt darunter kann die ausführliche Beschreibung eingegeben werden, sie kann bis zu 4000 Zeichen lang sein. Ich empfehle, diese auch zu nutzen, da das Ranking Ihres Skills im Skill-Katalog beeinflusst wird, wenn die passenden Keywords vorkommen. Außerdem können Sie hier auch sehr gut alle möglichen Sprachkommandos hinterlegen, sodass Ihre Nutzer sich besser im Skill zurechtfinden und auch alle seine Möglichkeiten erkennen. Außerdem empfiehlt Alexa aktiv Skills, wenn sie der Annahme ist, dass ein Skill für den Nutzer und seine Anfrage nützlich sein könnte.

Über das Feld WHAT'S NEW können Entwickler alle Neuerungen eingeben, die seit dem letzten Update hinzugekommen sind.

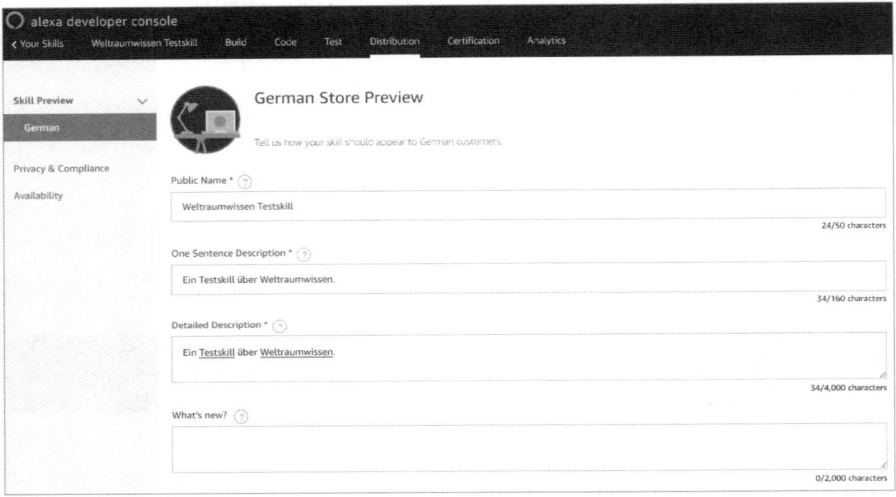

Abb. 8.2: Skill-Store-Vorschau

Abb. 8.3: Beispiele für Skill-Start-Phrasen anlegen

Im Abschnitt Example Phrases können Sie bis zu 3 Beispiel-Kommandos hinterlegen, mit denen der Skill aufgerufen wird.

Ich empfehle, mindestens eine Launch-Phrase zu hinterlegen, die nur den Skill startet, zum Beispiel »Alexa, öffne Weltraumwissen«. Die zweite und dritte Launch-Phrase sollten Sie für sogenannte »One-Shots« nutzen. Das sind Kommandos, die sofort eine bestimmte Funktion des Skills ausführen, ohne dass eine Begrüßung erfolgt, zum Beispiel: »Alexa, öffne Weltraumwissen und erzähle mir etwas.« Bei dieser Variante wird sofort ein Fakt aus unserem Weltraumwissen-Testskill genannt, ohne dass eine Begrüßung oder Erklärung des Skills erfolgt.

Für den Skill-Store benötigt Amazon zwei Icon-Grafiken als PNG in den Formaten 108 x 108 px und 512 x 512 px.

Abb. 8.4: Kategorieauswahl und Keywords hinterlegen

Zu guter Letzt wählen Sie noch die passende Kategorie für Ihren Skill aus. Nachdem das erledigt ist, sollten Sie bis zu 30 passende Keywords hinterlegen. Diese sind sehr wichtig für die Skill-Empfehlung durch Alexa.

In den Feldern Privacy Policy URL und Terms of User URL können Links hinterlegt werden, die diese rechtlichen Themen umfassend behandeln. Hierbei gilt, solange Sie keine Nutzerdaten sammeln, sind diese Felder keine Pflichtfelder; sobald Sie aber angeben, dass Sie persönliche Daten der Nutzer sammeln, müssen Sie hier Links zu entsprechenden Texten hinterlegen.

Ich selbst bin kein Rechtsexperte und empfehle, in diesen Fällen einen Fachanwalt für Datenschutz hinzuzuziehen. Ich empfehle auch jedem Nutzer eines Skills, sich die Datenschutzhinweise der Skill-Betreiber gründlich durchzulesen, sofern sie Links zu ihren AGBs und Datenschutzhinweisen anbieten.

Im nächsten Schritt klicken Sie links auf PRIVACY & COMPLIANCE.

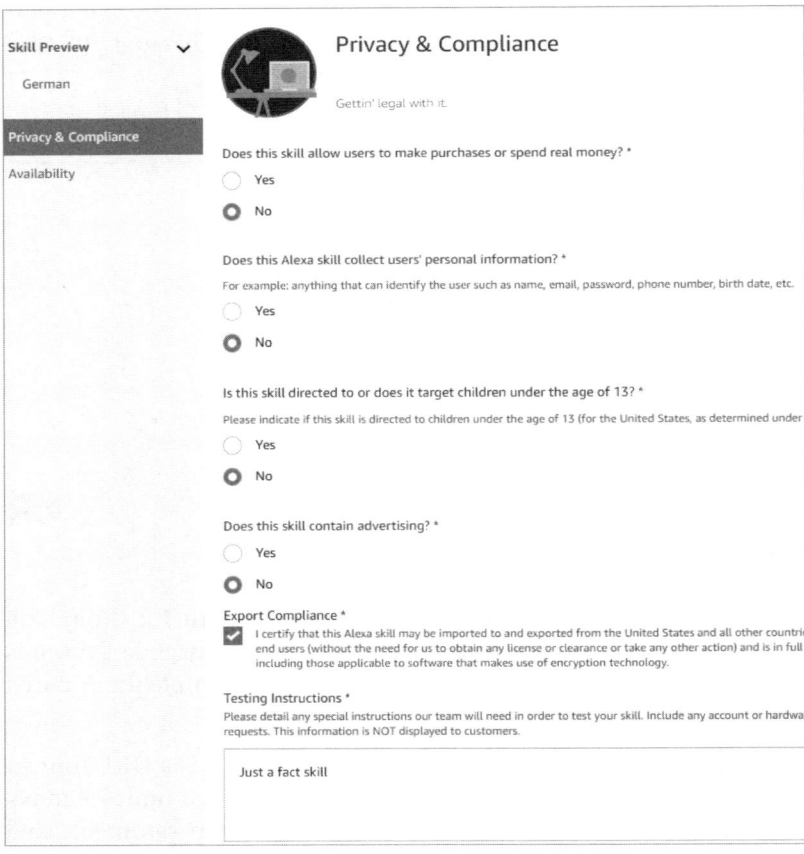

Abb. 8.5: Datenschutzeinstellungen für den Skill in der Alexa Developer Console

Hier legen Sie fest, ob ein Nutzer im Skill Käufe tätigen kann und ob persönliche Daten gesammelt werden.

Zudem stellen Sie ein, ob sich der Skill an Kinder unter 13 Jahren richtet und ob der Skill werbliche Inhalte enthält. Werbliche Inhalte, die sich an Kinder richten, sind für deutsche Skills nicht zugelassen. Somit schließen sich für »Kids-Skills« sogenannte ISPs, also In-Skill Purchases, im Moment für deutschsprachige Skills aus. In den USA ist man da schon wieder etwas weiter.

Der Punkt EXPORT COMPLIANCE muss angehakt werden und dient der Rückversicherung Amazons, dass Sie keine illegalen Inhalte über den Skill anbieten.

Das nächste Feld ist für die Zertifizierung relativ wichtig. Hierüber kann man dem Alexa-Zertifizierungsteam wichtige Dinge mitteilen, die sie testen sollen. Oder einfach nur den Hinweis geben, dass zum Beispiel keine neue Funktionalität hinzugefügt wurde, sondern nur neue »Äußerungen«. Im letzteren Fall kann das den Zertifizierungsprozess deutlich beschleunigen.

8.1 Beta-Tests einrichten und verwalten

Bei komplexeren Skills empfehle ich dringend, den Skill mit Beta-Testern zu testen. Eine Beta-Test-Phase kann über die Skill-Konsole angestoßen werden. Klicken Sie hierfür links auf den Punkt AVAILIBILITY.

Nun können Sie festlegen, ob Sie einen »Public«-Skill für alle veröffentlichen möchten, oder einen »Alexa for Business Organizations«-Skill. Letzterer ist dann nur für einen bestimmten Nutzerkreis dauerhaft verfügbar. Business-Skills sind nach meinem letzten Wissensstand auch kostenpflichtig für den Betreiber.

Darunter können Sie den kostenlosen Beta-Test aktivieren. Für einen Beta-Test können Sie bis zu 100 Nutzer anmelden. Hierfür muss der Entwickler die Alexa-E-Mail-Adressen der Tester hinterlegen. Diese können entweder manuell eingetragen oder per CVS-Datei in einem Rutsch hochgeladen werden.

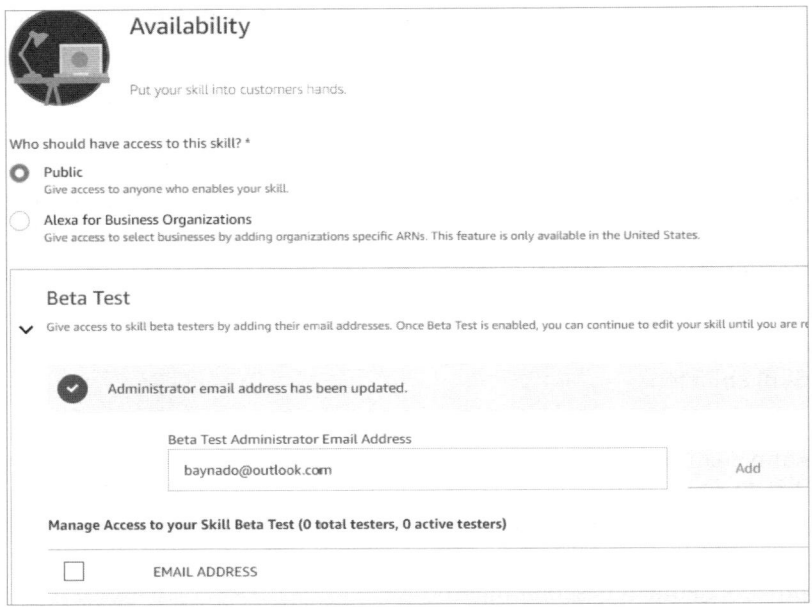

Abb. 8.6: Beta-Tester anlegen

Anschließend müssen die Skill-Beta-Tester den Test per Mausklick bestätigen. Der Bestätigungslink wird in der Regel per E-Mail versendet. Allerdings habe ich öfter beobachtet, dass solche E-Mails gerne mal bei den Empfängern im Spamordner landen!

Ich empfehle hier, immer zusätzlich den Bestätigungslink manuell zu kopieren und dem Tester auf anderem Wege zukommen zu lassen, zum Beispiel über einen Instant-Messenger seiner Wahl.

Die Beta-Test-Phase ist auf 90 Tage begrenzt und die Nutzerzahl auf maximal 500 Beta-Tester.

8.2 Alexa Skills zertifizieren

Sie haben jetzt also das Sprachmodell fertig, den Programmcode hinterlegt, einen Skill-Store-Eintrag angelegt und den Skill mit Beta-Testern auf Herz und Nieren geprüft. Jetzt können Sie Ihren Skill für die Zertifizierung einreichen. Klicken Sie hierfür oben in der Leiste auf CERTIFICATION.

Wenn alle Tests seitens Amazons bestanden werden, kann der Skill zwischen 24 und 48 Stunden nach Einreichung schon online sein, vorausgesetzt Sie haben ihn werktags zur Zertifizierung eingereicht und es liegt kein Wochenende dazwischen.

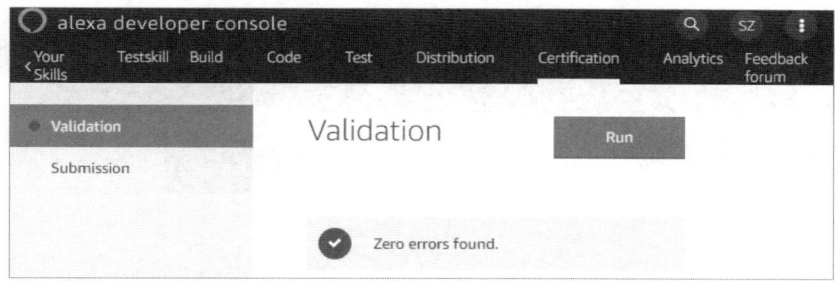

Abb. 8.7: Skill-Validation in der Alexa Developer Console

Wenn Sie Ihren Skill zur Zertifizierung einreichen wollen, lassen Sie zuerst die »Validation« durchlaufen. Sie prüft, ob alle erforderlichen Felder für den Skill-Store ausgefüllt sind.

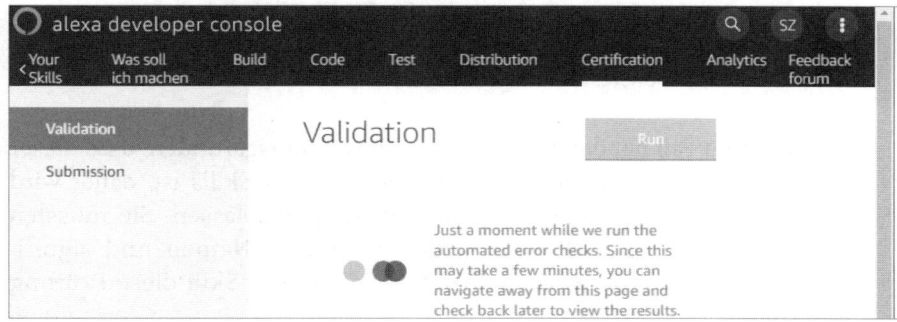

Abb. 8.8: Funktionstest läuft.

Danach klicken Sie links auf FUNCTIONAL TEST und dann rechts auf die Schaltfläche RUN. Jetzt wird eine Reihe automatisierter Tests durchgeführt, die den Programmcode auf grobe Fehler testet. Ich empfehle, diese immer durchzuführen, denn sollte mal ein Programmierfehler auftreten, fällt dieser hier nach wenigen Minuten auf und Sie können sofort Ihren Code korrigieren. Andernfalls müssen Sie mitunter ein paar Tage warten, nur um als Feedback zurückzubekommen, dass der Programmcode einen Fehler erzeugt hat.

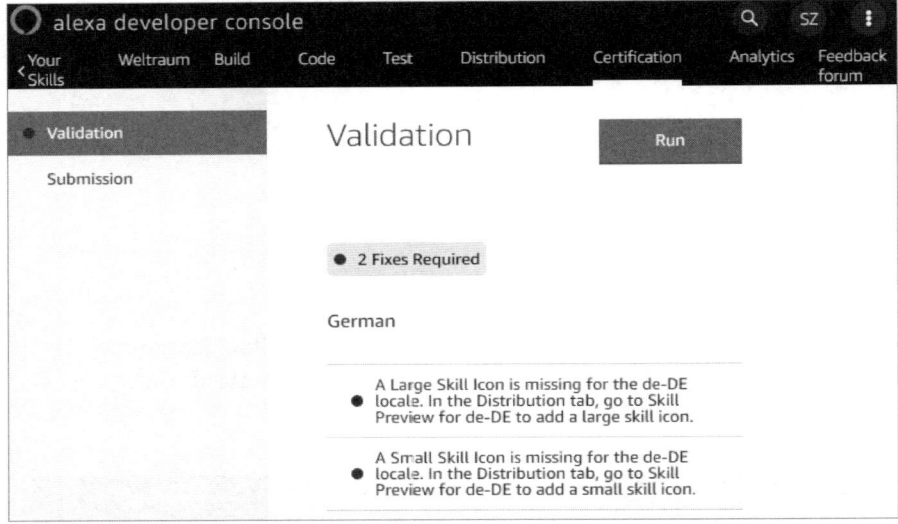

Abb. 8.9: Funktionstest ist fehlgeschlagen.

In diesem Fall hat der automatisierte Test herausgefunden, dass dieser Skill eine 1-zu-1-Kopie eines Amazon-Referenz-Skills ist, daher wird er nicht zur allgemeinen Veröffentlichung zugelassen. Sie müssten also schon den Skill-Namen, den Invocation-Namen und signifikante Teile der Antworten abändern, damit der Skill diese Prüfung besteht.

Sollten hier aber zunächst keine Fehler gefunden werden, können Sie den Skill unter SUBMISSION einreichen.

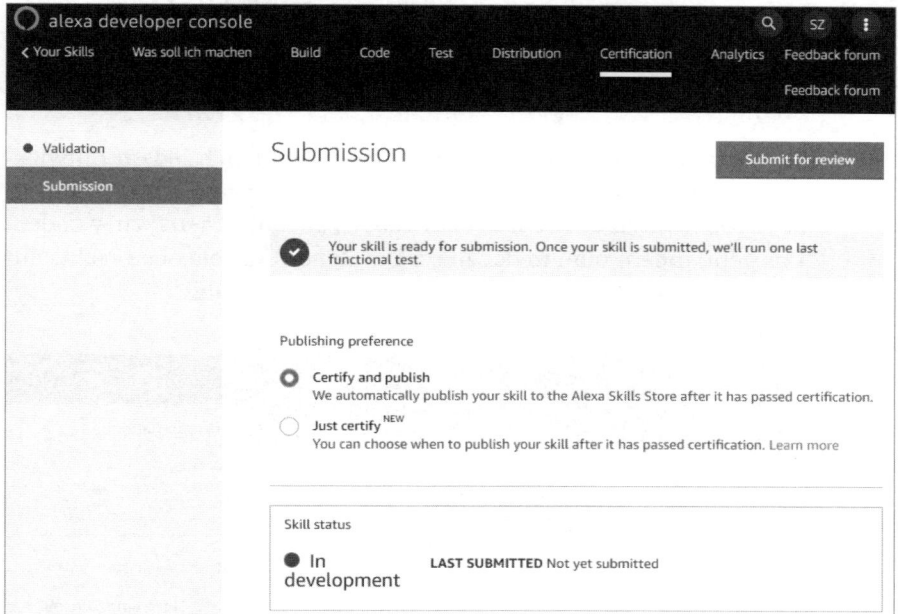

Abb. 8.10: Den Skill einreichen

Hier werden die Inhalte durch echte Amazon-Mitarbeiter geprüft. Manchmal werden hier auch Programmierfehler aufgedeckt, die im »Functional Test« nicht aufgefallen sind. Wenn der Skill inhaltlich in Ordnung ist, erhält der Entwickler eine E-Mail, dass sein Skill »live« ist.

Es kommt jedoch vor, dass bestimmte inhaltliche Aspekte nicht den Guidelines von Amazon entsprechen. So muss zum Beispiel für den Nutzer klar erkenntlich sein, ab wann Alexa spricht und ab wann der Inhalt einer fiktiven Person im Skill wiedergegeben wird. Auch bestimmte Inhalte, die Alexa in ein »schlechtes« Licht rücken würden, werden rigoros beanstandet. So wurde mir schon mal mein »Bierflasche«-Skill nicht zertifiziert, weil er aus Sicht von Amazon »rassistische, sexistische oder diskriminierende Inhalte« beinhaltet hat. Bei diesem für mich zunächst haltlosen Vorwurf war ich natürlich komplett verdutzt und wusste nicht, was Amazon damit genau meinte.

Bei negativem Feedback von Amazon empfehle ich jedem Entwickler, sich direkt an das Zertifizierungsteam über den Link `https://developer.amazon.com/alexa/console/contact-us` zu wenden. Das geht, indem man in der Alexa Developer Console oben rechts auf die drei Punkte klickt und dann CONTACT US auswählt.

Abb. 8.11: CONTACT US auswählen

Im darauf folgenden Formular können Sie Ihr Anliegen auch auf Deutsch mitteilen und auch Ihre Fragen zum negativen Skill-Feedback stellen.

Amazon beschäftigt für jede Sprache, in der ein Skill veröffentlicht wird, auch Muttersprachler, die den Kontext der Sprache bestens verstehen müssen. Also lassen Sie sich nicht durch das englische Formular abschrecken. Oder nutzen Sie einfach die Seite `https://www.deepl.com/translator`, um Ihr Anliegen in Englisch übersetzen zu lassen. Das funktioniert recht gut.

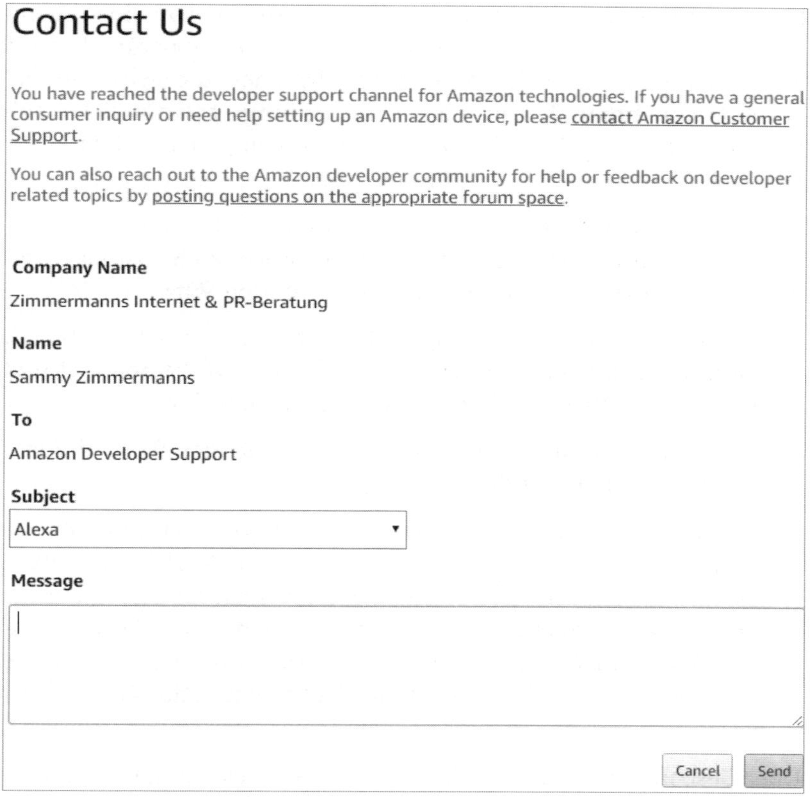

Contact Us

You have reached the developer support channel for Amazon technologies. If you have a general consumer inquiry or need help setting up an Amazon device, please contact Amazon Customer Support.

You can also reach out to the Amazon developer community for help or feedback on developer related topics by posting questions on the appropriate forum space.

Company Name

Zimmermanns Internet & PR-Beratung

Name

Sammy Zimmermanns

To

Amazon Developer Support

Subject

Alexa ▾

Message

Cancel Send

Abb. 8.12: Das Kontaktformular ausfüllen

Aber zurück zu dem Vorwurf, dass mein Bierflasche-Skill »rassistische, sexistische oder diskriminierende Inhalte« beinhaltet. Ich habe mich natürlich aufgrund des Vorwurfes an das Zertifizierungsteam gewendet und nachgefragt, was genau damit gemeint ist. Generell sind die Hinweise bei Verstößen gegen die Content Guidelines erst einmal sehr spärlich, was ärgerlich für jeden Alexa-Skill-Entwickler ist. Man bekommt nur kurz mitgeteilt, dass man gegen irgendwelche Inhaltsrichtlinien verstößt, und einen Link zu den Guidelines. Was die genau damit meinen, eben nicht. Erst wenn man sich über diese Entscheidung beschwert, wird ein sogenannter »Case« mit einer sehr langen Fallnummer aufgemacht und dieses Anliegen an eine scheinbar übergeordnete Stelle weitergeleitet. Man erhält natürlich auch eine Bestätigungs-E-Mail darüber. Diese Personen, die sich dann dieses Falls annehmen, haben mehr Entscheidungsgewalt und Freiheiten, ins Detail zu gehen. Sie können Ihnen den genauen Grund für die Ablehnung nennen.

In meinem Fall war es so, dass ein bestimmter Witz Stein des Anstoßes war. Der Tester oder die Testerin fand, dass er zu Selbstmord animiere und sexistisch sei. Es ging genau um diesen Witz:

Ein kleiner Mann sitzt traurig in der Kneipe ... vor sich ein Bier ... kommt ein richtiger Kerl, haut dem Kleinen auf die Schulter und trinkt dessen Bier aus. Der Kleine fängt an zu weinen.

Der Große: »Nu hab dich nicht so, du memmiges Weichei! Flennen wegen einem Bier!«

Der Kleine: »Na dann pass mal auf: Heute früh hat mich meine Frau verlassen, mein Konto abgeräumt, Haus leer! Danach habe ich meinen Job verloren! Ich wollte nicht mehr leben, legte mich aufs Gleis ... Umleitung! Wollte mich aufhängen ... Strick gerissen! Wollte mich erschießen ... Revolver klemmt! Und nun kaufe ich vom letzten Geld ein Bier, kippe Gift rein und du säufst es mir weg ...«

Über Geschmack und Humor lässt sich nur schlecht streiten, ist meine Meinung.

Einmal Zertifizieungshölle hin und zurück

Generell scheint Amazon, und speziell die Tester, relativ humorlos zu sein. Ich empfehle jedem, erst einmal das Thema Witze für Skills zu streichen, man ärgert sich nur über derartige Engstirnigkeit.

Als ich dann diesen Witz aus dem Skill entfernt habe, wurde der Bierflasche-Skill zertifiziert.

Aber was heute noch für Amazon gut ist, kann morgen schon nicht mehr gut sein. Als Skill-Entwickler erfährt man eventuelle Änderungen der »Content Guidelines« immer erst, wenn es zu spät ist.

Später, als ich den Bierflasche-Skill weiterentwickeln wollte, wurde der Skill wegen eines ganz anderen Grundes nicht mehr zertifiziert. Der Vorwurf lautet nun bis heute, dass dieser Skill zum exzessiven Alkoholmissbrauch aufrufen würde. Dass der Skill aber in seiner Kernfunktionalität nur ein Plopp von der Öffnung einer Flasche abspielt, scheint hier ignoriert zu werden. Der Witz ist, dass ich damals bei der Skill-Erstellung dieses Plopp von einer Limonadenflasche aufgenommen habe und diesen Sound nur für das Öffnen einer Bierflasche ausgebe.

Jetzt ist zwar der Bierflaschen-Skill immer noch in einer älteren Version für alle Nutzer verfügbar und er wird auch gerne zur Belustigung auf Partys genutzt, aber weiterentwickeln kann ich ihn nicht mehr. Dabei wollte ich nur eine Stimmpersonalisierung einbauen, in der der Skill anhand der Nutzerstimme die Person erkennt und persönlich mit Namen ansprechen kann.

Bei einem Alexa Live in Berlin konnte ich dann auch mal ein Mitglied des deutschen Amazon-Skill-Zertifizierungsteams auf derartigen Irrsinn ansprechen. Leider fährt Amazon da eine sehr restriktive Politik und ich merkte sehr schnell, dass es diesem Teammitglied peinlich war.

Dieses Zertifizierungsteammitglied sagte mir, dass sie dazu angehalten sind, bei Verstößen gegen die »Content Guidelines« keine konkreten Hinweise herauszugeben, weil Amazon denkt, dass man dann ein eventuelles Schema entdecken könnte, was Amazon politisch nicht gefällt.

Der ethische Maßstab sei eben auch kein deutscher, sondern ein eher amerikanischer bzw. internationaler Maßstab. In anderen Kulturen könnte der Genuss von Alkohol verpönt sein.

Diese Erklärung kann ich zwar nachvollziehen, dennoch habe ich immer noch einen faden Beigeschmack dabei. Schließlich stelle ich als Entwickler nur einen Skill zur Verfügung, der sich an deutschsprachige Nutzer richtet und nur in deutschsprachigen Ländern verfügbar ist.

Außerdem ist diese Verfahrensweise auch äußerst inkonsequent. Denn wenn Amazon einen Verstoß gegen die »Content Guidelines« feststellt, sollte auch die bestehende ältere Version aus dem Skill-Store entfernt werden. Dies ist jedoch eben nicht der Fall. Der Dumme ist nur der Nutzer, weil er nun keine neuen Features für seinen Skill mehr bekommt, und der Entwickler, der sich umsonst die Mühe gemacht hat.

Als Learning kann ich jedem nur mitgeben: Wenn Sie in Ihrem Skill Themen ansprechen, die international falsch verstanden werden könnten, meiden Sie diese Themen. Es ist der Mühe nicht wert!

Vor diesem Hintergrund erscheinen mir sämtliche Jugendschutzdebatten um Alexa, die seitens der Eltern im Netz geführt werden, fast absurd, da Amazon schon im Vorfeld dafür sorgt, dass viele Inhalte für Alexa recht weichgespült sind.

Kapitel 9

Alexa-SEO und Skills promoten

Nachdem Sie Ihren Skill fertig programmiert haben und ihn zur Zertifizierung eingereicht haben, geht es mit der Skill-Promotion weiter. Schließlich möchten Sie, dass Ihr Skill auch gefunden und genutzt wird.

Wie Sie gleich noch genauer sehen werden, arbeitet Amazon daran, aktiv Skills für bestimmte Äußerungen vorzuschlagen. Allerdings funktioniert das noch nicht immer zuverlässig, und es braucht auch immer eine gewisse Zeit, bis Alexa gelernt hat, welcher Skill bei welchen Anfragen vorgeschlagen werden soll.

Sie sollten im Hinterkopf behalten, dass bevorzugt der Skill vorgeschlagen wird, den ein Nutzer zuletzt für eine bestimmte Anfrage genutzt hat. Allein dieser Umstand bedingt, dass Sie ein starkes Interesse daran haben sollten, dass Ihr Skill von möglichst vielen Nutzern aktiviert und genutzt wird, um auch gegen zukünftige Konkurrenz zu bestehen.

Welche Möglichkeiten gibt es also, um einen Alexa Skill bekannter zu machen?

9.1 Alexa-SEO

Mittlerweile gibt es über 100.000 Skills für Amazons Sprachassistentin, aber nur der kleinste Teil davon ist auch in deutscher Sprache verfügbar. Aktuell sehe ich hier den Markt so ähnlich wie Mitte der 90er Jahre im letzten Jahrhundert, wo es einen »Run« auf die Internetdomains gab. Heute sind es die »Invocation Names« und »Utterances«.

Wenn ich meinen Kunden die Notwendigkeit eines eigenen Skills und die aktuelle Funktionalität erkläre, kommen schnell Einwände, dass man sich ja den Skill-Namen immer merken muss und dass es sehr unwahrscheinlich ist, dass die Leute das machen werden. Diesen Einwand könnte ich gleich auf viele Arten zerpflücken, weil er auf mehreren Ebenen falsch ist.

1. Ja, es ist zuerst umständlich, sich einen Skill-Namen zu merken. Er ist aber auch zugleich ein Branding-Instrument und jeder Marketer oder Unternehmer sollte bestrebt sein, eine eigene Marke aufzubauen.

2. Der Umstand, dass ein Skill-Name für den Aufruf erforderlich ist, ist in Deutschland nur eine Übergangslösung. In den USA gibt es schon Skills, die einen `CanFulfillIntentRequest` erkennen.

9.1.1 Was ist ein CanFullfillIntentRequest?

Mit der `CanFulfillIntentRequest`-Funktion kann ein Skill Alexa mitteilen, welche Anfragen er beantworten kann. Alexa kombiniert diese Informationen mit einem Machine-Learning-Modell, um den richtigen Skill auszuwählen, wenn ein Kunde eine Anfrage ohne Aufrufnamen abruft. Daher finden Kunden die richtigen Skills schneller und verwenden dabei die Suchbegriffe, die sie am natürlichsten sagen. Wenn ein Kunde mit Alexa spricht, ohne einen Skill mit dem Namen aufzurufen, wählt Alexa den besten Skill aus, der auf der Grundlage des Machine-Learning-Modells aufgerufen werden kann.

Der `CanFulfillIntentRequest` ermöglicht es Alexa, das Modell des maschinellen Lernens um Informationen zu erweitern, die von einem Skill bereitgestellt werden. Mit dem `CanFulfillIntentRequest` kann Alexa von mehreren Skills abfragen, ob sie die Anforderung erfüllen können, wenn die Kundenabsicht und die **Slot-Werte** berücksichtigt werden. Wenn ein Kunde beispielsweise fragt: »*Alexa, wo kann ich am besten essen heute in der Nähe von Dresden?*«, kann Alexa den `CanFulfillIntentRequest` verwenden, um Restaurant-Skills zu fragen, ob sie die Anforderung verstehen und erfüllen können. Ein Restaurant-

Skill mit einer Datenbank deutscher Restaurants kann die Anforderung sowohl verstehen als auch erfüllen, während eine Datenbank mit vegetarischen Restaurants sie möglicherweise nur verstehen kann. Basierend auf diesen Antworten würde Alexa den Skill mit der Datenbank der Restaurants von Deutschland für den Kunden aufrufen.

Der `CanFullfillIntentRequest` ist prinzipiell so etwas wie das Meta-Keyword-Tag für Webseiten, nur dass man hier keine Keywords hinterlegt, sondern Suchphrasen. Diese Anfragen müssen dann aber auch erfüllt werden. Und es gibt noch weitere Prüfungsinstanzen, die Alexa heranzieht, um einen bestimmten Skill aufzurufen.

9.1.2 Die skalierbare neuronale Architektur hinter Alexas Fähigkeit, Skills auszuwählen

Amazon sucht immer nach Möglichkeiten, den Nutzern die Suche nach Skills zu erleichtern. Die Suche nach den relevantesten Skill im Umgang mit einer Nutzeräußerung ist aus zwei Gründen eine wissenschaftliche und technische Herausforderung:

1. Die Vielzahl potenzieller Skills macht die Aufgabe schwierig. Im Gegensatz zu herkömmlichen digitalen Assistenten, die zwischen 10 und 20 integrierte Domänen (Skills) haben, muss Alexa im Englischen durch mehr als 90.000 navigieren. Und diese Zahl steigt wöchentlich, laut Amazon.

2. Im Gegensatz zu herkömmlichen integrierten Domänen, die sorgfältig entwickelt wurden, um in ihrem Aufgabengebiet zu bleiben, können Alexa Skills überlappende Funktionen abdecken. Zum Beispiel gibt es im Englischen Dutzende von Skills, die auf Äußerungen im Zusammenhang mit Rezepten reagieren können.

Die Schwierigkeit hier ist im Wesentlichen ein weitreichendes Problem bei der Domänenklassifizierung über Zehntausende von Skills hinweg. Dies ist eine der vielen Herausforderungen, die Alexa-Wissenschaftler und -Ingenieure mit Deep-Learning-Technologien angehen, sodass die Interaktion mit Alexa für die Nutzer natürlicher und reibungsloser wird.

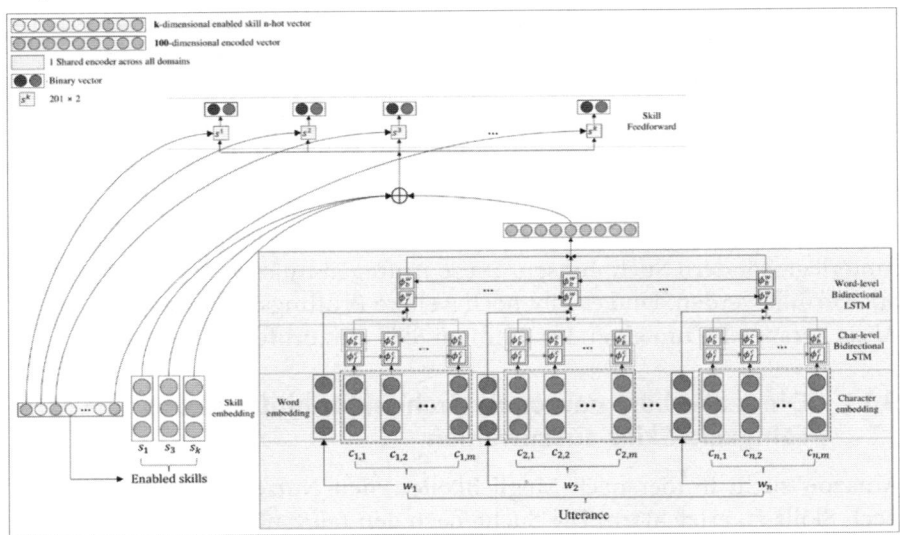

Abb. 9.1: Shortlister mit tiefer neuraler Architektur (Quelle: Alexa Developer Blog)

Alexa verwendet einen zweistufigen, skalierbaren und effizienten neuronalen Shortlisting-Re-Ranking-Ansatz, um den relevantesten Skill für eine gegebene Äußerung (Utterance) zu finden. Dieser Abschnitt beschreibt den ersten dieser beiden Schritte, der auf einem neuronalen Modell beruht, das Amazon »Shortlister« nennt. Der Shortlister ist eine skalierbare und effiziente Architektur mit einem gemeinsamen Encoder, einem personalisierten Skill-Aufmerksamkeitsmechanismus und Skill-spezifischen Klassifizierungsnetzwerken.

Das gemeinsam genutzte Encoder-Netzwerk ist hierarchisch aufgebaut: Seine unteren Schichten sind auf Zeichen und Orthografie empfindlich und lernen, jedes Wort anhand der Zeichenstruktur oder -form darzustellen. Seine mittleren Schichten sind wortbasiert, und mit den Ausgaben der unteren Schichten lernen sie, eine gesamte Äußerung darzustellen. Der Skill-Aufmerksamkeitsmechanismus ist ein separates Netzwerk, das für jeden Benutzer personalisiert ist. Es berechnet einen Zusammenfassungsvektor, der beschreibt, **welche Skills in einem bestimmten Benutzerprofil aktiviert sind** und **wie rele-**

vant sie für die **Äußerungsdarstellung** sind. Sowohl der **Äußerungs-repräsentationsvektor** als auch der personalisierte **Skill-Zusammenfassungsvektor** speisen in eine Batterie von Skill-spezifischen Klassifizierungsnetzwerken ein, ein Netzwerk für jeden Skill.

Während des Trainings wird das System als Ganzes auf der Grundlage der Ergebnisse der Kompetenzklassifizierungsnetze bewertet. Infolgedessen lernt der gemeinsam genutzte Encoder, Äußerungen auf eine Weise darzustellen, die für die Klassifizierung von Skills nützlich ist, und der personalisierte **Skill-Aufmerksamkeitsmechanismus** lernt, sich auf die relevantesten Skills zu konzentrieren.

In den Amazon-Experimenten hat das System mit dem Skill-Aufmerksamkeitsmechanismus eine wesentlich bessere Leistung gezeigt als mit einem Vektor, der benutzeraktivierte Skills darstellt, mit einem Bit für jeden Skill. Der Vektor hat jedoch bessere Ergebnisse erzielt, wenn er sowohl im Tandem als auch im isolierten Einsatz verwendet wurde.

Während Amazon seine Architektur für Zehntausende von Skills skalierbar macht, halten Sie sich an die praktischen Einschränkungen, indem Sie sich auf die Minimierung des Speicherbedarfs und der Laufzeitlatenz konzentrieren, die für die Leistung von Produktionssystemen wie Alexa von großer Bedeutung sind. Derzeit benötigen Inferenzen 50 MB Speicher und die p99-Latenzzeit beträgt 15 Millisekunden. Darüber hinaus ist Amazons Architektur so konzipiert, dass neue Skills, die zwischen den gesamten Umschulungszyklen verfügbar werden, effizient berücksichtigt werden.

9.1.3 Was ist der HypRank?

Dieses Thema dürfte vor allem viele Google-SEOs interessieren. Neben dem `CanFullfillIntentRequest` versucht Alexa, über den **HypRank** einen passenden Skill für eine bestimmte Nutzeräußerung zu finden. Es ist eine Art Klassifizierungsmodell von Skills, ähnlich einem Suchmaschinenalgorithmus.

Der weiter oben beschriebene Shortlisting-Schritt verwendet ein skalierbares neuronales Modell, um effizient die optimalen (k-besten)

Kandidaten-Skills für die Handhabung einer bestimmten Äußerung zu finden. Der Schritt des erneuten Einstufens verwendet umfangreiche kontextsensitive Signale, um die relevantesten dieser Skills zu finden. Amazon verwendet dafür den Begriff **Re-Ranking**, da es den anfänglichen Vertrauensfaktor, der durch den Shortlisting-Schritt bereitgestellt wird, verbessert.

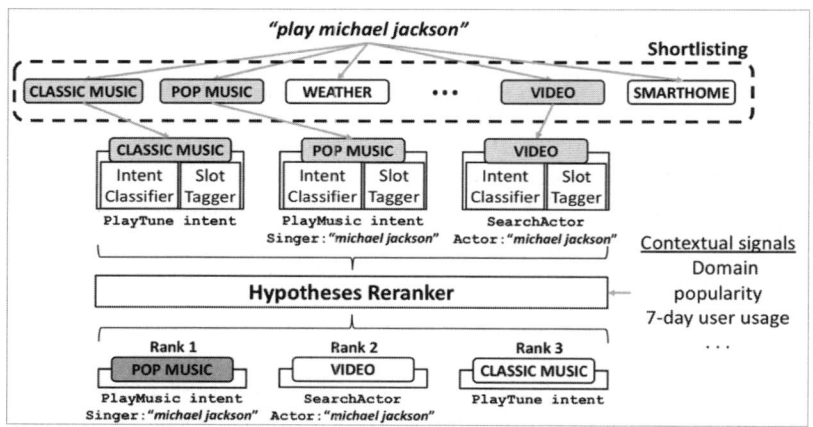

Abb. 9.2: Ein High-Level-Flow des zweischrittigen Shortlisting-Re-Ranking-Ansatzes. (Quelle: Alexa-Developer-Blog)

9.1.4 Die Schwierigkeiten bei der Umsetzung

Die Schwierigkeit hier ist im Wesentlichen ein Domänenklassifizierungsproblem gegenüber den k-besten Kandidaten-Skills, die vom Shortlisting-System zurückgegeben werden. Das Ziel des Shortlisters ist es, einen hohen Rückruf zu erreichen – möglichst viele relevante Skills zu identifizieren – mit maximaler Effizienz. Auf der anderen Seite besteht das Ziel des Re-Ranking-Netzwerks, **HypRank**, darin, kontextabhängige Signale zu verwenden, um eine hohe Präzision zu erreichen – um die relevantesten Skills auszuwählen.

Die Gestaltung von HypRank bringt eigene Herausforderungen mit sich:

- **Hypothesendarstellung**: Es müssen verfügbare kontextsensitive Signale verwendet werden, um eine effektive Hypothesendarstellung für jeden Skill in der k-best-Liste zu erstellen.

- **Hypothesenübergreifende Feature-Repräsentation**: Features müssen effizient und automatisch mit den Skills anderer Bewerber in der k-best-Liste verglichen werden.

- **Verallgemeinerung**: Der HypRank muss sprachunabhängig sein.

- **Robustheit**: Der HypRank muss in der Lage sein, Änderungen zu berücksichtigen, wie zum Beispiel unabhängige Änderungen an Shortlister oder an Modellen zum Verständnis natürlicher Sprache, die eine Skill-spezifische semantische Interpretation von Äußerungen ermöglichen.

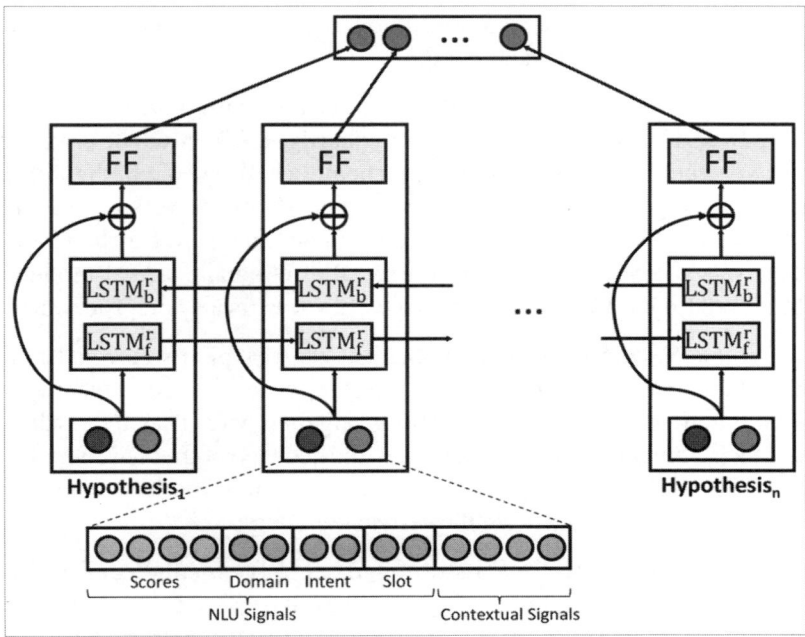

Abb. 9.3: Neuronale Hypothesen-Re-Ranker-Modellarchitektur. (Quelle: Alexa-Developer-Blog)

Der HypRank besteht aus zwei Komponenten:

1. Darstellung der Hypothese für jeden Skill und
2. ein bidirektionales Langzeitgedächtnis(Bi-LSTM)-Modell zum Neueinstellen einer Liste von Hypothesen.

Für jeden Skill in der k-best-Liste bildet Amazon eine Hypothese, die auf zusätzlichen semantischen und kontextuellen Signalen basiert. Zum Beispiel führt Amazon eine **semantische Analyse der Intent-Slots** eines Skills durch. Wenn ein Benutzer »*Michael Jackson spielen*« sagt, kann der Pop-Musik-Skill die Absicht »PlayMusic« ableiten, während der Klassik-Musik-Skill die Absicht »PlayTune« ableiten kann. Die Vertrauensbewertungen, die die Skills ihren Schlussfolgerungen zuordnen, könnten jedoch für die Neubewertung der Skills hilfreich sein. **Der Hypothesengenerator wird ständig aktualisiert,** um Signale neu zu gewichten und neue Funktionen und Änderungen der Nutzungsmuster zu berücksichtigen.

Amazons HypRank ist aufgrund seines Listen-Ranking-Ansatzes, der eine Bi-LSTM-Schicht verwendet, einzigartig. LSTM-Modelle sind bei der Verarbeitung in natürlicher Sprache üblich, da sie die Reihenfolge der empfangenen Daten berücksichtigen: Wenn Sie versuchen, das sechste Wort in einer Äußerung zu verstehen, ist es hilfreich zu wissen, was die vorherigen fünf waren. Bidirektionale LSTM-Modelle berücksichtigen Datensequenzen sowohl vorwärts als auch rückwärts.

Durch die Nutzung der Bi-LSTM-Schicht kann HypRank eine vollständige Liste der Skill-Hypothesen auswerten, bevor für jede Hypothese eine Rangfolge für die Neubewertung vergeben wird. Dies unterscheidet sich von punktweisen Ansätzen, die jede Hypothese isoliert betrachten, oder paarweisen Ansätzen, die Paare von Hypothesen in einer Reihe von turnierartigen Wettbewerben betrachten.

Während Ansätze zur Neueinstufung in der Vergangenheit auf manuell erstellten Crosshypothese-Features beruhten, verwendet Amazons Ansatz die Bi-LSTM-Schicht, um geeignete Crosshypothese-Features automatisch zu lernen und zu codieren, um die Rangfolge neu zu bestimmen. Der codierte Kreuzhypothesenvektor durchläuft dann ein herkömmliches Vorwärtskopplungsnetzwerk, das die endgültige Bewertung für jede Hypothese bestimmt.

Der HypRank ist in Bezug auf Sprache und Gebietsschema agnostisch. Die Kontextinformationen, die zur Bildung einer Hypothese verwendet werden, sind unabhängig davon, ob die gesprochene Sprache Englisch oder Deutsch ist und ob die Ländereinstellung USA oder Deutschland ist. Amazon arbeitet kontinuierlich daran, den HypRank so verallgemeinerbar wie möglich zu gestalten und auch gegenüber Änderungen der Upstream-Signale so robust wie möglich zu sein.

Die oben beschriebenen Verfahren finden aktuell nur in den USA statt. Doch es ist zu erwarten, das Amazon diese Verfahrensweise auch bald auf alle anderen Sprachen und Länder ausweiten wird. Von daher ist ein eigener Skill ein erster guter Schritt, in einem sprachgestützten Internet Fuß zu fassen. Jetzt werden gerade die »Claims« abgesteckt und aktuell ist es noch einfach, bestimmte Entitäten für sich zu gewinnen.

Grundlage für die bessere Auffindbarkeit dürfte immer noch **der richtige Skill-Name** sein und die **im Skill hinterlegten Äußerungen** sowie die **Beschreibung im Skill Store,** die zusätzlich auch mit **Keywords** angereichert wird. Auch Signale wie **positive Bewertungen** und **die Anzahl der Nutzer eines Skills** dürften entscheidende Faktoren sein. So etwas wie »klassisches SEO«, wie bei Google, gibt es hier nicht. Denn das würde ja implizieren, dass es im Hintergrund eine allgemeingültige Suchergebnisliste gibt. Das Verfahren ist zu stark personalisiert, um von einem allgemeingültigen Ranking auszugehen.

Das Ranking auf der Amazon-Webseite wiederum wird von den Amazon-SEO-Faktoren stark beeinflusst. Hier spielen die Keywords im Titel und in der Skill-Beschreibung eine starke Rolle sowie die Nutzerbewertungen und die Nutzung des Skills. Die Anzahl der Personen, die einen Skill nutzen, hat also definitiv auch einen Einfluss auf das Website-Ranking.

Ich empfehle jedem Skill-Entwickler, die Nähe zum Amazon-Alexa-Team auf Live-Veranstaltungen zu suchen, um auch dort die Mitarbeiter auf den eigenen Skill aufmerksam zu machen. Ich kann natürlich nicht handfest belegen, dass dies einen Einfluss auf das Ranking auf der Amazon-Website hat. Man bekommt aber auf solchen Amazon-Alexa-Live-Events jede Menge Tipps und Infos.

So habe ich zum Beispiel vom Amazon-Marketing-Programm erfahren, bei dem man sich als Entwickler bewerben konnte. Wenn der Skill bestimmte Kriterien erfüllt hatte, wurden die angenommen Skills auf der Amazon-Webseite besonders gefeaturt oder über den Alexa-Newsletter bekannt gemacht.

Suchanfragen und Navigation werden definitiv nicht nur über eine Suchmaschine stattfinden und gerade im Feld der Sprachsuche ist Amazons Alexa ein ernst zu nehmender Gegner für die Suchmaschine Google. Zudem beruht das Geschäftsmodell von Amazon, anders als bei Google, nicht auf Werbeeinnahmen. Dieser entscheidende Umstand veranlasst mich zu der Annahme, dass Amazon hier die bessere Ausgangslage und den längeren Atem haben wird, da eine nachhaltige Finanzierung der Entwicklung von neuen Technologien gewährleistet ist.

Schon jetzt verlagern Onlinemarketer immer größere Werbebudgets in Richtung Amazon, was für Amazon nur eine zusätzliche Einnahmequelle ist, für Google aber alles bedeutet.

9.2   Ihren Skill bekannt machen

9.2.1   Designen Sie eine natürliche Launch-Phrase

Es fängt schon einmal mit dem richtigen Namen für den Skill und dem richtigen »Invocation Name« für den Start Ihres Skills an. Meines Erachtens ist der Invocation-Name noch wichtiger als der eigentliche Skill-Name. Wenn Sie diesen so wählen, wie ein Nutzer spricht, ist es wahrscheinlich, dass er auch zufällig von Nutzern gesagt wird, die Ihren Skill noch gar nicht auf den Schirm hatten. Alexa erkennt dann diese Launch-Phrase und schlägt dem Nutzer aktiv vor, den Skill für ihn zu aktivieren.

Ich gebe Ihnen im Folgenden ein paar Beispiele, was ich genau damit meine. Dafür muss ich allerdings ein wenig ausholen.

Meine Tochter ist 10 Jahre alt und malt gerne Bilder. Hin und wieder gehen ihr die Ideen zum Malen aus und sie fragt mich immer wieder, was sie malen soll. Ich dachte mir, dass dieses alltägliche Szenario sicherlich auch in anderen Familien vorkommt. Also habe ich einen Skill entwickelt, den die Kinder nach Motiven fragen können, die sie dann malen können.

Jetzt wollte ich aber auch, dass möglichst viele Kinder meinen Skill nutzen. Ich hörte also meiner Tochter genau zu, um herauszufinden, wie sie ihre Frage formuliert. Sie fragte immer: »*Papa, was soll ich malen?*«

Also entschied ich mich als Invocation-Namen für die Phrase »Was soll ich malen?«, anstatt »Malvorschlag« oder »Motivratgeber«. Ganz einfach, weil ich die Intention meiner Tochter, nämlich einen Malvorschlag zu erhalten, so natürlich wie möglich mit dem Start meines Skill abfangen wollte.

Den »Was soll ich malen?«-Skill finden Sie übrigens hier:

```
https://www.amazon.de/Zimmermanns-Internet-PR-Beratung-
soll-malen/dp/B07JCBY6NK/
```

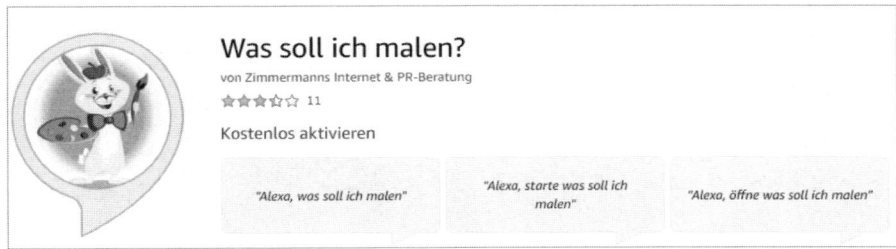

Abb. 9.4: Der *Was soll ich malen?*-Skill

Zugegeben, dieses Szenario kommt jetzt nicht massenweise im Alltag vor, dafür aber regelmäßig. Das Beispiel soll Ihnen verdeutlichen, dass Sie als Onlinemarketer und Unternehmer im »Voice Web« vom Schlagwortdenken wegkommen müssen hin zu Intentionen und Suchphrasen.

Ein weiteres schönes Beispiel ist der »Ich liebe Dich«-Skill. Er wird genau bei dieser Phrase von Alexa gestartet und gibt dem Nutzer eine schnulzige Liebeserklärung.

Sie ahnen gar nicht, wie oft im Jahr Alexa eine Liebeserklärung mit dieser Äußerung bekommt! Ich kann es Ihnen sagen, denn laut dem Alexa-Deutschland-Marketingverantwortlichen, den ich auf einem Workshop in München persönlich getroffen habe, bekommt Alexa ca. 10 Millionen Mal im Jahr eine Liebeserklärung und sogar eine Million Mal einen Heiratsantrag!

Ich denke, die Macher des »Ich liebe dich«-Skills haben sehr viele Nutzer.

Einer meiner erfolgreichsten Skills ist die »Bierflasche«. Sie können ihn auf dieser Seite finden:

```
https://www.amazon.de/Zimmermanns-Internet-PR-Beratung-
Bierflasche/dp/B077Q71KK3/
```

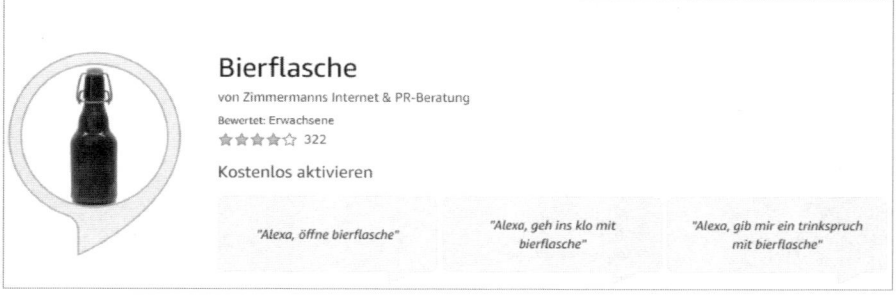

Bierflasche
von Zimmermanns Internet & PR-Beratung
Bewertet: Erwachsene
★★★★☆ 322

Kostenlos aktivieren

"Alexa, öffne bierflasche"   *"Alexa, geh ins klo mit bierflasche"*   *"Alexa, gib mir ein trinkspruch mit bierflasche"*

Abb. 9.5: Der Bierflasche-Skill

Ich bin auf die Idee dazu gekommen, als ich einen Dialog in einer Facebook-Gruppe gelesen habe, in der Alexa-Nutzer sich über ihre ersten Erfahrungen mit Alexa und mit ihren Besuchern ausgetauscht haben. Irgendwann ging es darum, dass ein Besucher eines Alexa-Nutzers fragte, ob sie ihm auch eine Bierflasche öffnen könne, der Alexa-Nutzer verneinte dies, meinte aber, dass dies eine nützliche Funktion wäre.

Ich dachte mir: Okay, als Gag könnte man ja Alexa sagen, dass sie eine Bierflasche öffnen soll, und man hört daraufhin nur ein Plopp vom Öffnen einer Bierflasche sowie das Geräusch, wie Bier in ein Glas eingeschenkt wird.

Was soll ich sagen, dieser Gag kam ziemlich gut an, denn es werden häufig Diskussionen über die Nützlichkeit von Alexa geführt. Und wenn Männer sich allgemein über die Nützlichkeit von Frauen im Haushalt unterhalten, scheint das Thema Bierholen eine Art Grundkonstante in diesen Dialogen zu sein. :-D

Das ist natürlich nur eine reine Vermutung von mir und auch nicht wirklich ernst gemeint.

Der Skill funktioniert, weil neben dem generischen Invocation-Namen auch die Launch-Wörter mitberücksichtigt werden. Eine Übersicht der Launch-Wörter können Sie in Kapitel 1 noch einmal nachlesen. Berücksichtigen Sie diese unbedingt, wenn Sie den Invocation-Namen für Ihren Skill wählen. Je natürlicher die fertige Launch-Phrase gesprochen werden kann, desto wahrscheinlicher wird Ihr Skill auch genutzt.

Tipp

Merken Sie sich also: Der richtige Invocation-Name plus die geschickte Nutzung einer Launch-Phrase ist die halbe Miete zum Erfolg Ihres Skill-Projekts!

9.2.2 Schreiben Sie eine ausführliche Skill-Beschreibung

Wenn die Nutzer den Alexa-Skill-Store besuchen, haben sie Tausende von Skills zur Auswahl. Zusammen mit einem intuitiven Skill-Namen wird eine gut geschriebene Skill-Beschreibung dazu beitragen, die

Aufmerksamkeit der Kunden auf sich zu ziehen und sie zu überzeugen, Ihre Skills auszuprobieren.

Stellen Sie sicher, dass Ihre Skill-Beschreibung den Nutzen Ihres Skills klar ausdrückt. Beschreiben Sie, wie Ihr Skill eine Aufgabe schneller, einfacher oder angenehmer per Sprache erledigt. Fügen Sie Details und Äußerungen hinzu, die die wichtigsten Merkmale Ihres Skills hervorheben und das Interesse der Nutzer wecken. Und verwenden Sie Keywords, die Nutzern helfen können, Ihren Skill zu entdecken.

Wenn Sie beabsichtigen, den Inhalt Ihres Skill regelmäßig zu aktualisieren, fügen Sie diese Informationen in Ihre Beschreibung ein. Teilen Sie mit, wie oft Sie planen, Ihren Skill zu aktualisieren, damit die Nutzer wissen, dass sie immer wieder für reizvollere Interaktionen zurückkommen können.

9.2.3 Nutzen Sie ein auffälliges Skill-Icon

Zusammen mit einer Beschreibung hat jeder Skill im Alexa Skill Store ein Icon, um ihn hervorzuheben. Auch wenn Ihr Alexa Skill eine Sprachanwendung ist, ist das Skill-Icon wichtig, da es hilft, Ihren Skill von den Tausenden anderer Skills im Alexa Skill Store zu unterscheiden. Nutzen Sie also ein schönes Skill-Icon als weitere Möglichkeit, die Aufmerksamkeit der Kunden auf sich zu ziehen.

Denken Sie daran, dass Ihr Icon nicht auffällig sein muss; tatsächlich verfügen einige der besten Icons über ein durchdachtes und intuitives Design, das visuell zum Ausdruck bringt, worum es bei dem Skill geht. Wenn Sie Ihr Skill-Icon entwerfen, denken Sie an einige Best Practices im Design:

Bleiben Sie ganz einfach. Vermeiden Sie es, das Icon mit feinen Details zu überladen, die bei kleinen Größen schwer zu erkennen sind.

Reduzieren Sie den Text auf ein Minimum. Wenn Sie Text einfügen müssen, stellen Sie sicher, dass er in die Grenzen des Icon-Rahmens passt und groß genug ist, um auch bei kleinsten Darstellungsgrößen lesbar zu sein.

Vermeiden Sie die Verwendung von Fotos. Bei kleineren Größen sind sie schnell nur noch schwer zu erkennen.

Machen Sie Ihr Icon wiedererkennbar. Kunden sollten in der Lage sein, es auf einen Blick zu erkennen und eine Vorstellung davon haben, was der Skill kann.

9.2.4 Senden Sie eine E-Mail an Ihr persönliches Netzwerk

Der einfachste Weg, um neue Nutzer anzuziehen, ist, die Leute, die wissen, dass Sie einen neuen Alexa Skill entwickelt haben, zu informieren. Das können Freunde, Familie, Kollegen und andere Personen aus Ihrem Netzwerk sein. Sie alle werden wahrscheinlich Ihren neuesten Skill ausprobieren, wenn Sie sie informieren. Senden Sie Ihrem Netzwerk also eine kurze Notiz mit einem Link zu dem Skill im Alexa Skill Store zusammen mit den Anweisungen, wie sie ihn auf ihrer Alexa aktivieren und aufrufen können.

Wenn Sie bereits Kunden haben, die eines Ihrer Produkte verwenden, können Sie diese auch ganz einfach über Ihren neue Alexa Skill informieren. Schicken Sie ihnen eine E-Mail oder fügen Sie Details über den Skill in Ihren Newsletter ein. Fügen Sie ein paar Beispielaussagen hinzu, um ihr Interesse zu wecken und ihnen den Einstieg zu erleichtern.

9.2.5 E-Mail-Signatur hinzufügen und Marketing-Symbole aktualisieren

Ihre E-Mail-Signatur ist eine wesentliche Grundlage für wichtige Produkte oder Nachrichten, die Sie bewerben möchten. Fügen Sie eine kurze Beschreibung und einen Link zu Ihrem Skill bei, um das Bewusstsein für Ihren Skill zu schärfen. Und jetzt, da Sie ein schönes neues Alexa-Icon haben, um Ihren Skill visuell zu präsentieren, fügen Sie es auch zu Ihren Social-Media-Symbolen in der E-Mail-Signatur in einer Reihe mit dem Facebook- und Twitter-Symbol, falls vorhanden, hinzu.

9.2.6 Präsentieren Sie Ihren Skill auf Ihrer Website

Ihre Website ist der perfekte Ort, um Neuigkeiten und wichtige Ankündigungen zu präsentieren, einschließlich der Einführung Ihrer neuen Alexa Skills. Sobald Ihr Skill veröffentlicht ist, erstellen Sie eine Nachricht auf Ihrer Homepage, die Ihren Skill ankündigt und Kunden auf den Alexa Skill Store hinweist.

Sie können auch Ihren Skill in Ihrem Blog vorstellen. Ihr Blogbeitrag sollte beschreiben, wofür man Ihren Skill nutzen kann, warum Sie ihn programmiert haben und wie Nutzer von seinem Gebrauch profitieren werden.

9.2.7 Nutzen Sie die sozialen Netzwerke zur Skill-Promotion

Facebook

Wie bei meinem Bierflaschen-Beispiel oben nutze ich gerne Facebook-Gruppen zur Inspiration für neue Skill-Ideen, denn hier bekommt man ganz einfach mit, was sich die Nutzer wünschen. Umgekehrt können Sie diesen Informationskanal auch für sich nutzen und Ihren Skill in den einschlägigen Facebook-Gruppen promoten.

Ich empfehle folgende Gruppen auf Facebook für die Promotion von Skills:

- **Alexa & Echo deutsche Supportgruppe** hat über 21 Tausend Mitglieder und ist mit Abstand die größte deutschsprachige Facebook-Gruppe zum Thema Alexa.

  Hier sind alle aktiv vom unbedarften Alexa-Anwender über den Smarthome-Nerd bis hin zum Alexa-Entwickler. Die unbedarften Anwender und Neulinge stellen hier aber die größte Gruppe. Weil Alexa gerade noch neu ist und für viele Nutzer noch ein Buch mit sieben Siegeln, poppen hier regelmäßig ähnliche oder auch gleiche Fragen zur Benutzung von Alexa und Smarthome-Steuerung auf. Für Entwickler und Voice-Marketing-Verantwortliche ist diese Gruppe hier ein wahrer Schatz.

  ```
  https://www.facebook.com/groups/936793556420667/
  ?ref=br_rs
  ```

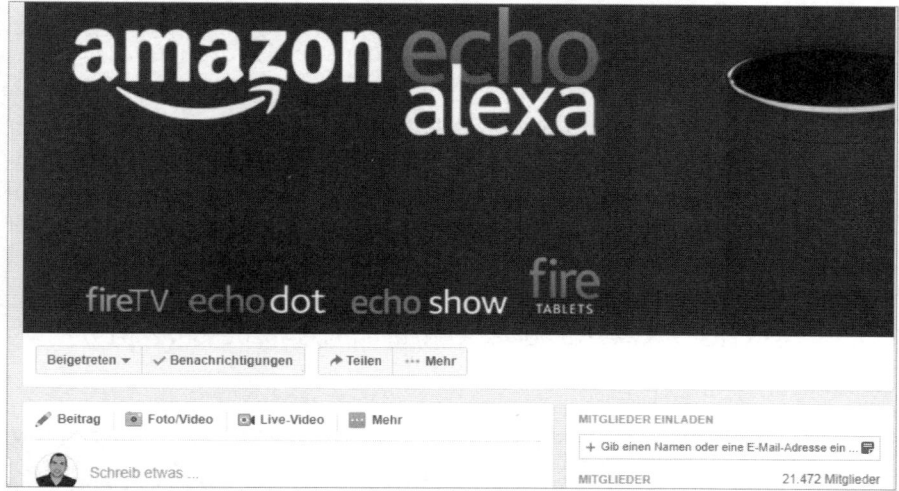

Abb. 9.6: Die größte Alexa-Gruppe auf Facebook

■ Mit über zehntausend Mitgliedern ist die Gruppe **Alexa Echo, Dot, Show, Spot deutsch/german** die zweitgrößte deutschsprachige Alexa-Gruppe auf Facebook. Der Fokus ist hier ähnlich wie bei der ersten Gruppe, allerdings werden hier auch gerne mal Links zu Medienberichten über Alexa geteilt.

Sie können diese Gruppe auf Facebook unter diesem Link finden:

`https://www.facebook.com/groups/936793556420667/`
`?ref=br_rs`

■ Eine weitere Alternative ist die Gruppe **Amazon Alexa & Eco Besitzer** mit knapp neuntausend Mitgliedern. Auch hier sind mehrheitlich Endnutzer vertreten, die häufig Fragen zur richtigen Benutzung von Alexa stellen.

Sie können die Gruppe unter diesem Link finden:

`https://www.facebook.com/groups/amazonechobesitzer/`
`?ref=br_rs`

■ Deutlich kleiner, aber nicht weniger interessant ist die Gruppe **Amazon Alexa - Deutschland** mit über 800 Mitgliedern.

Sie können die Gruppe unter diesem Link finden:

`https://www.facebook.com/groups/244152296009724/`
`?ref=br_rs`

■ Die Gruppe **Amazon Alexa Skills für Kinder** wird von einem Alexa-Skill-Entwickler betrieben und hat über 700 Mitglieder. Jeden Donnerstag werden hier die besten Kids Skills vorgestellt. Eltern können gezielt ihre Wünsche für neue Skills äußern und man findet hier als Entwickler interessierte Beta-Tester für Kids Skills.

Sie können die Gruppe unter diesem Link finden:

`https://www.facebook.com/groups/1362015907240197/`
`?ref=br_rs`

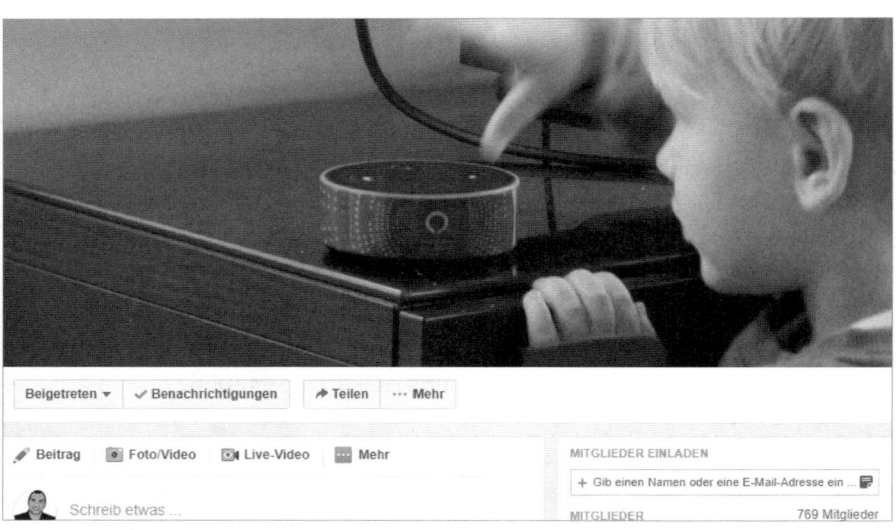

Abb. 9.7: Alexa-Gruppe für Kinder-Skills auf Facebook

■ Für Sie als angehender Alexa-Entwickler möchte ich Ihnen die Gruppe **Amazon Alexa Entwickler/Programmierer/Developer – Deutsch** ans Herz legen. Hier können Sie sich mit anderen Entwicklern direkt austauschen und nach spezifischen Problemen in der Skill-Programmierung fragen. Aktuell sind hier über 900 Alexa-Entwickler Mitglied.

Sie können die Gruppe unter diesem Link finden:

`https://www.facebook.com/groups/alexadeveloper/`
`?ref=br_rs`

Allein auf Facebook können Sie über die Gruppen über 21 Tausend Alexa-Nutzer erreichen. Sicherlich überschneiden sich auch die Mitglieder in den Gruppen und es ist schwer, hier eine genaue Nutzerzahl herauszufinden. Dennoch reicht diese Anzahl aus, um Ihr Skill-Projekt anzuschieben. Obendrein finden Sie hier neue Skill-Ideen sowie interessierte Beta-Tester für Ihren Skill, um diesen zu optimieren.

Twitter

Als weiteres Netzwerk kann ich noch Twitter empfehlen, wo Sie Ihren Skill mit einem Link zu Amazon promoten können. Achten Sie allerdings darauf, dass Sie Ihrem Posting auch die passenden Hashtags, wie z.b. **#alexa** oder **#amazonecho** hinzufügen. So wird Ihr Posting leichter von interessierten Nutzern entdeckt. Zudem sollten Sie hier den Amazon-Alexa-Evangelisten folgen. Das sind Amazon-Angestellte oder manchmal auch externe Berater, die im Sinne von Amazon auf Live-Events oder in Webinaren im Netz die Alexa-Programmierung erklären und die Vorteile von Alexa aufzeigen.

Im weiteren Verlauf möchte ich Ihnen ein paar interessante Twitterer zum Thema Alexa vorstellen, denen Sie folgen sollten. Sie können diese dann auch anschließend über Ihren neuen Skill informieren oder auch mal nachfragen, wenn Sie ein Verständnisproblem bei der Alexa-Programmierung haben.

- `https://twitter.com/alexa99` (@alexa99) – der offizielle Alexa-Account von Amazon
- `https://twitter.com/AlexaDevs` (@alexadevs) – offizielle Nachrichtenquelle für Alexa-Entwickler
- `https://twitter.com/thedavedev` (@thedavedev) – Chief Evangelist Alexa and Echo
- `https://twitter.com/PaulCutsinger` (@PaulCutsinger) – Head of Alexa Voice Design Education

- `https://twitter.com/muttonia` (@muttonia) –
  Alexa-Evangelist
- `https://twitter.com/TheOnlyAkersh` (@TheOnlyAkersh) –
  Alexa-Evangelist
- `https://twitter.com/germanviscuso` (@germanviscuso) –
  Alexa-Evangelist
- `https://twitter.com/franklinlobb` (@franklinlobb) –
  Alexa-Evangelist
- `https://twitter.com/FritscheKristin` (@FritscheKristin) –
  Marketing Amazon Alexa DE
- `https://twitter.com/raeglan` (@raeglan) –
  Alexa-Evangelist
- `https://twitter.com/Baynados` (@baynados) –
  mein Twitter-Account
- `https://twitter.com/echotricks` (@echotricks) –
  Tipps und Tricks für Amazon Echo
- `https://twitter.com/Govithinks` (@Govithinks) –
  Podcaster mit Focus of Voice Marketing
- `https://twitter.com/jovotech` (@jovotech) –
  Plattform für Voice-Apps
- `https://twitter.com/Frille` (@Frille) –
  Alexa-Champion und Alexa-Skill-Developer
- `https://twitter.com/kahle` (@kahle) –
  Alexa-Champion und Gründer von 169Labs
- `https://twitter.com/voicebotai` (@voicebotai) –
  Voice-Magazin
- `https://twitter.com/dbuschke` (@dbuschke) –
  Alexa-Developer und Voice-Blogger auf nextsmarthome.de

YouTube

Nutzen Sie YouTube-Videos, um die Funktionsweise Ihres Skills zu erklären. Videos können Sie gleichzeitig auch zur Promotion in den Facebook-Gruppen nutzen.

Auch der Aufbau eines eigenen YouTube-Kanals kann die Sichtbarkeit Ihrer Skills erhöhen. Ich selbst poste in meinem **Smart Home Skill**-YouTube-Kanal regelmäßig Videos über meine neuen Skills. Sie finden meinen Kanal unter:

```
https://www.youtube.com/channel/UCYiGRnJ1i9MfizqQ7isPJ4g?
view_as=subscriber
```

Zudem können Sie unter schon vorhandenen und passenden You-Tube-Videos einen Link zu Ihrem Skill-Video posten.

Es spricht auch nichts dagegen, größere YouTuber zum Thema Smarthome und Sprachassistenten über Ihren Skill zu informieren.

Folgende YouTube-Kanäle finde ich für die Skill-Promotion interessant:

- Alexa Developers – 20 Tausend Abonnenten und erreichbar unter:

  ```
  https://www.youtube.com/channel/
  UCbxOSPpWT6yB7_yY_ik7pmg
  ```

- OwnGalaxy – 131 Tausend Abonnenten und erreichbar unter:

  ```
  https://www.youtube.com/user/OwnGalaxy
  ```

- Venix – 39 Tausend Abonnenten und erreichbar unter:

  ```
  https://www.youtube.com/channel/
  UCHnFHitawGGUK81J861OuOw
  ```

- Felflofel – 32 Tausend Abonnenten und erreichbar unter:

  ```
  https://www.youtube.com/channel/
  UCzW64-eABL8loselW1Ja-tA
  ```

9.3 Marketing-Guidelines für Alexa-Skills

Amazon hat für so ziemlich jeden Aspekt in der Skill-Programmierung »Guidelines« aufgestellt, die es dem Entwickler erleichtern sollen, einen Skill zu entwickeln und zu vermarkten. Die Amazon-Skill-Tester werden sich gnadenlos an diese Richtlinien halten und bei Verstößen den Skill für den Alexa Skill Store nicht freigeben. Daher ist es gut, diese zu kennen, wobei ich es auch schon erlebt habe, dass die »Guidelines« angepasst und um weitere Punkte ergänzt wurden.

Ich werde hier die wichtigsten »Dos« und »Don'ts« aufführen, empfehle aber auch, immer einen Blick auf die Website der Alexa-Skill-Marketing-Guidelines zu werfen unter:

`https://developer.amazon.com/docs/faq/alexa-skills-marketing-guidelines.html`

Do

- Verwenden Sie genaue, genehmigte Alexa-Beschreibungen und Äußerungen, wenn Sie zeigen, wie man mit Alexa umgeht. Beispiele für genehmigte Äußerungen sind: »**Alexa**, was steht heute in meinem Kalender?«, »**Alexa**, spiel das Lied des Tages« und »**Alexa**, füge Milch zu meiner Einkaufsliste hinzu.«

- Testen Sie Ihre Äußerung mindestens dreimal, um sicherzustellen, dass Sie eine genaue Sprache für Ihre Äußerung verwenden.

- Fügen Sie in Äußerungen immer das Wake-Wort »Alexa« ein. Weckworte stehen am Anfang einer Äußerung.

- Priorisieren Sie Funktionen, die die Alexa-Persönlichkeit hervorheben, und minimieren Sie die Anzahl der »OK«- oder »Ja/Nein«-Antworten von Alexa.

- Verwenden Sie nach Möglichkeit folgende Phrasen: »Frag Alexa«, »Frag einfach Alexa« und »Frag einfach«.

- Beachten Sie, wenn Sie beabsichtigen, Third-Party-Funktionen oder -Inhalte bereitzustellen, die Erlaubnis direkt von diesen Third Parties einzuholen.

- Wenn Sie Ihr Gerät als Alexa-fähiges Gerät deklarieren möchten (z.B. den Raum mit immersivem 360-Grad omnidirektionalem Audio füllen), verwenden Sie die auf den Produktdetailseiten von Amazon aufgeführten Claims. Sie dürfen keine vergleichenden Angaben machen (z.B. »kompatibel mit mehr Smart-Home-Geräten als Wettbewerber«).

- Beziehen Sie sich auf Skills, indem Sie das folgende Format verwenden: »[Skillname] für Amazon Alexa« (z.B. Jeopardy! Skill für Amazon Alexa). Wenn Sie Platzbeschränkungen haben, ist das folgende Format akzeptabel: »[Skillname] für Alexa« (z.B. Jeopardy! Skill für Alexa).

- Verwenden Sie die Bezeichnungen »Echo-Geräte« oder »die Amazon-Echo-Familie«, wenn Sie Echo-Produkte als Gruppe betrachten.

- Beziehen Sie sich immer mit dem vollständigen Namen auf Amazon-Geräte:

  - Amazon Echo
  - Echo Plus
  - Echo-Punkt
  - Echo-Show
  - Echo Spot
  - Amazon Tap
  - Amazon Fire TV
  - Fire TV Cube
  - Fire TV Stick
  - Fire Tablet (als allgemeine Referenz geben Sie nur den korrekten Modellnamen an, wenn Sie sich auf bestimmte Tablets beziehen, z.B. Fire HD 8).

- Beachten Sie, dass die Verwendung von Amazon-Marken den Amazon-Markenrichtlinien entsprechen muss.

Don't

- Verwenden Sie die Begriffe »Personal Assistant« oder »Virtual Assistant« nicht zur Beschreibung oder im gleichen Kontext wie Alexa.

- Verwenden Sie den Begriff »immer zuhören« nicht in Bezug auf Amazon Echo oder Alexa-fähige Geräte.

- Präsentieren Sie keine Alexa-Antwort, wenn kein Wake Word verwendet wurde. Nutzen Sie für die Darstellung also nur Kommandos mit dem Wake Word.

- Machen Sie keine Vergleichsangaben mit anderen Produkten.

- Kombinieren Sie nicht direkt Skill- oder Produktnamen mit Alexa (z.B. »Jeopardy! Alexa Skill«), verwenden Sie stattdessen »Jeopardy! Skill für Amazon Alexa«.

- Bezeichnen Sie Ihre Beziehung zu Amazon oder Amazon Alexa nicht als »Partnerschaft« oder »Zusammenarbeit«.

- Platzieren Sie die Amazon-Logos nicht so, dass sie die Zustimmung von Amazon implizieren.

- Platzieren Sie keine Marken von Drittanbietern in direktem Zusammenhang mit Amazon-Marken (z.B. ABC-Technologies-Echo-Geräte).

- Beziehen Sie sich nicht auf Amazon-Marken in besitzergreifender oder pluralistischer Form (z.B. Echo Dots, Alexa's Fähigkeiten). Wenn Sie sich auf mehrere Geräte beziehen, fügen Sie einen Qualifier hinzu (z.B. »Echo-Dot-Geräte« oder »Alexa-fähige Geräte«).

- Verwenden Sie keine verkürzten Versionen von Produkten und Dienstleistungsnamen wie »Dot« oder »Show« und mischen Sie keine Produkt-/Dienstleistungsnamen wie »Kindle Fire«. »Amazon« kann nach Belieben zu jedem Produkt-/Dienstleistungsnamen hinzugefügt werden.

- Platzieren Sie die Symbole ™ oder ® nicht neben den Amazon-Marken.

- Manipulieren Sie den Amazon-Echo-Lichtring in keiner Weise, einschließlich der Platzierung Ihres Logos darin oder der Verwendung als dekoratives Element.

- Gestalten Sie Ihre Marketingmaterialien nicht so, dass sie Amazon-Marketingmaterialien ähnlich erscheinen (z.B. Verpackungen, Detailseitenlayouts etc.).

- Bezeichnen Sie ein Produkt/eine Dienstleistung nicht als »völlig neu« oder »neu«, wenn Amazon diese Sprache nicht auf der Detailseite des Produkts/der Dienstleistung verwendet.

- Verwenden Sie keine Amazon-Logos als Teil eines Satzes (z.B. »Works with [Amazon Echo logo]«).

- Es ist in Ordnung, Familien in Marketingmaterialien zu zeigen; bitte vermeiden Sie jedoch, dass Kinder unter 13 Jahren mit dem Amazon-Echo-Gerät interagieren, es sei denn, Sie vermarkten einen Kinder-Skill.

Kapitel 10

Geld verdienen mit Alexa

Alexa wurde von Anfang an so konzipiert, dass mit dem Sprachassistenten Geld verdient werden soll. In erster Linie möchte Amazon damit seine Verkäufe steigern und gerade für alltägliche Produkte, die man kennt und immer wieder bestellt, ist der Einkaufservice per Sprache geeignet.

Es gab aber auch von Anfang an immer kritische Stimmen, die solch ein Szenario als weniger realistisch abgetan haben. Bis zu einem gewissen Grad stimme ich dem auch zu. Wir Menschen vertrauen auf unsere Augen und wollen Dinge, die wir kaufen, zuerst sehen. Sie müssen schon sehr viel Vertrauen in sich und den Händler haben, wenn Sie Produkte kaufen, die Sie vorher nicht gesehen haben.

Doch bei aller Kritik sollten Sie die schnelle technische Entwicklung nicht außer Acht lassen. Anfangs war Alexa nur in einem Lautsprecher integriert und nur über die App wurden auch Bilder zu einer Alexa-Antwort angezeigt. Seit wenigen Jahren gibt es aber nicht nur Smart Speaker, sondern auch Smart Displays. Mit dem Echo Show hat Amazon ein Gerät auf den Markt gebracht, das ein sehr großes Potenzial für den E-Commerce hat.

Mittlerweile hat sich die Produktpalette erweitert und Nutzer können aus vielen Smart-Display-Geräten wählen. Was immer wieder gerne von vielen Kritikern vernachlässigt wird, ist die Tatsache, dass Alexa und auch das Shopping mit Alexa auf handelsübliche Fernsehgeräte kommen wird. Aktuell ist das Shopping mit Alexa über TV noch nicht freigegeben. Aber die Antwort von Alexa lässt darauf schließen, dass auch das bald möglich sein wird. Wenn ich zum Beispiel über meine Fire-TV-Fernbedienung explizit nach Angeboten frage, kommt von Alexa der Hinweis:

»Ich denke, du versuchst, mit mir einzukaufen. Leider kann ich in deinem Land noch nicht einkaufen. Bis dahin kannst du bei Amazon einkaufen, indem du unsere Webseite besuchst.«

Auf techcrunch (`https://techcrunch.com/2017/06/05/amazon-brings-its-big-screen-shopping-app-to-fire-tv/`) wurde diese Funktion schon 2017 für die USA angekündigt. Es bleibt also spannend.

In diesem Buch wollen wir uns aber auf die Möglichkeiten konzentrieren, als Entwickler mit Alexa Geld zu verdienen.

10.1 Account-Linking – Anbindung an einen Onlineshop

Neben dem fest integrierten Amazon Shop in Alexa haben Sie auch die Möglichkeit, einen Onlineshop an Alexa anzubinden. Die Zahl der deutschen Onlineshops, die Alexa nutzen, ist noch sehr stark begrenzt, was für Sie eine große Chance bedeutet.

Über ein **Account-Linking** haben Sie die Möglichkeit, Ihren Alexa Skill mit Ihrem Shopsystem zu verbinden. In Deutschland gibt es zum Beispiel den »Domino's«-Skill, über den man mit Alexa Pizza bestellen kann.

Domino's
von Dominos Pizza Enterprises Limited
Bewertet: Aufsicht empfohlen
★★★★☆ 7

Kostenlos aktivieren

"Alexa, starte Domino's."   *"Alexa, bestelle meine Pizza von Domino's."*   *"Alexa, frage Domino's wo meine Bestellung ist."*

Abb. 10.1: Der Domino's-Skill im Skill-Store
(Quelle: `https://www.amazon.de/Dominos-Pizza-Enterprises-Limited/dp/B07GR7KCT4/`)

Wenn Sie diesen Skill starten, prüft er im Hintergrund, ob Sie als Domino's-Kunde schon eine Expressbestellung hinterlegt haben.

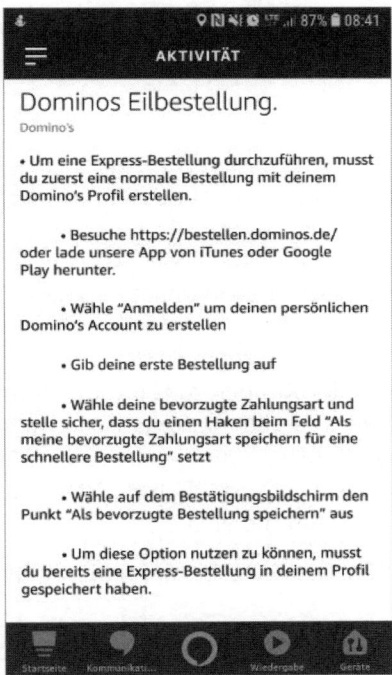

Abb. 10.2: Domino's-Antwortkarte

Das Szenario ist hier noch sehr begrenzt. Sie müssen vorher schon einmal mit der Domino's-App oder über die Website eine Bestellung aufgegeben haben. Die Zahlungsart muss festgelegt und die Bestellung als Expressbestellung abgespeichert sein. Danach könnten Sie auch eine Expressbestellung per Alexa tätigen. Ich behaupte jetzt mal, dass dies in Deutschland die wenigsten tun. Das sind zu viele Eventualitäten, die eintreffen müssen, damit dieser Skill auch im Alltag funktioniert. Dabei könnte man mit einem Dialogmanagement-Skill, wie ich ihn in vorherigen Kapiteln vorgestellt habe, auch auf individuelle Kundenwünsche eingehen.

Ein weiteres Beispiel für die Anbindung eines Onlineshops an Alexa ist der Skill von ZANDERonline.

ZANDERonline

von DICON GmbH

Bewertet: Aufsicht empfohlen

⭐⭐⭐⭐☆ 4

Kostenlos aktivieren

"ALEXA, öffne ZANDERonline"   *"suche JUNG 506u"*   *"zwei in den Warenkorb"*

Abb. 10.3: Der ZANDERonline-Skill
(Quelle: `https://www.amazon.de/DICON-GmbH-ZANDERonline/dp/B07LH1GQX8/`)

Auch hier wird am Anfang ein bestehender Kunden-Account mit dem Skill verknüpft. Leider kann man nicht mal eben automatisch einen Kunden-Account bei ZANDERonline anlegen, daher kann ich nur schwer die Nützlichkeit dieses Skills bewerten. Laut Website ist es ein Shop für B2B-Kunden im Elektro- und Sanitärbereich.

Der Skill ReifenDirekt ist ein weiteres Beispiel eines Shopping-Skills mit Luft nach oben.

ReifenDirekt

von Delticom AG

Bewertet: Aufsicht empfohlen

⭐⭐⭐☆☆ 2

Kostenlos aktivieren

"Alexa, frag ReifenDirekt nach neuen Sommerreifen für 17 Zoll."   *"Alexa, frag ReifenDirekt nach 17 Zoll Reifen."*   *"Alexa, öffne ReifenDirekt."*

Abb. 10.4: Der ReifenDirekt-Skill
(Quelle: `https://www.amazon.de/Delticom-AG-ReifenDirekt/dp/B07PV2BGJT/`)

Fangen wir mit dem Positiven an. Die Nutzer müssen hier nicht von Anfang an einen Account mit dem Skill verknüpfen, sondern können zunächst einmal im Skill nach einem passenden Produkt suchen. Der Skill hat auch ein Dialogmanagement integriert und versucht, auf die individuellen Wünsche der Kunden einzugehen. Allein die mangelnde

Auswahl trübt das Shoppingerlebnis und man dreht sich mit dem Alexa-Dialogmanagementsystem schnell im Kreis.

Diese drei Beispiele nutzen alle ein Account-Linking-Verfahren und verbinden so den Skill mit der Datenbank des Skill-Betreibers. Leider wurde hier nicht alles zu Ende gedacht, denn diese Skills bieten kein **Amazon Pay** an, mit dem man als Nutzer hätte bezahlen können, sondern erlauben nur den Kauf auf Rechnung.

Als zukünftiger Skill-Entwickler und -Betreiber könnten Sie schon jetzt Geld mit Alexa verdienen, wenn Sie einen Skill mit Ihrem Shoppingsystem verbinden. Wenn Sie online bereits reale Güter verkaufen, könnten Sie zusätzlich Amazon Pay für die Zahlungsabwicklung verwenden. Allein an der Umsetzung fehlt es in Deutschland, und das liegt nicht daran, dass dies ein Hexenwerk wäre, sondern eher an mangelndem Willen und Fantasie der Händler in Deutschland.

Wer mag, findet hier einen Link zu einem Skill-Beispiel von Amazon auf GitHub:

```
https://github.com/alexa/alexa-cookbook/tree/master/
feature-demos/skill-demo-amazon-pay
```

Amazon selber hat die Amazon-Pay-Funktionalität in Zusammenarbeit mit einigen deutschen Charity-Organisationen umgesetzt, sodass man mit Alexa Geld spenden kann. Der »DRK – Spenden«-Skill vom Deutschen Roten Kreuz soll hier als Beispiel dienen.

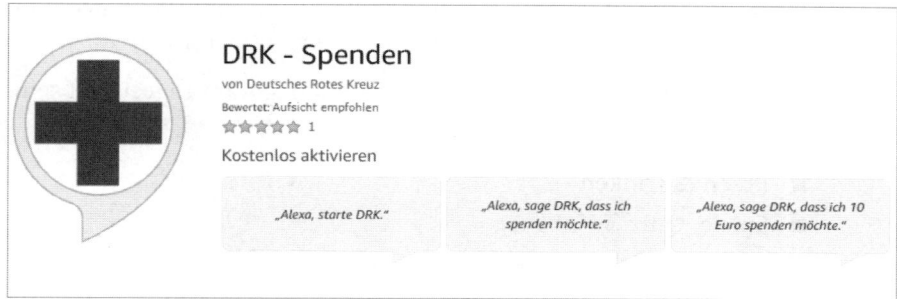

Abb. 10.5: Amazon Pay kommt im DRK-Skill für Spenden zum Einsatz.

10.2 Geld verdienen mit Amazon Rewards

Eine weitere Möglichkeit, mit einem Alexa Skill Geld zu verdienen, ist, sich von Amazon für den Skill bezahlen zu lassen. Mit dem **Amazon Rewards**-Programm vergütet das US-Unternehmen Skill-Entwickler, deren Skills von vielen Menschen genutzt werden.

> ## Verdiene Geld mit Alexa Developer Rewards
>
> Jeden Monat kannst du mit bestimmten Skills Geld verdienen, wenn diese bei den Nutzern besonders beliebt sind.
>
> Als Entwickler kannst du mit bestimmten Skills Geld verdienen, wenn diese die Nutzerbindung besonders gut fördern. Dein Skill muss in einer der folgenden Kategorien veröffentlicht sein: Bildung & Nachschlagewerke, Essen & Trinken, Spiele, Quiz & Zubehör, Gesundheit & Fitness, Kinder, Lifestyle, Musik & Audio oder Produktivität. Als Entwickler kannst du die Beliebtheit deines Skills erhöhen und dadurch möglicherweise mehr verdienen, wenn du deinen Skill verbesserst, mehr Skills entwickelst und deine Skills in weiteren Ländern, zum Beispiel den USA oder in Großbritannien veröffentlichst.
>
> Mit den AWS promotional credits kannst du sogar Geld sparen. Die Credits können dir dabei helfen deine Alexa Skills kostenlos zu hosten.

Abb. 10.6: Das Amazon-Reward-Programm
(Quelle: `https://developer.amazon.com/de/alexa-skills-kit/rewards`)

Die Bedingungen, damit ein Skill in das Amazon-Rewards-Programm aufgenommen wird, sind ein wenig nebulös und keiner kann mit Sicherheit sagen, ab welcher Nutzungsanzahl Amazon einen Skill vergütet. Bekannt ist jedoch, dass nur Skills aus bestimmten Kategorien für das Amazon-Rewards-Programm in Betracht kommen.

Ihr Skill muss also in einer der folgenden Kategorien angesiedelt sein:

- Bildung & Nachschlagewerke
- Essen & Trinken
- Spiele, Quiz & Zubehör
- Gesundheit & Lifestyle
- Musik & Audio
- Produktivität

Falls Ihr Skill einmal durch das Amazon-Rewards-Programm vergütet wird, ist das aber keine Garantie für einen stabilen Geldfluss. Amazon bewertet das Skill-Engagement der Nutzer auf einer monatlichen Basis neu und berechnet daraus die Vergütung.

Als deutscher Skill-Entwickler ist es schwerer, mit einem deutschsprachigen Skill in das Amazon-Rewards-Programm aufgenommen zu werden. Daher empfehle ich, einen Skill für mehrere Sprachen zu entwickeln.

Wenn Ihr Skill von Amazon direkt vergütet wird, erhalten Sie eine E-Mail. Ihr Inhalt sollte in etwa dem in Abbildung 10.7 entsprechen.

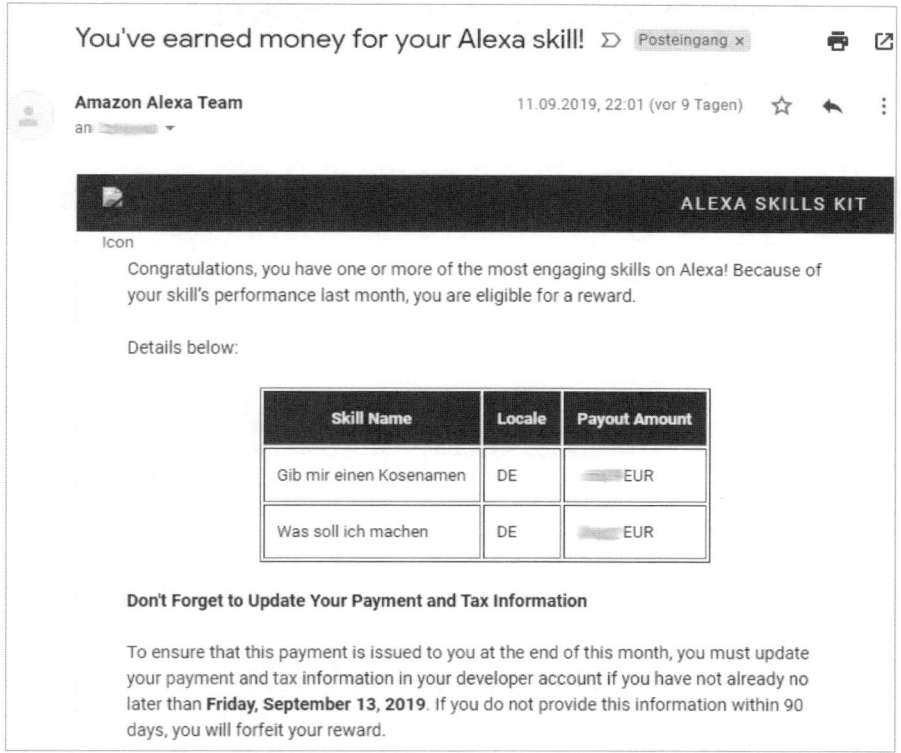

Abb. 10.7: Amazon-Rewards-E-Mail

Damit Sie nun auch wirklich eine Zahlung von Amazon bekommen, müssen Sie alle Zahlungs- und Steuerinformationen in der Amazon Developer Console hinterlegen. Sollten Sie keinerlei Steuer- und Zahlungsinformation hinterlegt haben und diese auch 90 Tage nach Ihrer E-Mail-Benachrichtigung nicht bereitstellen, verfallen Ihre Zahlungen.

Ihre Steuerinformationen (Tax Identity) können Sie unter diesem Link hinterlegen:

```
https://developer.amazon.com/settings/console/
taxinterview.html
```

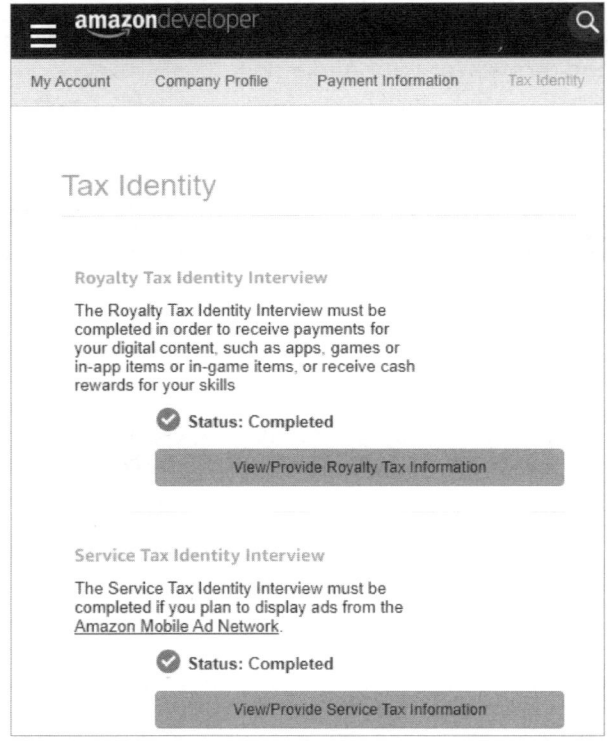

Abb. 10.8: Tax Identity in der Amazon Developer Console

Gleich links neben TAX IDENTITY gibt es den Menüpunkt PAYMENT INFORMATION. Wenn Sie anschließend darauf klicken, sendet Ihnen Amazon ein OTP (One-Time Password) als SMS zu. Nach Eingabe dieses Passworts können Sie Ihre Kontodaten hinterlegen oder überprüfen.

Auch in der Alexa Developer Console können Sie sich einen Überblick über Ihre Skill-Einnahmen verschaffen.

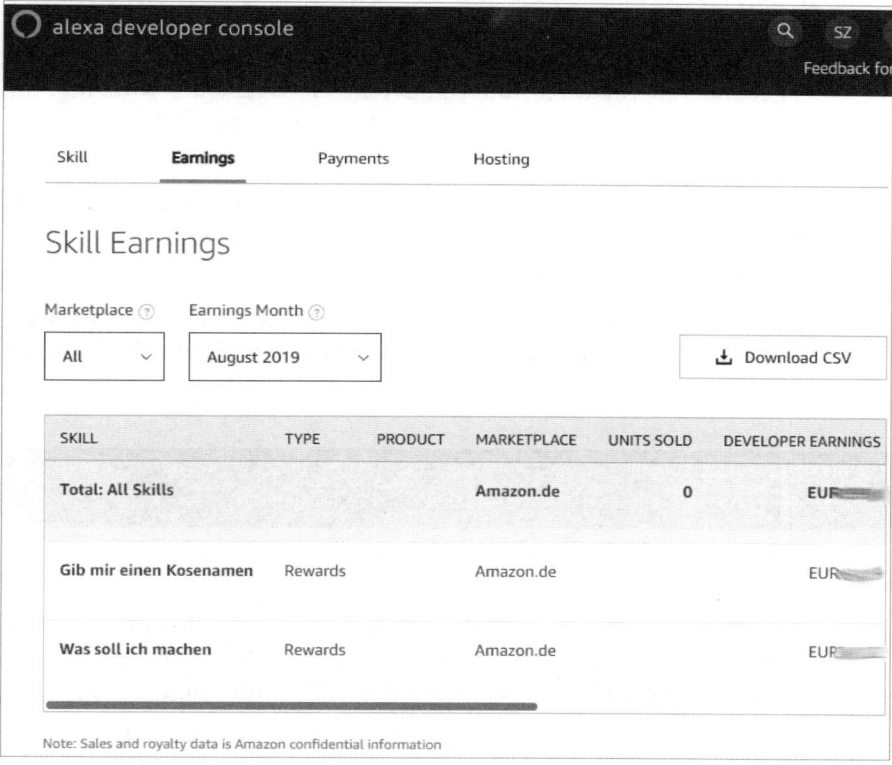

Abb. 10.9: Einnahmen aus dem Amazon-Rewards-Programm

Sie brauchen dafür nur oben im Menü auf EARNINGS zu klicken. Sollten Ihre Skills von Amazon direkt vergütet werden, können Sie Ihre Einnahmen auch hier einsehen.

10.2.1 Wie ermittelt Amazon das Engagement?

Für die Vergütung ist das Skill-Engagement der Nutzer mit Ihrem Skill entscheidend. Nur wie wird dies von Amazon gemessen? Das Unternehmen gibt sich hier relativ schmallippig. Auf der Webseite heißt es:

>»Bei der Ermittlung des Engagements berücksichtigen wir eine Reihe von Faktoren, unter anderem die Dauer der Nutzung, die Anzahl neuer und wiederkehrender Nutzer, Nutzerbewertungen, Sitzungen und mehr.«

Da ich im August 2019 mit zwei Skills von dem Amazon-Rewards-Programm vergütet wurde, kann ich glücklicherweise ein paar härtere Fakten zu diesem Thema nennen.

Grundsätzlich haben Sie als Skill-Entwickler die Möglichkeit, über die Alexa Developer Console Nutzungsstatistiken zu Ihren Skills einzusehen.

Abb. 10.10: Alexa-Developer-Console-Navigation

Klicken Sie hierfür oben in der Navigation rechts auf ANALYTICS und wählen Sie anschließend rechts im Dropdown-Menü Ihren Skill aus, für den Sie Ihre Nutzungsstatistiken einsehen möchten.

In meinem Fall kann ich Ihnen jetzt die Nutzungsstatistiken für die Skills »Gib mir einen Kosenamen« und »Was soll ich machen« zeigen.

Nutzungsstatistiken für den »Gib mir einen Kosenamen«-Skill

Skill Activation

User Enablements ⑦		
Total for Custom Range	▲ 3.417	
	(+393,07% over 31 days)	
Maximum per Hour	41	
	on 08/01/2019 at 17:00 UTC	
Average per Hour	4,6	

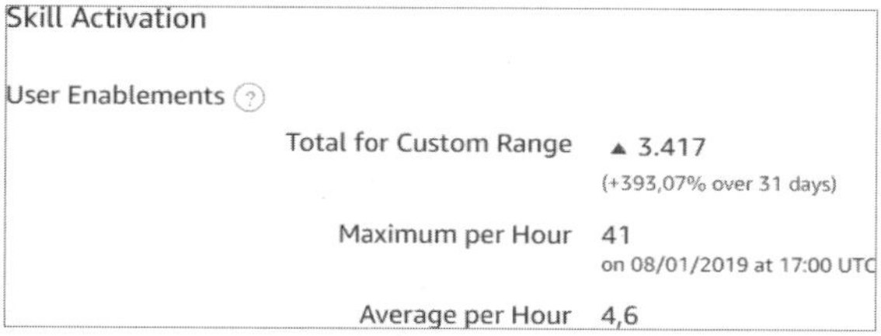

Abb. 10.11: Skill-Aktivierungen für den »Gib mir einen Kosenamen«-Skill

Der Skill »Gib mir einen Kosenamen« wurde im August über 3417-mal von Alexa-Nutzern aktiviert.

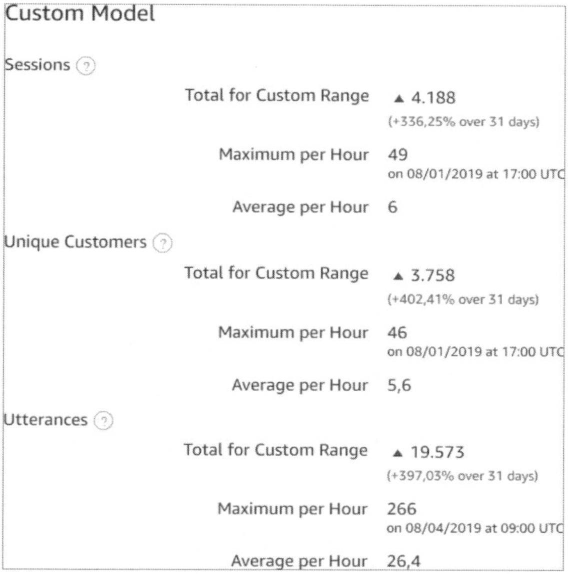

Custom Model

Sessions ⑦		
Total for Custom Range	▲ 4.188	
	(+336,25% over 31 days)	
Maximum per Hour	49	
	on 08/01/2019 at 17:00 UTC	
Average per Hour	6	
Unique Customers ⑦		
Total for Custom Range	▲ 3.758	
	(+402,41% over 31 days)	
Maximum per Hour	46	
	on 08/01/2019 at 17:00 UTC	
Average per Hour	5,6	
Utterances ⑦		
Total for Custom Range	▲ 19.573	
	(+397,03% over 31 days)	
Maximum per Hour	266	
	on 08/04/2019 at 09:00 UTC	
Average per Hour	26,4	

Abb. 10.12: Die Sitzungen, einzigartige Nutzer und Äußerungen
für den »Gib mir einen Kosenamen«-Skill

Insgesamt wurde der Skill im August 2019 über 4188-mal von 3758 unterschiedlichen Nutzern gestartet. Die Nutzer haben über 19.573 Äußerungen an den Skill gesendet.

Nutzungsstatistiken für den »Was soll ich machen«-Skill

Skill Activation

User Enablements ⊙

Total for Custom Range	▲ 2.071	
	(+509,12% over 31 days)	
Maximum per Hour	19	
	on 08/02/2019 at 17:00 UTC	
Average per Hour	2,8	

Abb. 10.13: Skill-Aktivierungen für den »Was soll ich machen«-Skill

Der »Was soll ich machen«-Skill wurde im August über 2071-mal von Alexa-Nutzern aktiviert.

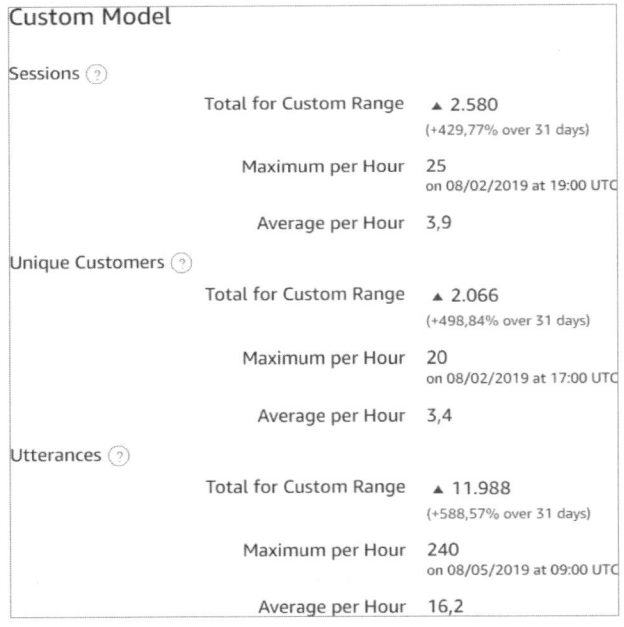

Custom Model

Sessions ⊙

Total for Custom Range	▲ 2.580	
	(+429,77% over 31 days)	
Maximum per Hour	25	
	on 08/02/2019 at 19:00 UTC	
Average per Hour	3,9	

Unique Customers ⊙

Total for Custom Range	▲ 2.066	
	(+498,84% over 31 days)	
Maximum per Hour	20	
	on 08/02/2019 at 17:00 UTC	
Average per Hour	3,4	

Utterances ⊙

Total for Custom Range	▲ 11.988	
	(+588,57% over 31 days)	
Maximum per Hour	240	
	on 08/05/2019 at 09:00 UTC	
Average per Hour	16,2	

Abb. 10.14: Die Sitzungen, einzigartige Nutzer und Äußerungen
für den »Was soll ich machen«-Skill

Insgesamt wurde der Skill im August 2019 über 2.580-mal von 2.066 unterschiedlichen Nutzern gestartet. Die Nutzer haben über 11.988 Äußerungen an den Skill gesendet.

10.2.2 Was ist eine Interaktion mit dem Skill wert?

Auf Grundlage meiner Skill-Einnahmen und -Nutzungsstatistiken kann ich eine grobe Schätzung machen, was Amazon die Interaktion mit einem Skill wert ist. Ich habe zunächst meine Skill-Vergütung durch die Anzahl des jeweiligen Interaktionswerts geteilt und mit 1000 multipliziert, um einen Preis auf Basis von 1000 zu bekommen. Im Onlinemarketing ist der TKP, also Tausender-Kontakt-Preis eine feste Größe, um Werbeausgaben zu berechnen. Die Anzahl der »Utterances« (Äußerungen) kommt dieser Messgröße am nächsten.

Amazon scheint die Wertigkeit einer Interaktion auch kategorieabhängig zu berechnen. Der Skill »Gib mir einen Kosenamen« ist in der Kategorie »Bildung & Nachschlagewerte« gelistet und kommt auf einen TKP von 3,11 Euro. Der Skill »Was soll ich machen« ist in der Kategorie »Produktivität« gelistet und kommt auf einen TKP von 3,23 Euro. Amazon scheint also Skills dieser Kategorie höher zu bewerten.

10.2.3 Wie kann die Interaktionsrate eines Skills verbessert werden?

Der Schlüssel, um zu einer Skill-Vergütung durch Amazon zu kommen, ist die Auswahl der richtigen Kategorie, die Steigerung der Interaktionsrate der Nutzer mit dem Skill und ein gewisses Mindestmaß an monatlicher Nutzung.

Alltägliche Situationen abfangen

Tipp

Überlegen Sie sich eine alltägliche Situation der Nutzer, die immer wieder auftritt und am besten täglich.

Der Zähneputzen-Skill meines Kollegen Daniel Buschke ist solch ein
Skill, der in einer alltäglichen Situation zum Einsatz kommt.

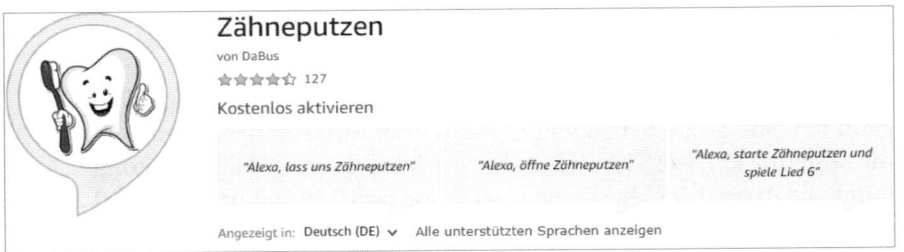

Abb. 10.15: Der Zähneputzen-Skill
(Quelle: `https://www.amazon.de/DaBus-Z%C3%A4hne-putzen/`
`dp/B06WVD6W3G/`)

Jeder von uns sollte sich zweimal täglich die Zähne putzen. Es gibt
also zweimal am Tag den Anlass, diesen Skill in seinen Alltag zu integrieren. Faktisch ist dieser Skill primär für Kinder geeignet, die noch
kein richtiges Zeitgefühl haben. Der Skill begleitet den Nutzer musi-
kalisch beim Zähneputzen. Daniel Buschke hat hier eine perfekte
Nische im Alltag der Alexa-Nutzer besetzt.

Ein weiteres schönes Beispiel ist der Einschlafgeräusche-Skill.

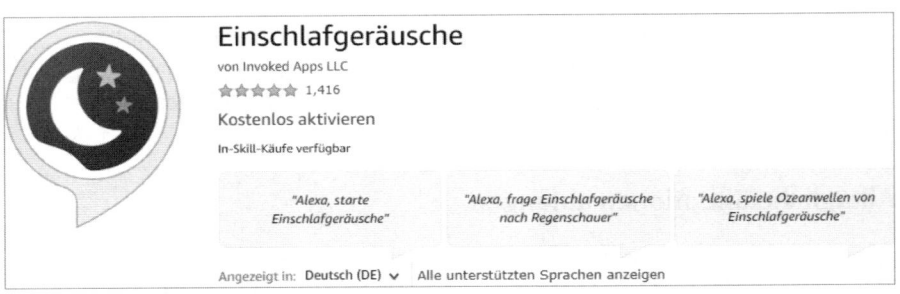

Abb. 10.16: Der Einschlafgeräusche-Skill
(Quelle: `https://www.amazon.de/Invoked-Apps-LLC-`
`Einschlafger%C3%A4usche/dp/B071CG8GB8/`)

Auch hier wird eine alltägliche Nische erfolgreich von der Firma Invoked Apps LLC besetzt. Jeder von uns muss einmal schlafen und viele Menschen haben Einschlafschwierigkeiten.

Wenn Sie sich die Website des Betreibers einmal genau anschauen (`https://invokedapps.com/sleepsounds`), können Sie erkennen, wie man im Voice Commerce am besten strategisch vorgeht. Man erstellt zunächst eine Vielzahl kleiner Skills und bündelt diese dann in einen zusammenfassenden Skill zusammen und reichert diesen dann noch mit weiterem Premium-Content an.

Abwechslungsreiche Antworten generieren

Tipp

Gestalten Sie einen abwechslungsreichen Skill und nutzen Sie »Speechcons«, die von Amazon angeboten werden, um die Alexa-Antworten emotionaler zu gestalten. Das sind voraufgenommene Äußerungen der Alexa-Sprecherin. Eine Übersicht aller deutschen Speechcons gibt es hier:

`https://developer.amazon.com/de/docs/custom-skills/`
`speechcon-reference-interjections-german.html`

Aktuell bietet Amazon über 181 voraufgezeichnete emotionale Äußerungen der Alexa-Sprecherin an.

Beispiel

Hier ist ein Beispiel eines »Speechcons« im Code:

```
<say-as interpret-as="interjection">ach du liebe zeit.
</say-as>
```

Hier sehen Sie eine Zufallsfunktion, die Sie später in einem Sprachbaustein nutzen können:

```
function getRandom(min, max)
{
    return Math.floor(Math.random() * (max-min+1)+min);
}
```

Hier eine Funktion, die ich in meinem »Gib mir einen Kosenamen«-
Skill nutze, um die Nutzer immer mit einer anderen Begrüßung zu
empfangen.

```
function getRandomWelcomeMessage(){

    var messages = [
                    '<say-as interpret-
as="interjection">wow!</say-as> <break time="1s"/> ',
                    '<say-as interpret-as="interjection">
ooh la la</say-as> <break time="1s"/> ',
                    '<say-as interpret-as="interjection">
oh mein gott</say-as> <break time="1s"/> ',
                    '<say-as interpret-as="interjection">
oh my god</say-as> <break time="1s"/> ',
                    '<say-as interpret-
as="interjection">na?</say-as> <break time="1s"/> ',
                    '<say-as interpret-
as="interjection">mamma mia</say-as> <break time="1s"/> wird
mir gerade heiß. ',
                    ];

    var random = getRandom(0, messages.length-1);

    return messages[random];
},
```

Diese Funktion ist also ein Array von Strings, die zufällig ausgegeben werden. Wie Sie sicherlich bemerken, nutze ich hier auch SSML-Tags. Mehr dazu lesen Sie in Kapitel 3.

Im Skill selbst nutze ich solche Funktionen als Bausteine, um abwechslungsreiche Äußerungen von Alexa zu generieren.

Dafür definiere ich in einem Request-Handler den `speechOutput` mit mehreren solcher Funktionen. Das Ganze könnte dann so aussehen:

```
const speechOutput = getRandomWelcomeMessage() +
getVoiceSpeechResponse(answer) + getRandomRepromptMessage();
```

Der `getRandomWelcomeMessage()`-Teil variiert die Begrüßung, der `getVoiceSpeechResponse(answer)`-Teil gibt die eigentlich erwartete Antwort wieder und der `getRandomRepromptMessage()`-Teil generiert eine zufällige Frage oder Aufforderung. Das sind also 6 x 212 x 7 unterschiedliche Antwortmöglichkeiten, die ich so erzeuge! Also in Summe über 8.904 unterschiedliche Kombinationen und Antworten. Da ist Abwechslung garantiert.

Soundfiles verwenden

Tipp

Gestalten Sie die Äußerungen Ihres Skills interessanter und so bildhaft wie nur möglich.

Damit Ihr Skill Ihren Nutzern Spaß macht und sie auch regelmäßig wiederkehren, sollten Sie Alexas Antworten originell gestalten und so bildhaft wie nur möglich. Das können Sie, indem Sie Ihre Skill-Antworten mit kurzen Soundfiles anreichern.

Eine Sprachantwort von Alexa kann bis zu drei Soundfiles im MP3-Format mit einer maximalen Länge von 90 Sekunden beinhalten. Wichtig ist, dass die gesamte Antwortzeit nicht mehr als vier Minuten beträgt.

Bei längeren und qualitativ höherwertigen Antworten müssen Sie einen Audioplayer-Skill in Erwägung ziehen.

Zusätzlich müssen die **MP3-Dateien** eine **Bitrate von 48 k** und **16000 kHz** haben. Wenn Ihre Audiodatei nicht diesem Format entspricht, wird sie nicht ausgegeben. Ich empfehle hier zur Umwandlung ein kostenloses Online-Tool, das Sie unter `https://www.jovo.tech/audio-converter` finden. Dort können Sie einfach Ihre MP3-Datei hochladen. Das Tool wandelt sie in das geforderte Format um und Sie können so Ihr eigenes Audiofile für die Sprachausgabe nutzen.

Wer solch einem Online-Tool nicht seine Dateien anvertrauen möchte, dem empfehle ich die Installation der Audiosoftware Audacity. Die Software können Sie sich unter `https://www.audacity.de/` kostenlos herunterladen und alle geforderten Parameter für die Sounddatei einstellen.

Neben selbst produzierten Audiofiles können Sie auch auf die kostenlose Soundbibliothek von Amazon selbst zurückgreifen unter:

`https://developer.amazon.com/de/docs/custom-skills/ask-soundlibrary.html`

Dort finden Sie Hunderte von Soundfiles, von Hintergrundgeräuschen über Tiergeräusche bis hin zu Fahrzeuggeräuschen gibt es hier einen sehr großen Fundus an Klängen, mit denen Sie Ihren Skill interessanter gestalten können.

Und wenn Sie sich selbst nicht hören mögen, bietet Ihnen Amazon mit den **AWS Service Amazon Polly** drei weitere deutsche Stimmen, mit denen Sie Ihre Sprachausgabe abwechslungsreicher und interessanter gestalten können. Auf `https://eu-west-1.console.aws.amazon.com/polly/home/SynthesizeSpeech` können Sie den Service kostenlos testen, wenn Sie schon ein AWS-Konto haben. Dort können Sie Ihren Antworttext eingeben und eine künstliche Stimme liest den Text vor und erzeugt daraus eine MP3-Datei.

Diese Polly-Stimmen wurden vor Kurzem auch fest in das ASK-SDK integriert. Sie können ganz einfach zwischen der Stimme von Alexa

und einer Polly-Stimme wechseln und kostenlos nutzen, indem Sie
ein bestimmtes SSML-Tag setzen, wie in dem folgenden Beispiel:

```
<speak>
    Ich muss dir ein Geheimnis erzählen.
    <voice name="Hans">Ich bin kein echter Mensch.</voice>.
    Glaubst du mir das?
</speak>
```

Generell sollten Sie sich eingehender mit dem Thema SSML beschäftigen, um die Aussprache von Alexa zu verbessern und um bestimmte Betonungen zu setzen. In Kapitel 3 finden Sie weitere Informationen zur Verwendung von SSML-Tags.

10.3 In-Skill-Purchasing

Wenn Sie einen Skill von Grund auf um den Erwerb von Produkten herum aufbauen oder In-Skill-Purchasing (ISP) in einen Skill integrieren möchten, den die Kunden bereits lieben, fragen Sie sich vielleicht, wo Sie anfangen und was Sie anbieten sollen. Zunächst werde ich die verschiedenen Arten von In-Skill-Käufen beschreiben.

10.3.1 Welche Arten von In-Skill-Purchasing gibt es?

Was bedeutet »In-Skill-Purchasing« eigentlich? ISP ist eine andere Erfahrung als der Kauf physischer Waren und Dienstleistungen mit **Amazon Pay**. Durch den Kauf von In-Skill-Inhalten können Kunden Premium-Inhalte freischalten, die auf Alexa verfügbar sind. Es gibt drei unterschiedliche Arten von In-Skill-Einkäufen:

- **Abonnement:** Ermöglicht Kunden die Zahlung einer Pauschalgebühr für den Zugriff auf Inhalte. Abonnements eignen sich am besten für Skills, die einen großen Katalog an Inhalten bieten oder häufig aktualisiert werden. Abonnements funktionieren am besten, wenn der Inhalt häufig und zuverlässig aktualisiert wird. Für einen Quiz-Skill könnten Sie zum Beispiel ein Abonnement anbieten. Ihre Nutzer könnten dann beispielsweise jeden Tag zusätzliche Fragen mit einer täglichen Bonusrunde und zusätzlichen Inhalten an Wochenenden bekommen.

- **One-Time Purchase (OTP):** Ermöglicht es Kunden, den Zugriff auf Premium-Inhalte freizuschalten. OTPs eignen sich am besten für Skills, die Inhalte oder Erlebnisse bieten, die sich leicht in Themen oder verwandte Bereiche gruppieren lassen, die Kunden möglicherweise mehrmals erleben möchten. Sie können am besten für Erlebnisse eingesetzt werden, die leicht durch Hinzufügen ähnlicher Inhalte erweitert oder neu gemischt werden können. Sie könnten zum Beispiel einen Fakten-Skill kostenpflichtig um thematische Pakete ergänzen. Es gibt verschiedene Möglichkeiten, Inhalte in OTPs zu gruppieren.

- **Consumable:** Ermöglicht Kunden den Kauf von In-Skill-Produkten, die im Rahmen der Skill-Erfahrung verwendet und dann erneut gekauft werden können. Es sind digitale Verbrauchsmaterialien. Sie eignen sich am besten für Skills, die Erfahrungen bieten, die leicht durch Hinzufügen von Inhalten oder Funktionen erweitert werden können. Für einen Rätsel-Skill könnten Sie so zusätzliche Hinweise zum Kauf anbieten, wenn der Nutzer im Spiel nicht weiterkommt.

10.3.2 Was motiviert Kunden, einen In-Skill-Kauf zu tätigen?

Jeder Skill muss einige kostenlose Inhalte anbieten, um die Zertifizierung durch Amazon zu bestehen. Wie könnte ein Nutzer sonst wissen, dass Ihr Skill großartige Inhalte bereitstellt, von denen er mehr erfahren möchte? Kostenlose Inhalte helfen dabei, Vertrauen und Neugierde bei den Nutzern aufzubauen, was zu einer besseren Erfahrung führt, wenn ihnen ein Kauf angeboten wird (der sogenannte »**Upsell**«, auf den ich später eingehen werde).

Hier einige Fragen, die Ihnen bei der Entscheidung helfen sollen, welche Art und wie viele kostenlose Inhalte Sie anbieten können:

- *Welchen Inhalt würde ein Nutzer so wertvoll oder unterhaltsam finden, dass er dafür zahlen würde, um sich weiter damit zu beschäftigen?*

- *Welche Art von Inhalten bezahlen Nutzer bereits heute auf anderen digitalen Plattformen? Mit wie viel freiem Inhalt könnten Sie bereits rechnen?*

- *Würde eine der oben genannten Monetarisierungsstrategien das Nutzererlebnis verbessern oder beeinträchtigen?*

- *Wie viel Inhalt muss ein Nutzer erfahren, um die Funktionen des Skills zu verstehen?*

Amazon beschreibt anhand des Falls der Entwickler von »Yes Sire« anschaulich, wie sie In-Skill Purchasing erfolgreich nutzen. Als die Entwickler von Yes Sire – einem Spiel, in dem der Spieler Entscheidungen trifft, um Einfluss und Wohlstand zu erlangen – den Kauf von In-Skill-Produkten umsetzten, fügten sie zwei Arten von In-Skill-Käufen hinzu. Beide haben eine Skill-Erfahrung verbessert, die ihre Nutzer bereits geliebt haben:

Wenn ein Spieler das Ende des Spiels erreicht, indem er eine Entscheidung trifft, die seinen Reichtum oder seine Macht zu stark erhöht oder verringert, wird ihm ein **Consumable** angeboten, um ihn vor der sofortigen Hinrichtung durch den König zu bewahren. Auf diese Weise kann der Spieler etwas länger spielen, aber mit der Gefahr, dass er erneut einen falschen Zug macht und den König erneut verärgert.

Außerdem kann ein Spieler einen Helfer in Form einer »Hexe« kaufen. Das Spielen mit der Hexe führt zu neuen Arten von Entscheidungen, die der Spieler treffen muss, und erweitert die Möglichkeiten der Geschichte.

Ein wichtiger Faktor, der Ihnen bei der Entscheidung helfen kann, wann Sie kostenpflichtige Inhalte anbieten, ist die Nutzungsdauer der kostenlosen Version eines Skills. Sie müssen den Punkt finden, wo Ihre Nutzer noch Lust auf mehr haben und noch nicht übersättigt von den kostenlosen Inhalten sind. Überlegen Sie auch, wie Ihr Skill für Kunden, die Ihre **Upsells** ablehnen, weiterhin nützlich und interessant bleiben kann.

10.3.3 Wie werden In-Skill-Käufe bezahlt?

Als Nächstes müssen Sie entscheiden, wie viel für die zusätzlichen Inhalte berechnet werden soll. Ein Entwickler kann den Preis für In-Skill-Käufe zwischen mindestens 0,99 Euro und maximal 99,99 Euro festlegen. Überlegen Sie sich bei der Entscheidung, wie viel für Ihre Inhalte berechnet werden soll, welche Art von Erfahrung der Kauf mit sich bringt und wie lange diese Erfahrung anhält. Wenn Sie ein Spiel erstellen, wird dies möglicherweise in Spielzeit gemessen, während das Abonnieren eines Radiodienstes die potenziellen Hörstunden insgesamt umfasst. Stellen Sie sich folgende Fragen:

- *Was ist der Wiederholungswert? Macht der Inhalt nur einmal Spaß? Kann er mehrmals erlebt werden? Ist er unendlich mischbar?*
- *Wie lange dauert es, bis der Inhalt fertig ist?*

Wenn Sie Inhalte zu einem Skill hinzufügen, der bereits im Alexa Skills Store verfügbar ist, müssen Sie beachten, dass kostenlose Inhalte nach ihrer Veröffentlichung kostenlos bleiben müssen.

10.4 Einen Skill um Premium-Fakten erweitern

Im Folgenden gebe ich Ihnen einen Leitfaden, wie Sie einen Fakten-Skill um »Premium-Fakten« erweitern können. In dem Beispiel hier beschränke ich mich auf ein Beispiel für Einmalkäufe. Weitere viele tolle Code-Beispiele, die man als Entwickler frei abwandeln und nutzen kann, gibt es von Amazon auf GitHub:

```
https://github.com/alexa?utf8=%E2%9C%93&q=&type=
&language=javascript
```

1. Rufen Sie das Amazon-Developer-Portal auf. Klicken Sie in der oberen rechten Ecke des Bildschirms auf die Schaltfläche ANMELDEN.

2. Wenn Sie sich angemeldet haben, fahren Sie mit der Maus über den Text IHRE ALEXA-KONSOLEN am oberen Bildschirmrand und wählen Sie den Link SKILLS.

3. Wählen Sie in der Alexa-Skills-Konsole die Schaltfläche CREATE SKILL oben rechts in der Liste Ihrer Alexa Skills.

4. Geben Sie Ihrem neuen Skill einen Namen. Dies ist der Name, der im Alexa Skills Store angezeigt wird. Ändern Sie gegebenenfalls auch das Gebietsschema.

5. Behalten Sie die Auswahl des **custom**-Standardmodells bei und scrollen Sie die Seite nach unten.

6. Wählen Sie ALEXA-HOSTED als Methode, um die Backend-Ressourcen Ihres Skills zu hosten. Scrollen Sie zurück nach oben und wählen Sie die Schaltfläche CREATE SKILL oben rechts. Es dauert eine Minute, bis Ihre von Alexa gehosteten Skills erstellt worden sind. Anschließend gelangen Sie zur Registerkarte BUILD der Konsole.

7. Erstellen Sie das Interaktionsmodell für Ihren Skill.

   ▪ Wählen Sie im linken Navigationsbereich die Registerkarte JSON-EDITOR unter INTERACTION MODEL aus. Ersetzen Sie im bereitgestellten Textfeld den vorhandenen Code durch den Code des Interaktionsmodells für Premium-Fakten, den Sie bei den Downloads zum Buch unter www.mitp.de/0114 finden. Klicken Sie auf SAVE MODEL.

   ▪ Wenn Sie den Namen des Skill-Aufrufs ändern möchten, wählen Sie die Registerkarte INVOCATION. Geben Sie Ihren **Skill Invocation Name** ein. Dies ist der Name, den Ihre Benutzer sagen müssen, um Ihren Skill zu starten.

   ▪ Klicken Sie auf BUILD MODEL.

> **Hinweis**
>
> Sie sollten beachten, dass die Punkte INTENTS und SLOT-TYPES basierend auf dem JSON-Interaktionsmodell, das Sie jetzt auf Ihren Skill angewendet haben, automatisch ausgefüllt werden.

8. **Optional:** einen Intent wählen, indem Sie die Erweiterung INTENTS von der linken Navigationsleiste anklicken. Fügen Sie einige weitere Beispieläußerungen für Ihren neu generierten Intent hinzu. Denken Sie an all die verschiedenen Möglichkeiten, die ein Nutzer haben könnte, um eine bestimmte Absicht zu verwirklichen. Einige

Beispiele sind angegeben. Vergessen Sie nicht, auf SAVE MODEL und BUILD MODEL zu klicken, wenn Sie hier Änderungen vorgenommen haben.

9. Wenn Ihr Interaktionsmodell erfolgreich erstellt wurde, fahren Sie mit dem nächsten Schritt fort. Wenn nicht, sollte ein Fehler angezeigt werden. Versuchen Sie, die Fehler zu beheben.

Wenn Sie von Ihrem Interaktionsmodell einen Fehler erhalten, überprüfen Sie diese Liste:

- Haben Sie den bereitgestellten Code (www.mitp.de/0114) richtig kopiert und eingefügt?
- Haben Sie dem Interaktionsmodell oder Sample Utterances versehentlich Zeichen hinzugefügt?

Vorhin haben Sie die Sprachbenutzeroberfläche (Voice User Interface, VUI) für den Alexa Skill erstellt. Jetzt werden Sie den von Alexa gehosteten Code-Editor untersuchen und den Code bereitstellen, um erste Tests in der Developer Console zu ermöglichen.

1. Klicken Sie in der Navigationsleiste Ihres Skills in der Entwicklerkonsole oben auf der Seite auf die Registerkarte CODE. Sie sollten Ordner und Dateien im linken Bereich sehen und die Datei index.js im Hauptbereich öffnen. Diese index.js-Datei ist die Hauptcodedatei für den Skill. Es gibt auch eine Datei namens package.json. Im Folgenden werden wir beide Dateien aktualisieren.

2. Klicken Sie in die Datei index.js, wählen Sie den gesamten Code aus und löschen Sie ihn.

3. Kopieren Sie den Code zum Skill, den Sie in den Downloads zum Buch unter www.mitp.de/0114 finden, und fügen Sie diesen in die zuvor geleerte Datei index.js ein.

4. Wiederholen Sie diese Schritte für die Datei package.json: Kopieren Sie den Code für die package.json-Datei und fügen Sie ihn in die Datei package.json ein.

5. Klicken Sie auf die Schaltfläche SAVE und dann auf BEREITSTELLEN. Dadurch wird Ihr Code in eine Lambda-Funktion implementiert, die vom Alexa-Hosted-Dienst automatisch für Sie verwaltet wird.

6. Beachten Sie den Link zu LOGS: AMAZON CLOUDWATCH in der linken unteren Ecke der Seite. CloudWatch ist der Protokollierungsdienst, wie Sie aus Abschnitt 2.5 wissen.

10.4.1 In-Skill-Produkte erstellen

Bisher haben Sie eine Sprachbenutzeroberfläche für die Absichten und Äußerungen erstellt, die Sie von Ihren Nutzern erwarten. Außerdem haben Sie die Alexa-Hosted-Lambda-Funktion erstellt, die die Logik für diesen Skill enthält. Im nächsten Schritt erstellen Sie nun die In-Skill-Produkte, die Kunden erwerben können.

In diesem Beispiel werden vier In-Skill-Produkte verwendet – drei einmalige Käufe (manchmal als Berechtigungen bezeichnet) und ein Abonnement. Um die vollständige Erfahrung aus diesem Beispiel zu erhalten, müssen Sie alle Produkte erstellen, es wird jedoch mit weniger funktionieren – merken Sie sich einfach die In-Skill-Produkte, die Sie erstellt haben, und verknüpfen Sie diese wie folgt mit dem Skill!

1. Navigieren Sie zum Monetarisierungstool, indem Sie in der Entwicklerkonsole auf der Registerkarte BUILD auf den Abschnitt IN-SKILL-PRODUCTS klicken.

2. Klicken Sie auf CREATE IN-SKILL PRODUCT.

3. Geben Sie einen Referenznamen ein. Dies ist ein Code-freundlicher Name, den Sie Ihrem Produkt zuweisen möchten. Für dieses Beispiel erwartet der Code den Referenznamen ALL_ACCESS.

4. Wählen Sie ABONNEMENT.

5. Klicken Sie auf CREATE IN-SKILL PRODUCT.

6. Klicken Sie unter SUPPORTED LANGUAGES auf ADD NEW LANGUAGE.

7. Klicken Sie auf GERMAN (DE).

8. Geben Sie die Details für das Abonnement ein:

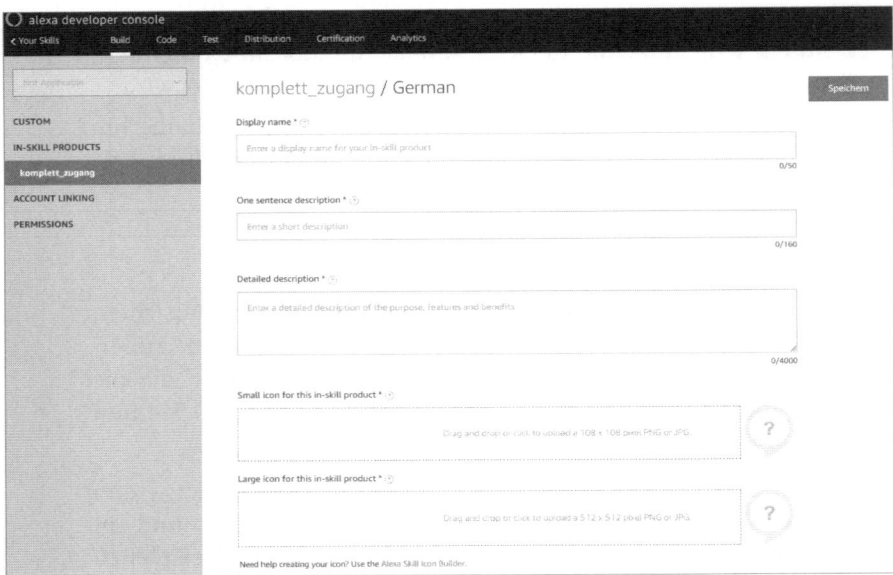

Abb. 10.17: Komplettzugang für ein Produkt erstellen, Teil 1

Sie geben in das Feld DISPLAY NAME nun den Namen Ihres Produkts ein. Im Beispiel ist das der Name Komplett Zugang. In dem Feld ONE SENTENCE DESCRIPTION geben Sie die Kurzbeschreibung des Produkts ein und in dem Feld DETAILED DESCRIPTION seine detaillierte Beschreibung. Jedes Produkt benötigt auch ein eigenes Produktbild. Hierfür nutzen Sie bitte das Dateiformat .png und die Auflösungen 108 x 108 Pixel und 512 x 512 Pixel.

Purchase prompt description *

Enter the product description for the purchase voice prompt

0/160

For more detailed guidelines, please refer to: In Skill Product Schemas

Purchase confirmation description *

Enter the purchase confirmation card message

0/160

Abb. 10.18: In-Skill Produktbeschreibung und Kaufbestätigungsantwort hinterlegen

Danach fügen Sie im Feld PURCHASE PROMPT DESCRIPTION die angezeigte Kaufbeschreibung zum Produkt und in dem Feld PURCHASE CONFIRMATION DESCRIPTION die Kaufbestätigung zum Produkt ein, die der Nutzer nach einem erfolgreichen Einkauf hören wird.

9. Klicken Sie auf SPEICHERN.

10. Klicken Sie unter PRICING & AVAILABILITY auf AMAZON.DE und wählen Sie den Standardpreis von 0,99 €.

11. Stellen Sie die Steuerkategorie auf INFORMATION SERVICES ein. Diese Kategorie ist für dieses Beispiel geeignet, jedoch sollten Sie Ihren Steuerfachmann um Rat fragen, was Sie hier wählen sollten.

12. Stellen Sie unter BILLING die Abrechnungsoptionen auf Standardwerte ein oder ändern Sie sie nach Belieben (Billing frequency, Trial period, Days in Trial period).

13. Normalerweise würden Sie Testanweisungen zur Verfügung stellen, um dem Zertifizierungsteam zu helfen, Ihr In-Skill-Produkt zu finden und zu testen. (Diese Prüfanweisungen sind spezifisch für dieses In-Skill-Produkt und ergänzen die Prüfanweisungen, die Sie auf der Registerkarte ZERTIFIZIERUNG zur Verfügung gestellt haben.) Lassen Sie sie vorerst leer.

14. Klicken Sie oben rechts auf SPEICHERN.

15. Wenn Sie alle notwendigen Informationen angegeben haben, können Sie auf LINK TO SKILL klicken, um dieses In-Skill-Produkt mit Ihrem Skill zu verbinden. Wenn dies nicht möglich ist, klicken Sie auf CLOSE und gehen Sie dann zurück, um fehlende Informationen einzugeben.

Schön! Sie haben jetzt ein Abonnement zu Ihrem Skill hinzugefügt. Wiederholen Sie diesen Vorgang für die drei Einmalkäufe.

Am Ende sollte Ihre Produktübersicht in etwa so aussehen wie in Abbildung 10.19 gezeigt.

In-skill products

You can link to existing eligible in-skill products or create new ones. Learn more.

Try implementing our best practices for monetized skills which will help you build a great premium customer experience. Skills that meet our best practices will be eligible for Amazon promotion

Linked to this skill

REFERENCE NAME	TYPE	LANGUAGE	PRICE	STATUS	ACTIONS
weltraum_paket Reset test purchases	One-time purchase	German (DE)	€0.99	Complete	Edit | Unlink
wissenschaft_paket Reset test purchases	One-time purchase	German (DE)	€0.99	Complete	Edit | Unlink
geschichte_paket Reset test purchases	One-time purchase	German (DE)	€0.99	Complete	Edit | Unlink
komplett_zugang Reset test purchases	Subscription	German (DE)	€0.99	Complete	Edit | Unlink

Abb. 10.19: Alle In-Skill-Produkte in der Übersicht

10.5 Digitale Verbrauchsgüter mit Alexa verkaufen

Im vorangegangenen Abschnitt 10.4 haben Sie gelernt, wie Sie Einmalkäufe und Abonnements in einen Skill integrieren. Jetzt möchte ich Ihnen zeigen, wie Sie digitale Verbrauchsgüter (**Consumables**) in einem Skill verkaufen können.

Was zunächst ein wenig verrückt klingt, ist bei längerem Nachdenken nur eine logische Konsequenz, die Amazon seinen Entwicklern zur Verfügung stellt. Lassen Sie uns einmal kurz überlegen, wo überall ein Consumable einen Mehrwert im Skill erzeugt, für den die Nutzer bereit sind, regelmäßig zu zahlen.

Spontan fallen mir Hinweise in einem Rätsel oder Quizspiel ein, die man nachkaufen kann, oder Extraleben in Spielen. Aber auch ernsthaftere Anwendungen, wie zum Beispiel Spenden für einen wohltätigen Zweck, wären prinzipiell mit einem Consumable realisierbar. Sie können mit Consumables auch eine eigene Währung in Ihrem Spiel realisieren, die ein Nutzer nachkaufen kann, um im Spiel bestimmte Items oder Fähigkeiten zu erwerben.

Ich selbst habe mit dem Aktienmanager einen Skill erstellt, bei dem die Nutzer eine künstliche Spielgeldwährung namens »Eurocoins« kaufen können. Mit diesen Eurocoins können die Spieler Aktienkurse auf Grundlage der aktuellen Börsenkurse für ein virtuelles Spieldepot kaufen.

Linked to this skill

REFERENCE NAME	TYPE	LANGUAGE	MARKETPLACE	PRICE
1000	Consumable	German (DE)	Amazon.de	€5.99

Abb. 10.20: Eurocoins als Consumable

Da die folgenden Schritte auf Abschnitt 10.4 aufbauen, empfehle ich dringend vorher die Lektüre dieses Abschnitts, da ich jetzt nur die wesentlichen Unterschiede darstellen werde.

Ein grundlegender Unterschied zu den beiden anderen In-Skill-Kaufarten ist, dass Sie hier mit einem Verbrauchsgut arbeiten. **Sie müssen also den Verbrauch von einem digitalen Gut nachvollziehen und abspeichern können.** Dies erfordert einen Langzeitspeicher, in dem Sie langfristig ein Inventar abspeichern können. **Zudem müssen Ihre Nutzer sich in einem Inventar einen Überblick über ihre gekauften Consumables verschaffen.** Dies können Sie mit einem Inventar-Intent im Sprachmodell umsetzen.

Ein weiterer Unterschied zu den anderen In-Skill-Käufen ist, dass die Nutzer Consumables immer wieder nachkaufen und quasi »horten« können.

Der Rest ist im Prinzip ähnlich wie bei den anderen In-Skill-Käufen auch. Sie benötigen einen Intent für die Frage »Was kann ich kaufen« sowie einen Kauf-Intent und Kaufabbruch-Intent.

Wenn Sie dies mit AWS lösen wollen, haben Sie grundsätzlich zwei Möglichkeiten. Bei einem selbst gehosteten Skill, der über eine eigene

AWS-Lambda-Funktion betrieben wird, können Sie auf den Speicher von DynamoDB zurückgreifen oder den Cloudspeicher AWS S3 nutzen. Bei einem Alexa-Hosted-Skill ist derzeit nur eine Langzeitspeicherung mit AWS S3 möglich. Ihr erworbenes Wissen aus Kapitel 2, wo es um die Sitzungsattribute und persistenten Attribute ging, ist jetzt also gefragt.

Damit Ihr selbst gehosteter Skill den Langzeitspeicher von DynamoDB nutzen kann, müssen Sie einen Adapter nachinstallieren. Dies geht mit dem CLI-Befehl:

```
npm -i ask-sdk-dynamodb-persistence-adapter –save
```

Um zu sehen, ob dies funktioniert hat, überprüfen Sie, ob es neue Ordner unter lambda/custom/node_modules gibt (ursprünglich sollten es nur drei sein) und ob neue Abhängigkeiten in der Datei package.json aufgeführt wurden.

Fügen Sie nun in Ihrer index.js-Datei die folgenden Zeilen hinzu:

```
const { DynamoDbPersistenceAdapter } = require('ask-sdk-
dynamodb-persistence-adapter');

const persistenceAdapter = new DynamoDbPersistenceAdapter({
    tableName: 'SkillTable', // <-- Ändern Sie den Namen
    createTable: true
});
```

Dadurch wird der Skill die SkillTable in DynamoDB erstellen, falls sie noch nicht erstellt wurde. Ändern Sie ruhig diesen Namen, damit er Ihrem Skill besser entspricht.

Für den nächsten Schritt müssen Sie dem SkillBuilder den Persistenzadapter hinzufügen, den Sie gerade erstellt haben. Dies wird erreicht, indem dem Builder nur eine Zeile hinzugefügt wird, sodass es ungefähr so aussieht:

```
exports.handler = Alexa.SkillBuilders.custom()
    .addRequestHandlers(
        LaunchRequestHandler,
        HelpIntentHandler,
        CancelIntentHandler,
        // ... andere Handler
        SessionEndedRequestHandler)
    .withPersistenceAdapter(persistenceAdapter) // <- dies
ist die Zeile, die hinzugefügt werden soll.
.addErrorHandlers(ErrorHandler)
    // ...
```

Ihr Code ist nun bereit, mit persistenten Attributen zu arbeiten!

Nutzung im Code

Um persistente Attribute zu implementieren, müssen Sie **async/ await**-Operatoren verwenden. Mehr über diese Operatoren haben Sie in Kapitel 7 erfahren, als es um die Nutzung externer Daten ging.

Zuerst benötigen Sie eine Funktion, die die DynamoDB-Tabelle auf verwendete Verbrauchsmaterialien überprüft und deren Wert zurückgibt:

```
async function getUsedConsumables(handlerInput) {
    const { attributesManager } = handlerInput;
    let persistentAttributes;

    try {
        persistentAttributes = await
attributesManager.getPersistentAttributes();
    } catch (e) {
        // wenn es einen Fehler gab, protokollieren Sie ihn
und geben Sie false zurück.
console.log('[FEHLER] Persistente Attribute konnten nicht
abgerufen werden.: ${e}');
```

```
        return false;
    }


    let usedConsumables = persistentAttributes.
usedConsumables;


    if (typeof usedConsumables === 'undefined') {
        // Wenn wir hier sind, bedeutet das, dass
availableConsumables nicht in den persistenten Attributen
gespeichert wurde,
        // also lassen Sie es uns auf null setzen.
        usedConsumables = 0;
        // speichern Sie es in den persistenten Attributen,
        persistentAttributes.usedConsumables =
usedConsumables;
        // setzen Sie es im Attribute-Manager,
        attributesManager.
setPersistentAttributes(persistentAttributes);
        // Speichern Sie es in der Tabelle,
        try {
            await attributesManager.
savePersistentAttributes();
        } catch(e) {
            // wenn es einen Fehler gab, protokollieren Sie
ihn und geben Sie false zurück.
            console.log(`[ERROR] Could not save persistent
attributes: ${e}`);
            return false;
        }
        // gibt den Wert von usedConsumables zurück
        return usedConsumables;
    } else {
        // Das bedeutet, dass die verwendeten
Verbrauchsmaterialien bereits gespeichert wurden,
```

```
        // sodass ihr Wert zurückgegeben werden kann.
return usedConsumables;
    }
}
```

Wenn der Benutzer nun ein Consumable verwendet, müssen Sie den Wert in Ihrem Bestand ändern, was genau das ist, was die nächste Funktion tut:

```
async function updateUsedConsumables(handlerInput, newValue)
{
    const { attributesManager } = handlerInput;
    let persistentAttributes;

    try {
        persistentAttributes = await attributesManager.
getPersistentAttributes();
    } catch (e) {
        // wenn es einen Fehler gab, protokollieren Sie ihn
und geben Sie ihn zurück.
        console.log(`[FEHLER] Persistente Attribute konnten
nicht gespeichert werden: ${e}`);
        return;
    }

    // Setzen Sie die verwendeten Verbrauchsmaterialien in
der Tabelle auf newValue.
    persistentAttributes.usedConsumables = newValue;
    // setzen Sie es im Attribut-Manager und
    attributesManager.
setPersistentAttributes(persistentAttributes);
    // speichern Sie es in der Tabelle
    try {
        await attributesManager.savePersistentAttributes();
```

```
    } catch(e) {
        // wenn es einen Fehler gab, protokollieren Sie ihn
und geben Sie ihn zurück.
        console.log(`[FEHLER] Persistente Attribute konnten
nicht gespeichert werden: ${e}`);
        return;
    }
}
```

Wenn Ihr Skill gefragt wird, wie viele Verbrauchsmaterialien ein Nutzer noch zur Verfügung hat, kann Ihr Code die folgende Funktion zur Berechnung der Anzahl verwenden:

```
async function getAvailableConsumables(handlerInput,
consumableProduct) {
    // Das Consumable ist das JSON-Objekt, das das
Verbrauchsmaterial darstellt,
    // d.h. eines der Elemente, die von der Funktion
getInSkillProduct zurückgegeben werden.
    const { attributesManager } = handlerInput;
    let persistentAttributes;

    // erhält die Anzahl der Käufe von consumableProduct
    const boughtConsumables = consumableProduct.
activeEntitlementCount;

    if (boughtConsumables === 0) {
        // Das bedeutet, dass consumableProduct noch nicht
gekauft wurde, also gibt es
        // keine Notwendigkeit, fortzufahren und wir können
0 zurückgeben.
        return 0;
    }
```

```
// liefert die Häufigkeit, mit der der Benutzer das
Consumable verwendet hat.
    const usedConsumables = await
getUsedConsumables(handlerInput);

    if (usedConsumables) {
        // Berechnen Sie die Differenz zwischen den Zeiten,
in denen das Consumable gekauft wurde,
        // und den Zeiten, in denen es verwendet wurde.
        let availableConsumables = boughtConsumables -
usedConsumables;

        // die Anzahl der verfügbaren Verbrauchsmaterialien
zurückgeben
        return availableConsumables;
    } else {

    }
}
```

Mit diesen Funktionen können Sie die Anzahl der Consumables Ihres Skills mit DynamoDB steuern. Durch die Verwendung von DynamoDB müssen Sie sich keine Sorgen machen, nach einem individuellen Schlüssel für Ihre Nutzer zu suchen, da Alexa automatisch den UserId-Wert für die Schlüssel der Tabelle verwendet. Bei Skills, die Consumbales implementieren, bleibt der UserId-Wert auch dann unverändert, wenn der Kunde den Skill deaktiviert und wieder aktiviert.

Rück- und Ausblick

Ein Buch über Alexa Skills mit Node.JS zu schreiben, war für mich eine Erfahrung, die meinen Horizont deutlich erweitert hat. Nicht unbedingt in fachlicher Hinsicht, sondern eher bei der Konzeption eines Buchs selbst. Ich würde heute ein mögliches weiteres Buch anders planen und umsetzen als noch vor einem halben Jahr.

Sicherlich wird die Schwerpunktsetzung für den einen oder anderen weniger optimal sein. Dennoch habe ich versucht, immer mit dem Hintergedanken zu schreiben, dass sich dieses Buch an Einsteiger richtet.

Ich hoffe, dass die Lernkurve für die meisten Leser nicht allzu steil sein wird und für die Fortgeschrittenen nicht allzu flach. Wenn Sie das Buch bis hierher gelesen und alle Beispiele für sich selbst umgesetzt haben, sind Sie auf einem guten Weg, ein Alexa-Skill-Programmierer zu werden. Sie können eigene Antworten von Alexa wiedergeben lassen, externe Datenquellen anzapfen und die Antworten auch multimedial ausgeben. Sie werden jetzt auch hoffentlich eine Vorstellung davon haben, wie Sie einen Alexa Skill monetarisieren oder für Marketingaktivtäten einsetzen können.

Das Thema Alexa Skills und die gesellschaftliche Bedeutung sowohl in wirtschaftlicher als auch in sozialer Hinsicht ist in Deutschland nicht ausgereift. Zu sehr dominieren Schreckensbilder von Spionage- und Datenschutzskandalen den aktuellen medialen Diskurs. Wir neigen in Deutschland dazu, eher die Risiken zu betonen, als die Chancen wahrzunehmen, die eine neue Technologie immer mit sich bringt.

Wir befinden uns gerade noch an »Tag 1« der Alexa-Skill-Entwicklung. Sie haben jetzt die Möglichkeit und auch das Rüstzeug, erste Schritte in das neue Land des Voice Commerce zu gehen und eine bessere Zukunft für uns alle zu gestalten. Packen wir es an!

Stichwortverzeichnis